Ludwig Wittgenstein zur Einführung

Richard Raatzsch

Ludwig Wittgenstein zur Einführung

JUNIUS

Junius Verlag GmbH
Stresemannstraße 375
22761 Hamburg
Im Internet: www.junius-verlag.de

Umschlaggestaltung: Florian Zietz
Titelbild: akg images
Satz: Junius Verlag GmbH
Druck: Druckhaus Dresden
Printed in Germany 2008
ISBN 978-3-88506-643-9
(zur Einführung; 343)

Die Deutsche Nationalbibliothek – CIP-Einheitsaufnahme

Bibliografische Information der Deutschen Nationalbibliothek
Die Deutsche Nationalbibliothek verzeichnet diese Publikation in der Deutschen Nationalbibliografie; detaillierte bibliografische Daten sind im Internet über <http://dnb.d-nb.de> abrufbar

Zur Einführung ...

... hat diese Taschenbuchreihe seit ihrer Gründung 1978 gedient. Zunächst als sozialistische Initiative gestartet, die philosophisches Wissen allgemein zugänglich machen und so den Marsch durch die Institutionen theoretisch ausrüsten sollte, wurden die Bände in den achtziger Jahren zu einem verlässlichen Leitfaden durch das Labyrinth der neuen Unübersichtlichkeit. Mit der Kombination von Wissensvermittlung und kritischer Analyse haben die Junius-Bände stilbildend gewirkt.

Von Zeit zu Zeit müssen im ausufernden Gebiet der Wissenschaften neue Wegweiser aufgestellt werden. Teile der Geisteswissenschaften haben sich als Kulturwissenschaften reformiert und neue Fächer und Schwerpunkte wie Medienwissenschaften, Wissenschaftsgeschichte oder Bildwissenschaften hervorgebracht; auch im Verhältnis zu den Naturwissenschaften sind die traditionellen Kernfächer der Geistes- und Sozialwissenschaften neuen Herausforderungen ausgesetzt. Diese Veränderungen sind nicht bloß Rochaden auf dem Schachbrett der akademischen Disziplinen. Sie tragen vielmehr grundlegenden Transformationen in der Genealogie, Anordnung und Geltung des Wissens Rechnung. Angesichts dieser Prozesse besteht die Aufgabe der Einführungsreihe darin, regelmäßig, kompetent und anschaulich Inventur zu halten.

Zur Einführung ist für Leute geschrieben, denen daran gelegen ist, sich über bekannte und manchmal weniger bekannte Autor(inn)en und Themen zu orientieren. Sie wollen klassische

Fragen in neuem Licht und neue Forschungsfelder in gültiger Form dargestellt sehen.

Zur Einführung ist von Leuten geschrieben, die nicht nur einen souveränen Überblick geben, sondern ihren eigenen Standpunkt markieren. Vermittlung heißt nicht Verwässerung, Repräsentativität nicht Vollständigkeit. Die Autorinnen und Autoren der Reihe haben eine eigene Perspektive auf ihren Gegenstand, und ihre Handschrift ist in den einzelnen Bänden deutlich erkennbar.

Zur Einführung ist in verstärktem Maß ein Ort für Themen, die unter dem weiten Mantel der Kulturwissenschaften Platz haben und exemplarisch zeigen, was das Denken heute jenseits der Naturwissenschaften zu leisten vermag.

Zur Einführung bleibt seinem ursprünglichen Konzept treu, indem es die Zirkulation von Ideen, Erkenntnissen und Wissen befördert.

Michael Hagner
Dieter Thomä
Cornelia Vismann

Inhalt

1. Einleitung . . . 9
1.1 Einheit von Leben und Werk . . . 9
1.2 »Wittgensteins Werk«: Einheit und Vielfalt . . . 15
1.3 Eine besondere Schwierigkeit der Interpretation Wittgensteins . . . 20

2. Wittgensteins Leben bis zum Erscheinen der *Logisch-philosophischen Abhandlung* . . . 23

3. Die *Logisch-philosophische Abhandlung* . . . 37
3.1 Der Geist der *Abhandlung* . . . 37
3.2 Die Idee der Analyse und die Bestimmtheit des Sinns . 51
3.3 »Grundgedanke«, Bildtheorie des Satzes und die Idee der logischen Form . . . 57
3.4 Logik: Denken, Sprache und Welt . . . 66
3.5 Solipsismus . . . 84
3.6 Sinnloses, Mystisches und Unsinniges . . . 91

4. Wittgensteins Leben nach dem Erscheinen der *Logisch-philosophischen Abhandlung* . . . 105

5. Ein Übergang: »Gut« und die Welt . . . 118
5.1 Der »Vortrag über Ethik« . . . 118
5.2 Aus einer Vorlesung aus dem Jahre 1932/33 . . . 126
5.3 Ethik in den *Philosophischen Untersuchungen* . . . 132

6. Die Philosophischen Untersuchungen 135
6.1 Das Lernen der Sprache, die Praxis ihres Gebrauchs und »die Methode des § 2« 135
6.2 Verwandtschaft, Familienähnlichkeit, Exaktheit 147
6.3 Die Tiefe der *Philosophischen Untersuchungen*, und ihre Form 153
6.4 »Die allgemeine Form des Satzes«. Zusammenfassung des Bisherigen 168
6.5 Verstehen, Regelfolgen und Privatheit 171
6.6 Denken und Vorstellen, Wollen und Beabsichtigen, Meinen 192

7. Danksagung 216

Anhang
Anmerkungen 219
Literatur 232
Zeittafel 248
Über den Autor 251

1. Einleitung

1.1 Einheit von Leben und Werk

Das vorliegende Buch heißt »Wittgenstein zur Einführung« und nicht »Einführung in Wittgensteins Werk(e)«. Von Letzteren gibt es viele, substanziell durchaus verschiedene.[1] Für Georg Henrik von Wright ist diese Verschiedenheit ein Ausdruck der Tatsache, dass es sich bei Wittgenstein um einen Klassiker handelt. Es kennzeichnet ihn eine Vielfältigkeit, die unser Verlangen nach klarem Verständnis erregt und sich ihm zugleich widersetzt.[2]

Diese »Widerständigkeit« kommt auch, jedenfalls was diese Einführung betrifft, in einer tiefen Unsicherheit zum Ausdruck. Dies betrifft schon die Art des Herangehens. Sicher steht eine Einführung im Dienste der Sache, in die sie einführen soll, und zwar so, dass diese in die üblichen Muster »eingepasst« wird. Das aber ist nicht einmal Wittgenstein selbst gelungen. Und wer dürfte von sich sagen, er könnte es besser machen?

Zum Teil lag dies freilich auch daran, dass die üblichen Muster des Philosophierens gerade Ziel seiner Attacken waren. Wie Wittgenstein 1949 notiert hat: »›Le style c'est l'homme‹, ›Le style c'est l'homme même‹. Der erste Ausdruck hat eine billige epigrammatische Kürze. Der zweite, richtige, eröffnet eine ganz andere Perspektive. Er sagt, daß der Stil das *Bild* des Menschen sei.« (VB, S. 561)

Inwiefern jedenfalls der Schluss von »Wittgenstein zur Einführung« auf »Einführung in Wittgensteins Werk(e)« ein Problem ist, kommt vielleicht am deutlichsten in dem allgemeinen Erfolg der Wittgenstein-Biografie von Ray Monk zum Ausdruck.[3] Obwohl es in diesem Buch gerade nicht an Philosophie mangelt, fesselt es auch Leser ohne selbständiges Interesse an der Philosophie. Das ist bemerkenswert – und zugleich ganz gewöhnlich! Hätte etwa der englische Seemann Sir Francis Drake nebenbei auch noch philosophiert, dann könnte man leicht verstehen, dass Leute, die mit philosophischen Untersuchungen nicht viel am Hut haben, sich (dennoch!) für seine Biografie interessieren. Wie aber kann man ohne besonderes Interesse an Philosophie eine Biografie, in der es wesentlich um Philosophie geht, spannend finden? – Man kann es, erstens, weil in *jedem* ein Philosoph steckt, und, zweitens, weil Wittgensteins Philosophie in einem gewissen Sinne *ursprünglich* ist. Sein Leben war zwar durchaus reich an Ereignissen aller Art, einschließlich mancher Abenteuer, aber es wurde vor allem in einem philosophischen Geist geführt, und dies auf eine deutlich sichtbare Weise.

Um diesen Punkt etwas näher zu beleuchten, lohnt sich zunächst der Hinweis darauf, dass die Philosophie, die in jedem steckt, aus dem gewöhnlichen Leben erwächst. Eine der Formen, in der sie das tut, ist ein bestimmtes Staunen. Ein bekanntes Beispiel dafür liefert Augustinus. In seinen *Confessiones* schreibt er: »Was ist also die Zeit? Wenn mich niemand danach fragt, weiß ich es, wenn ich es aber einem, der mich fragt, erklären soll, weiß ich es nicht.« Wittgenstein zitiert diese Sätze in § 89 seiner *Philosophischen Untersuchungen* im lateinischen Original, um sie in folgender Weise zu kommentieren: »Dies könnte man nicht von einer Frage der Naturwissenschaft sagen (etwa der nach dem spezifischen Gewicht des Wasserstoffs). Das, was man weiß, wenn uns niemand fragt, aber nicht mehr weiß, wenn wir es erklären sollen, ist etwas, worauf man sich *besinnen* muß. (Und offenbar etwas, worauf man sich aus irgendeinem Grunde schwer besinnt.)« Das klingt zunächst trivial und wäre es auch, wenn es einfach heißen sollte, dass man sich dessen, was man vergessen hat, zu erinnern suchen kann. Aber natürlich kann man von vielem, was man vergessen hat, keineswegs sagen, es sei »offenbar etwas, worauf man sich aus irgendeinem Grunde schwer besinnt«. Augustinus' Problem ist aber nicht einfach, dass man etwas wusste und jetzt nicht mehr weiß. Es ist kein zeitliches in diesem Sinn. Der Unterschied zwischen einem Wissen, wenn man nicht gefragt wird, und einem Wissen, wenn man gefragt wird, ist derart, dass man etwas zugleich wissen und nicht wissen kann. (Diese Redeweise lässt das Problematische an der Philosophie unmittelbarer hervortreten als die Rede vom philosophischen Staunen.) Das Besinnen – oder jenes Zusammentragen von Erinnerungen zu einem bestimmten Zweck –, in dem die Arbeit des Philosophen besteht (vgl. § 127), ist kein Erinnern an etwas, das man vergessen hat, oder, soweit es doch ein solches Erinnern ist, ist das ihm entsprechende Vergessen nicht von der Art, in dem man vergessen kann, was Chemiker mit »Orbitalen« meinen oder wann die Völkerschlacht bei Leipzig ausgetragen wurde. Der Kontrast ist nicht der zwischen Wissen und (diesen Arten von) Vergessen, sondern einer zwischen verschiedenen Formen von Wissen oder doch jedenfalls vermeintlichem Wissen. Dass man die eine dieser Formen durch Besinnen auf die andere (oder Erinnerungen an diese) erlangt, bedeutet gerade nicht, dass man jene andere Form *verloren* hätte. Es deutet vielmehr an, dass jene beiden Formen nicht einfach *nebeneinander* stehen – oder eben, wie es oben hieß, dass die Philosophie aus dem Leben *erwächst.*

Auch die Wissenschaft erwächst aus dem gewöhnlichen Leben, nur in anderer Weise: Sie *kommt* zu dem, was schon da ist, *hinzu* oder *ersetzt* schon Bestehendes. Man braucht zwar keine

Wissenschaft, um einen Apfel zu pflücken. Will man jedoch eine Maschine bauen, die einem das abnimmt, kommt man ohne Wissenschaft kaum voran. Entwicklung und Bau einer solchen Maschine gehören zu einer bestimmten gesellschaftlichen Form der Herstellung zum Leben mehr oder weniger nötiger Dinge. Wie eine solche Maschine aussehen könnte, bekommt man aber nicht einfach dadurch heraus, dass man sich auf das besinnt, was wir wissen, wenn uns niemand fragt, hier: wie man einen Apfel pflückt. Das gilt selbst dann, wenn ein solches Besinnen ein (wichtiger) Teil der wissenschaftlichen Arbeit sein sollte. Im Unterschied zu Wissenschaftlern sind Philosophen Leute, die sich, um die Sprechweise der Paragraphen 89 und 123 der *Untersuchungen* zu verbinden, nicht auskennen in dem, worin sie sich auskennen. Es sind Leute, die über das staunen, was allen, sie selbst eingeschlossen, völlig vertraut ist und über das man deshalb, genau genommen, gerade nicht staunen kann oder, soweit man es kann, jedenfalls nicht in der Weise, in der man darüber staunen kann, wie es eine Maschine fertigbringt, Äpfel zu pflücken. Philosophen sind Leute, die (natürlich!) sagen können, wie spät es ist, wie lange etwas dauert, wie viele Sekunden eine Minute hat, dass dieses früher als jenes stattgefunden hat, etwas noch anhält, während jenes gerade beginnt, dies schon vorbei ist, zwei Vorgänge gleichzeitig ablaufen, sich etwas wiederholt, eines dem anderen vorangeht, auf es folgt, es begleitet, zeitlich einrahmt, überholt, zurückfällt, die Zahl 3 nicht so und so viele Minuten nach der Zahl 2 kommt, eine Sache sich ihrem Ende nähert, eine andere Sache vor ihrem Ende beendet wurde, die Generationen einander folgen und so weiter und so fort – aber dennoch (zunächst) nicht sagen können, was die Zeit ist, wenn man sie danach fragt. Der Name des Problems ist »Mangel an Übersicht«, nicht »fehlendes Wissen«.[4]

Dieser Mangel ist nicht erstaunlich angesichts der ungeheuren Vielfalt dessen, wie wir »über die Zeit reden«, also dessen, was man »Zeitformen« nennen könnte. Es kommt etwas hinzu, das sich erschließt, wenn man sich vor Augen hält, dass Wittgenstein gerade aus Augustinus' *Bekenntnissen* zitiert, die eines ganz gewiss nicht sind: ein *akademisches* philosophisches Buch. Vielmehr sind sie ein Buch, in dem ein Mensch, um eine Wendung Johann Sebastian Bachs zu benutzen, zum Wohlgefallen Gottes und seiner Nachbarn darlegt, was in seinem Leben das Wichtigste war und ist, wie er dazu kam, dies als jenes Wichtigste zu erkennen, was er jetzt dafür hält, welche intellektuellen und willentlichen, welche charakterlichen Schwierigkeiten sich seiner Erkenntnis der Wahrheit in den Weg gestellt haben und immer wieder stellen usw. Die *Bekenntnisse* sind in dem Sinn ein *ethisches* Buch, in dem ein *religiöses* Buch ein solches sein kann. Wittgensteins Rückgriff auf die *Bekenntnisse* erscheint so leicht selbst als ein Bekenntnis. Der Verweis auf die Tatsache, dass Wittgenstein Augustinus zitiert, reicht für die Etablierung dieser Überlegung als begründeter natürlich nicht hin. Aber er reicht hin, sie zu erwägen. Das aber bedeutet, dass, auch wenn die Frage, wie sich Philosophie, gewöhnlicher Verstand und Wissenschaft zueinander verhalten, selbst keine unmittelbar ethische Frage ist, sie in den Kontext einer im weiten Sinne ethischen Problematik gehören könnte. Diese Problematik wird gewöhnlich durch Fragen wie die folgenden ausgedrückt: Wie soll man leben? Was ist gut? Was ist der Sinn des Lebens?

Natürlich findet sich eine solche Einstellung der Philosophie gegenüber nicht nur bei Augustinus. Man könnte ebenso gut auf Sören Kierkegaard, auf Leo Tolstoi oder auch auf William James verweisen, der von der Philosophie als dem Wichtigsten an einem Menschen spricht und dies in einem durchaus praktischen Sinn meint, einem Sinn, der etwa die Wirtin umtreibt, wenn sie an ihren Mieter denkt. Denn die Philosophie, so James, »die in jedem von uns von so großer Bedeutung ist, sie ist nichts fachmännisch Formulierbares. Sie ist vielmehr unser mehr oder weniger deutliches Gefühl von dem, was der ehrliche und tiefe Sinn des Lebens ist. Sie ist nur zum Teil aus Büchern gewonnen. Sie ist unsere individuelle Art, das Stoßen und Drängen der Welt zu schauen und zu fühlen.«[5]

Wenn eine Frage wie die nach dem Unterschied von Philosophie und Wissenschaft in den Kontext der Frage nach dem richtigen, guten, sinnvollen Leben gehört, sollte man erwarten, dass es einen Unterschied für diese Frage macht, was man auf jene antwortet und umgekehrt. Was das genau bedeutet, soll in dieser Einführung skizziert werden. Hier genügt es, dass sichtbar wird, in welcher Weise es eine gewöhnliche Tatsache ist, dass eine Biografie wie diejenige von Ray Monk bei Lesern ohne besonderes, ausdrückliches philosophisches Interesse den Eindruck hinterlassen kann, den sie offensichtlich hinterlässt.

Soweit nun Leben und Werk zu unterscheiden sind, ist eine Biografie, wie eng Leben und Werk auch zusammenhängen mögen, nicht einfach eine Einführung in das Werk dessen, von dem die Biografie handelt. Und natürlich kann man auch in Bezug auf Wittgenstein zumindest in dem Grad zwischen Leben und Werk unterscheiden, in dem man seine Texte verstehen kann, ohne wissen zu müssen, was es mit seinem Leben noch auf sich hatte, ja sogar ohne eine Ahnung davon haben zu müssen, dass sie von ihm sind. Dass er sein Buch dennoch nicht anonym oder unter einem Pseudonym veröffentlicht hat, schränkt diesen Grad nur etwas ein. Darum muss diese Einführung jenen Bezug zu dem Kontext, in den alle noch so speziellen Fragen eingebettet sind, im Auge behalten, also gewissermaßen eine invertierte Biografie sein.

1.2 »Wittgensteins Werk«: Einheit und Vielfalt

Die besondere Art der Verzahnung von Leben und Philosophieren Wittgensteins kommt auch in einem besonderen Problem zum Ausdruck, das sich in die Frage fassen lässt, was eigentlich als (ein) Werk Wittgensteins zu betrachten sei.

Diese Frage scheint leicht zu beantworten: Wittgensteins gesamtes Werk ist die Summe seiner Werke. Zu diesen gehören vor allem die *Logisch-philosophische Abhandlung* und die *Philosophischen Untersuchungen* – und dann auch alle anderen Schriften, die von verschiedenen Herausgebern unter Wittgensteins Namen veröffentlicht wurden. Das Problem ist, dass es, mit Ausnahme der *Abhandlung*, für alle sogenannten »Werke« eben *Herausgeber* gibt, Wittgenstein seine Texte also nicht selbst zum Druck vorbereitet und freigegeben hat. Insofern sind sie dann auch nicht *ganz und gar* seine Werke, was für die Deutung dieser »Werke« nicht völlig belanglos sein muss.

In Hinsicht auf die Wirkungsgeschichte *sind* die *Logisch-philosophische Abhandlung* und die *Untersuchungen* natürlich die beiden Hauptwerke Wittgensteins. Dem entspricht auch zu einem guten Teil ihre Entstehungsgeschichte. Aber Wittgensteins Philosophieren hat nicht einfach nur aus zwei großen Unternehmungen bestanden. Dieses Bild würde, erstens, der Tatsache nicht gerecht, dass Wittgensteins Philosophieren seit ungefähr 1929 in einer mehr oder weniger permanenten Veränderung begriffen war, und es würde, zweitens, die Komplexität der Beziehungen zwischen diesen beiden Werken übermäßig reduzieren. Andererseits sind die *Abhandlung* und die *Untersuchungen* auch nicht nur Momentaufnahmen. Als solche wären sie nicht verschieden von anderen Momentaufnahmen, und die Rede von Werken oder gar Hauptwerken wäre unsinnig. Dass Wittgensteins spätes Philosophieren bis hin zur Fertigstellung des Manuskripts der *Unter-*

suchungen »von Anfang an« auf dieses Buch gerichtet war, bedeutet wiederum nicht, dass es eine alle anderen Fragen dominierende Frage in Wittgensteins gesamtem Philosophieren gegeben hat, die sich ihm auch immer in der gleichen Weise gestellt hätte, nur eben zu verschiedenen Zeiten von ihm unterschiedlich beantwortet wurde.[6] Zudem haben sich im Laufe der Zeit Wittgensteins Vorstellungen davon verändert, wie sein zweites philosophisches Buch auszusehen habe. Solche Änderungen gingen nicht zuletzt mit einem Wandel in Wittgensteins Anschauungen von der Natur des Philosophierens einher. Dieser Wandel selbst wiederum war ein natürlicher Teil des allgemeinen Wandels in seinem Philosophieren.

Mit der Einsicht in Wittgensteins Nachlass und dessen Erschließung wurde es, zumindest in zeitlicher Hinsicht, leichter, diesen Wandel im Einzelnen nachzuzeichnen.[7] Damit wuchs das Bewusstsein für die Komplexität der Frage nach der Einheit in Wittgensteins gesamtem Schaffen. Wittgenstein berührt von sich aus diese Frage im Vorwort zu den *Philosophischen Untersuchungen*, wenn er schreibt, dass es ihm beim späteren Durchlesen und Erklären seiner *Logisch-philosophischen Abhandlung* so erschienen sei, als wenn er »jene alten Gedanken und die neuen zusammen veröffentlichen sollte: daß diese nur durch den Gegensatz und auf dem Hintergrund meiner ältern Denkweise ihre rechte Beleuchtung erhalten könnten« (PU, S. 743). Nimmt man die Unterscheidung zwischen Gedanken und Denkweise ernst, liegt es in Bezug auf Wittgensteins Denkweise näher, von zwei ganz und gar verschiedenen Philosophien zu sprechen, als dies in Hinsicht auf einzelne Gedanken der Fall ist. Soweit die Denkweise in einzelnen Gedanken ihren Ausdruck findet, hängen beide natürlich zusammen, ist also die Gegenüberstellung nur relativ. Aber das hebt die Verschiedenheit nicht auf (zu einem konkreten Fall vgl. Abschnitt 6.1).

Dass Wittgensteins späteres Werk auch ein Ergebnis der mehr oder weniger langen, intensiven und detaillierten Auseinandersetzung des Autors mit seinem Frühwerk ist, gilt daher gerade ungeachtet der Tatsache, dass die verschiedenen Berichte darüber, wie Wittgenstein zur Philosophie zurückfand, sämtlich Bilder einer Konversion sind: Etwas brachte Wittgenstein dazu, mit einem Schlag zu sehen, was an seiner frühen Philosophie nicht stimmte. Diese Bilder stützen jenen Eindruck, wonach der Wandel nur als zeitliches Nacheinander zweier Hauptwerke erscheint. Und je mehr Wahrheit in Wittgensteins Bemerkung aus dem Vorwort zur *Abhandlung* steckt, dass er die philosophischen Probleme im Wesentlichen endgültig gelöst habe, umso mehr wird, wenn jene Probleme und ihre Lösung ein Ganzes bilden (vgl. TLP, S. 2 f.), tatsächlich so etwas wie eine *Bekehrung* nötig sein. Denn es mag dann in dieser oder jener Frage diesen oder jenen bedenkenswerten Einwand geben, aber wenn der Versuch, ihnen gerecht zu werden, jemals in einer von der frühen Philosophie dem Geiste nach verschiedenen Philosophie enden soll, dann muss irgendwann das Ganze als solches fragwürdig werden. Oder eben: Die Denk*weise* selbst muss das Problem werden, einzelne Gedanken also nur insoweit, als sie diese Denkweise besonders deutlich und nachhaltig ausdrücken. Genau das bringt aber, begrifflich betrachtet, ein Erweckungs- oder Bekehrungserlebnis hervor. Ein solches geht in seiner Bedeutung weit über das hinaus, woran es sich jeweils festmacht. Angesichts eines solchen Erlebnisses verliert vieles von dem, was vorher für (besonders) fundamental gehalten wurde, diesen Status, ohne damit schon widerlegt, nachweislich bedeutungslos, irreführend zu sein.

So will zum Beispiel Herbert Feigl einen tiefen Wandel in Wittgenstein beim Hören eines Vortrages des intuitionistischen Mathematikers L. E. J. Brouwer beobachtet haben.[8] Daraus kann aber selbst dann *nicht* auf Wittgensteins plötzliche Konversion zum Intuitionismus geschlossen werden, wenn Wittgenstein zuvor irgendeine zum Intuitionismus alternative philosophische Position vertreten *hätte*. Dass es aber auch nicht einfach eine Übereinstimmung nur in diesem und jenem Punkt gewesen sein kann, macht ein Bericht über ein weiteres Erlebnis vielleicht deutlicher. Wittgenstein soll seinem Freund und Kritiker Pierro Sraffa erklärt haben, was es mit dem Begriff der logischen Form von Satz und Welt auf sich hat. Daraufhin habe Sraffa eine gewisse Geste gemacht, mit der man in seiner Heimatstadt Neapel Verachtung ausdrückt, begleitet von der Frage, was die logische Form *davon* sei.[9] Gewiss hätte Wittgenstein versuchen können, die logische Form dieser Geste anzugeben. Wichtig an dieser Geschichte ist also nicht, dass sie ein Beispiel für etwas liefert, was sich im Rahmen der *Abhandlung* nicht fassen ließe. Wichtig ist vielmehr, dass es schon komisch aussähe, die logische Form jener Geste überhaupt angeben zu wollen, wenn man sich von dieser ungefähr ein solches Bild macht, wie es die *Abhandlung* ausdrückt. Sraffa hat Wittgenstein also nicht einfach an die Vielfalt des Gebrauchs der Sprache erinnert. Daran musste man Wittgenstein zu *keiner* Zeit erinnern! Der Punkt betrifft vielmehr den Anspruch, diese Vielfalt mit einem zugrunde liegenden, die Vielfalt selbst sekundär machenden Bild vom Wesen der Sprache zur Deckung bringen zu können. Es passt in dieses Bild, dass ein Befehl *unmittelbar* keine Beschreibung ist, aber mittelbar, so das Bild, oder *eigentlich*, sind *beide* Bilder von Tatsachen. Das gilt dann natürlich auch für jenen neapolitanischen Ausdruck der Verachtung – was man aber doch kaum ernsthaft glauben kann! Wenn an irgendeinem einzelnen Fall deutlich wird, was es mit der in Abschnitt 66 der *Untersuchungen* erhobenen Forderung, nicht – wie in der *Abhandlung* – zu denken, sondern zu schauen, auf sich hat, dann an einem wie diesem. Was es dann aber noch heißen kann, die philosophischen Probleme im Wesentlichen endgültig gelöst zu haben, wie es Wittgenstein im Vorwort der *Abhandlung* beansprucht, ist völlig unklar, es sei denn, die vollständige Lösung der Probleme bestehe eben in ihrem vollständigen Verschwinden, wie es schließlich in § 133 der *Untersuchungen* heißt.

Dass etwas verschwindet, bedeutet nicht, dass nichts Neues entstehen könnte, was es dann, gegebenenfalls, wieder zum Verschwinden zu bringen gilt. Dagegen klingt die Redeweise von der endgültigen Lösung der philosophischen Probleme viel eher so (und war auch so gemeint), als ob kein Problem *wirklich* zu lösen sei, solange nicht *alle* Probleme gelöst sind, so dass es also nicht genügt zu lösen, was an Problemen gerade auf dem Tisch liegt, sondern auch gezeigt werden muss, warum dies alles ist, was an Problemen auf dem Tisch liegen *kann*.

Dementsprechend werden im Folgenden Leben und Werk zwar getrennt behandelt, aber auch insofern wieder mit der Betrachtung der Schriften Wittgensteins verschränkt, als die Ausführungen zum Leben in zwei Teilen erfolgen, unterbrochen durch die Bemerkungen zur *Logisch-philosophischen Abhandlung*. An die Schilderung des Lebens nach der Fertigstellung der *Abhandlung* schließt sich dann eine Skizze des sogenannten Teils I der *Philosophischen Untersuchungen* an.[10]

Nicht ausdrücklich berücksichtigt werden die Arbeiten zur Philosophie der Mathematik, zur Philosophie der Psychologie, soweit diese nicht mit denen der *Untersuchungen* zusammenfallen, die Überlegungen zu den Farben, zu Ursache und Wirkung, zu Ästhetik und Religion, die Texte, die unter dem Titel *Über Gewissheit* bekannt geworden sind, und einige andere mehr, wie etwa Wittgensteins Bemerkungen zu James George Frazers *Golden Bough*, die nicht zuletzt für die Philosophie der Sozialwissenschaften von Interesse sind. Zu allen diesen Bemerkungen Wittgensteins gibt es zahlreiche mehr oder weniger umfangreiche Darstellungen.[11] Dagegen werden wir auf einige Ausführungen eingehen, die zwischen der Fertigstellung der *Abhandlung* und den *Untersuchungen* liegen. An ihnen soll andeutend gezeigt werden, wie sich der Wandel in Wittgensteins Denken vollzogen hat.

1.3 Eine besondere Schwierigkeit der Interpretation Wittgensteins

Zu den Charakteristika vor allem des späten Wittgenstein gehört eine außergewöhnliche Einfachheit des Ausdrucks. (Der späte) Wittgenstein hat keine eigene Terminologie entwickelt, keine technischen Apparate erfunden und setzt auch unmittelbar keine voraus. Die wenigen Ausdrücke, die man mit seinem Namen verbindet – »Sprachspiel«, »Familienähnlichkeit«, »Lebensform«, »Privatsprache« und vielleicht noch ein paar weitere –, sind nicht einmal alle von ihm, wie etwa im Fall von »Familienähnlichkeit«[12], und werden zudem von ihm auch in einer ganz hausbackenen Weise eingeführt und benutzt. Hiermit geht eine besondere Schwierigkeit für eine Einführung einher.

Gewöhnlich sollen Einführungen komplizierte Überlegungen in einer weniger komplizierten Weise darstellen, um so den Leser zu jener komplizierten Darstellung zu führen. Freilich kann keine Einführung in ein Werk, welches eine Einführung verdient, das Werk selbst ersetzen. Insofern ist es auch leicht irreführend, von einer einfacheren Darstellung zu reden. Denn es gibt ja nicht dort das Dargestellte und hier die Art der Darstellung, wobei Werk und Einführung sich nur in Hinsicht auf Letztere unterscheiden. Einführungen sind gewöhnlich auch in dem Sinne einfacher, als sie die Sache, in die sie einführen, einfacher darstellen, als sie wirklich ist. Dafür aber, dass Philosophen so (kompliziert, schwer verständlich ...) reden, wie sie es tatsächlich nicht selten tun, gibt es gute Gründe. (Was sich auf den ersten Blick als wohltönender Unsinn, der zu guten Preisen vermarktet wird, darstellt, erweist sich dank energischer Arbeit nicht selten als durchaus bedeutsam.) Und wenn Wittgenstein selbst sein spätes Werk seinem frühen gegenüberstellt, so gilt dies auch dann, wenn Wittgenstein gar nicht in einer besonderen Weise redet, also keine komplizierte eigene Terminologie hat. Gegen all dies muss man gewissermaßen gleichgültig sein, wenn man eine Einführung schreibt (und liest). Das aber ist nur zu tolerieren, wenn die Alternative so etwas wie Unverständnis ist. Nun korrespondiert der Einfachheit, mit der Wittgenstein seine Gedanken ausdrückt, tatsächlich *keine* entsprechende unmittelbare Leichtigkeit im Verstehen auf Seiten des Lesers. Da aber bereits Wittgenstein seine Überlegungen auf überaus einfache Weise ausdrückt, wie könnte eine Einführung sie noch einfacher ausdrücken, ohne sie völlig zu verflachen?

Hier lässt sich in fruchtbarer Weise auf eine ansonsten eher seltsame Strategie der Wittgenstein-Interpretation zurückgreifen: Man unterstellt Wittgenstein, er habe seine Ansichten systematisch verschleiert, sei es, um seine Leserschaft zu spalten in einen Teil, der zu Recht dazugehört, und einen, bei dem dies nicht so ist, sei es, weil man ihn, wenn er gesagt hätte, was er meinte, aufgrund der Tatsache, dass man gewohnt ist, bestimmte Sätze so und so zu verstehen, missverstanden hätte. Ein fruchtbarer Rückgriff auf diese Herangehensweise besteht darin, Wittgenstein dunkler zu machen, als er ist, und ihn so in gewissem Sinn der Tradition anzunähern.

Wittgenstein liefert selbst die Lizenz für ein derartiges Vorgehen, wenn er seinen Zuhörern zu erklären versucht, was Heidegger meint, der von dem *Wovor der Angst* als dem *In-der-Welt-sein als solchem* oder auch der *Welt als solcher*[13] spricht, nämlich dies: »Der Mensch hat den Trieb, gegen die Grenzen der Sprache anzurennen. Denken Sie z. B. an das Erstaunen, daß etwas existiert. Das Erstaunen kann nicht in Form einer Frage ausgedrückt werden, und es gibt auch gar keine Antwort. Alles, was wir sagen mögen, kann a priori nur Unsinn sein. Trotzdem rennen wir gegen die Grenzen der Sprache an.« Die Rede vom Anrennen gegen die Grenzen der Sprache ist aber kaum klarer als Heideggers eigene Worte. Dennoch wirft jene ein Licht auf diese – und natürlich diese auch auf jene. Zwei dunkle Sachen miteinander in Verbindung zu bringen muss also nicht unbedingt zu noch mehr Dunkelheit führen; es kann, im Gegenteil, erhellend sein. Auch wenn es paradox klingt, es kann ebenso erhellend sein, Ausführungen, die in dem Sinne klar sind, in dem es vor allem Wittgensteins späte Bemerkungen auf den ersten Blick sind, dunkel zu machen.

Für ein auffallendes Merkmal von Wittgensteins Texten, vor allem die späteren, und zwar die Zeichensetzung, gibt es eine Erklärung, die zugleich einen guten Rat für Wittgensteins Leser enthält: »Ich möchte eigentlich durch meine häufigen Interpunktionszeichen das Tempo des Lesens verzögern. Denn ich möchte langsam gelesen werden. (Wie ich selbst lese.)« (WN 136/128b, vom 18.1.1948.) Langsames Lesen führt eher zu dem, was Wittgenstein mit seinen *Philosophischen Untersuchungen* erreichen wollte: »jemand zu eigenen Gedanken anregen«, statt ihm »das Denken zu ersparen« (PU, S. 743).

2. Wittgensteins Leben bis zum Erscheinen der Logisch-philosophischen Abhandlung

Die letzten Worte Wittgensteins, gesprochen am 29. April 1951 und bestimmt für seine Freunde, sollen gewesen sein: »Sagen Sie ihnen, daß ich ein wundervolles Leben gehabt habe!«[14] Was den Anfang seines Lebens angeht, erstaunt dies nicht; was die fast genau 62 Jahren danach betrifft, könnte es einem schwerfallen, Wittgensteins letzten Worten Glauben zu schenken.

Nach äußerlichen Standards geurteilt, standen die Sterne außergewöhnlich günstig über Wittgensteins Geburt am 26. April 1889 in Wien, der Hauptstadt der kaiserlichen und königlichen Monarchie der Habsburger.

Außenpolitisch war Österreich-Ungarn zwar nur noch ein Schatten seines einstigen Selbst, und innenpolitisch gab es viel Bewegung, ohne dass sich viel bewegte,[15] aber solche Zeiten sind der Philosophie oft günstig. In wirtschaftlicher wie in national-ethnischer Hinsicht war Österreich-Ungarn sehr heterogen. Gebieten mit einer starken und modernen Industrie standen Gegenden mit kaum entwickelter Landwirtschaft und auf den lokalen Bereich begrenztem Handel gegenüber. Zum Teil fiel dies mit ethnischen und nationalen Grenzen in eins. Dem gegenüber stand eine Homogenisierung durch Militär und Verwaltung. Diese hielten und führten die auseinandertreibenden Kräfte zusammen, mäßigten sie und erlaubten dem Kaiser und seiner Regierung Kontrolle und allfällige Unterdrückung. Wie eng der Zusammenhalt trotz aller Gegensätze gewesen sein muss, lässt sich daran ermessen, dass es eines Ereignisses wie des Ersten Weltkriegs bedurfte, die Monarchie zu Fall zu bringen.

Wissenschaftlich und kulturell war Wien ein enorm fruchtbares Feld. Das Theater florierte nicht nur im Umfeld des Hofes, sondern Autoren wie Johann Nestroy feierten Triumphe auch beim Volk. Musik, in vielen ihrer Formen, war allgegenwärtig. Der Prater, ein Vergnügungspark, zog Menschen aller Schichten zu Vergnügungen aller Art an. In Kaffeehäusern trafen sich sogenannte gebildete Leute, die angeblich einen beträchtlichen Teil ihrer Zeit mit Lesen, Schachspielen und Gesprächen über mehr oder weniger ernste Themen verbrachten. Die Lage der Arbeiter, kleinen Angestellten und Beamten, der zahllosen Kindermädchen und Aufwartefrauen, die aus allen Regionen des Reiches stammten, sowie vieler Selbständiger war freilich weit weniger komfortabel.

Ebenso rasant, wie sich die Industrie in einigen Gebieten, etwa in Böhmen, entwickelte, veränderte sich in dieser Zeit das Aussehen der Stadt Wien. Sie wuchs, wie viele Städte in der Gründerzeit, beachtlich. 1865 hatte der Kaiser bereits den Beginn des Baus der Ringstraße veranlasst, die an die Stelle großer Teile der alten inneren Stadt trat. Daneben wurde die Infrastruktur ausgebaut, u. a. die Verkehrswege und die Versorgung mit Trinkwasser. Das kam auch den sogenannten einfacheren Schichten in den äußeren Bezirken der Stadt zugute und wurde allgemein als überaus bedeutsam und fortschrittlich angesehen. Nichts spricht dafür, dass Wittgenstein dies anders sah.

Natürlich ging keine dieser großen Neuerungen ohne Auseinandersetzungen ab. Selbst wenn endlich einmal beschlossen oder auch angeordnet war, etwas zu bauen, stand noch die Frage des Wie. Der Architekt Adolf Loos sagte nach der Jahrhundertwende dem Ornament den Kampf an – also, wenn man so will, dem

Geist der Ringstraße –, indem er zu zeigen versuchte, dass Schönheit und Praktikabilität einander nicht ausschließen, ja dass das Ornament mit Kultur nichts zu tun hat. Oder wie Karl Kraus meinte: »Adolf Loos und ich, er wörtlich, ich sprachlich, haben nichts weiter getan, als gezeigt, daß zwischen einer Urne und einem Nachttopf ein Unterschied ist und daß in diesem Unterschied erst die Kultur Spielraum hat. Die andern aber, die Positiven, teilen sich in solche, die die Urne als Nachttopf und die den Nachttopf als Urne gebrauchen.«[16]

An der Universität Wien unterrichteten und forschten unter anderen Ernst Mach und Ludwig Boltzmann. 1893 veröffentlichten Josef Breuer und Sigmund Freud ihren Aufsatz über den psychischen Mechanismus hysterischer Phänomene und 1895 die *Studien über Hysterie*, beides zusammen die Geburtsurkunde der Psychoanalyse.[17] 1903 erschien Otto Weiningers Buch *Geschlecht und Charakter. Eine prinzipielle Untersuchung* – und hinterließ einen ungeheuren Eindruck, der sich keineswegs nur der Tatsache verdankte, dass sein Autor sich bald darauf das Leben nahm. In seinem Buch verarbeitet Weininger vielmehr eine ungeheure Fülle an philosophischen Überlegungen und wissenschaftlichem Material zu dem, was man, in Oswald Spenglers Worten, eine Morphologie des Geschlechts nennen könnte. Weininger erhebt durchaus einen weltanschaulichen Anspruch. Das Weibliche und das Männliche sind ihm zufolge mehrdimensionale, einander gegenüberliegende Punkte auf einer Skala, die selbst ein Kontinuum repräsentiert, wobei jede Dimension durch ein Merkmal oder eine Reihe von Merkmalen bestimmt ist. Körperliche Eigenschaften, aber auch intellektuelle, charakterliche, ja selbst politische Züge gehen in das Ganze ein. Was wir »Mann« und »Frau« nennen, ähnelt bestenfalls dem, was Weininger in seinem Buch damit meint, steht ihm zuweilen auch entgegen. Unsere gewöhnlichen Begriffe sind für Weininger insofern oberflächlich, als sie an einigen wenigen Merkmalen festgemacht sind und zudem nicht berücksichtigen, dass es in Bezug auf die Kriterien, die wir gewöhnlich benutzen, keineswegs derart feste Grenzen gibt, wie es unsere (vermeintlich) scharfen Unterscheidungen nahelegen. Seinen schlechten Ruf[18] haben diesem Buch jedoch vor allem Bemerkungen über die intellektuellen und moralischen Eigenschaften von Frauen und Juden eingetragen, mit denen Weininger u. a. zur Lösung der heftigst diskutierten sogenannten Judenfrage beizutragen meinte.

Wittgenstein wurde jedoch nicht nur in eine an Gegensätzen reiche Zeit und Gegend geboren, sondern auch in eine Familie, die bereit und in der Lage war, ihm eine ganz auf seine Begabungen zugeschnittene Kindheit und Jugend zu ermöglichen. Die familiären Verhältnisse erlaubten es Wittgenstein, seine außergewöhnlichen Anlagen im zunehmenden Gebrauch von Elementen der kulturellen Tradition Europas zu entfalten. (Wittgensteins große Angst, er könnte während eines Besuches seines Schülers und Freundes Norman Malcolm *in Amerika* sterben, zeigt diese starke Verankerung.)

Wittgensteins Vater war Ingenieur und Sohn eines um die Wende vom 18. zum 19. Jahrhundert von Sachsen nach Wien gezogenen konvertierten deutschen Juden. Ein früher Streit zwischen Karl Wittgenstein und Wittgensteins Großvater führte dazu, dass Karl Wittgenstein die Familie verließ und unter anderem in Amerika sein Glück zu machen suchte. Gefunden hat er es dann nach seiner Rückkehr in Wien und Prag. Eine typische Gestalt der Gründerzeit, arbeitete er sich bis zum Zentraldirektor der Prager Eisenbahnindustrie-Gesellschaft hoch und war so einflussreich wie vermögend.

Die Früchte der Arbeit eines Mannes von Karl Wittgensteins Energie, Geschick, Mut, Einsicht und Fortune riefen nicht überall Begeisterung hervor. Im Gegenteil, er war wiederholt Zielschreibe heftiger Kritik. Dieser entzog er sich schließlich, indem er 1898 alle Posten niederlegte, sein Vermögen sicherte und sich fortan der Familie und den Künsten widmete. Ludwig Wittgenstein hat sich noch viele Jahre später dazu bekannt, in der Philosophie verfahren zu wollen wie sein Vater im Geschäft: Es sollte etwas getan werden, er wollte etwas hinbekommen.[19]

Karl Wittgensteins Hinwendung zu den Künsten war nicht erstaunlich. Er war selbst musikalisch und hatte u. a. in seiner Zeit in New York als Musiklehrer gearbeitet. Zudem hatte er 1873 Leopoldine Kalmus geheiratet, die Tochter eines zum Katholizismus konvertierten Juden. Von Wittgensteins Mutter ist nicht allzu viel bekannt; eines jedoch muss bemerkenswert gewesen sein: ihr Klavierspiel. Das tiefe Interesse beider Ehepartner an der Musik zeigte sich auch darin, dass sie häufig Komponisten und Musiker wie Gustav Mahler, Johannes Brahms und Pablo Casals zu Gast hatten. Das Interesse an den Künsten ging jedoch über die Liebe zur Musik hinaus. So unterstützte Karl Wittgenstein 1887 maßgeblich die Wiener Sezession um Gustav Klimt, der später eine von Wittgensteins Schwestern malen sollte.

Aus der Ehe von Karl und Leopoldine Wittgenstein gingen neben Ludwig weitere sieben Kinder hervor, vier Söhne und drei Töchter. Alle Kinder wurden im Glauben der Mutter erzogen, während der Vater darauf drang, dass die älteren Söhne seinem Berufsweg folgten. Dieses Drängen war wohl auch nötig. Der älteste Sohn der Familie, Hans, war musikalisch ganz außergewöhnlich begabt und brach aus der vorgeschriebenen Lebensbahn schließlich durch die Flucht nach Amerika aus. Dort nahm er sich wohl das Leben. Auch Wittgensteins Bruder Rudolf beging 1904 Selbstmord. Das dürfte Karl Wittgenstein veranlasst haben, den Druck auf seine Söhne zu mildern. Ungeachtet dessen schied auch Wittgensteins Bruder Kurt 1918 freiwillig aus dem Leben, und für seinen Bruder Paul wie auch für Wittgenstein selbst war der Gedanke an den Freitod stets präsent. Dennoch haben Paul und Ludwig Wittgenstein wohl sehr viel mehr Lebenswillen und -kraft besessen, als das Schicksal ihrer Brüder befürchten ließ.[20]

Im Unterschied zu seinen Brüdern und Schwestern lernte Wittgenstein als Kind kein Musikinstrument.[21] Aber er las Philosophen wie Schopenhauer und war vertraut, ja innerlich mitgestaltet von Poeten und Dramatikern wie Goethe und Mörike, Grillparzer, Keller, Hebel, Tolstoi und Dostojewski. Vor allem aber folgte er als einziges Kind dem Vorbild des Vaters, und zwar durchaus freiwillig. Er hatte großes Interesse für und starkes Gefallen an technischen Dingen. Im Alter von zehn Jahren konstruierte er mit simplen Mitteln eine funktionierende Nähmaschine. Auch aus seinem späteren Leben sind Ereignisse überliefert, die sein anhaltendes Interesse an technischen Fragen und sein großes Wissen, Geschick und Verständnis in diesen Dingen belegen. So pflegte er in seinen letzten Jahren »ganze Tage im Museum von South Kensington bei seinen geliebten Dampfmaschinen zu verbringen«[22]. Er hatte ohne Zweifel Auge, Hand und Herz eines Ingenieurs.

Vor seiner Ingenieursausbildung wurde Wittgenstein zunächst von Hauslehrern unterrichtet und besuchte von 1903 bis 1906 die Linzer Oberrealschule. Das Gymnasium kam wegen der vom Vater zuvor bestimmten Lehrinhalte nicht infrage, war aber auch gar nicht ins Auge gefasst worden. Trotz wenig berauschender schulischer Abschlussergebnisse (abgesehen vom Fach Religion) sollte Wittgenstein in Wien bei Boltzmann Physik studieren.[23] Dieser jedoch beging 1906 Selbstmord, in dem Jahr, in welchem Wittgenstein sein Studium aufnehmen sollte. So kam es, dass Wittgenstein an die Technische Hochschule in Berlin-Charlottenburg ging, der heutigen Technischen Universität Berlin. Bereits im Herbst 1908 wechselte er an das College of Technology in Manchester, nachdem er schon seit dem Sommer desselben Jahres mit aeronautischen Experimenten an der Kite Flying Upper Stratosphere Station bei Glossop beschäftigt war.

Wittgenstein experimentierte zunächst mit Drachen, dann mit Motoren, die in Propellern untergebracht waren, schließlich mit Propellerformen.[24] Seine Experimente, die ihm auch einige Patente eingebracht haben sollen, führten ihn über Fragen der angewandten zu solchen der reinen Mathematik. Von hier aus war es, in den Augen vieler, nur mehr ein Schritt zu den Grundlagen der Mathematik. Wie immer er auf Bertrand Russell und Gottlob Frege aufmerksam wurde,[25] 1911 beendete Wittgenstein jedenfalls sein Ingenieursstudium und ging, nach einem Gespräch mit Frege, Anfang 1912 zu Russell ans Trinity College in Cambridge.

Dort war Wittgenstein zunächst »undergraduate« und später »advanced student«. Zuerst befasste er sich mit den Grundlagen der Mathematik und mit der Logik, wobei er zunächst Frege und Russell folgte. Was den philosophischen Charakter dieses Unternehmens angeht, schreibt Frege: »Eine gründliche Untersuchung des Zahlbegriffs wird immer etwas philosophisch ausfallen müssen. Diese Aufgabe ist der Mathematik und Philosophie gemeinsam.«[26] Ähnlich vorsichtig äußert sich Wittgensteins Schwester Hermine, wenn sie schreibt, in Wittgensteins Zeit in Manchester oder kurz danach »wurden die Philosophie, oder eher Reflexionen über philosophische Probleme, plötzlich zu einer solchen Obsession für ihn und hielten ihn, gegen seinen Willen, so vollständig gefangen, daß er schrecklich litt, zwischen entgegengesetzten Berufungen zerrissen. Dies war die erste einer Reihe von Umwandlungen, die er in seinem Leben durchmachen sollte, und sie erschütterte sein ganzes Wesen.«[27] Wittgenstein hatte den Weg erreicht, den zu beschreiten ihm schließlich bestimmt war.

Über die Ankunft in Cambridge und den weiteren Verlauf der Dinge wissen wir aus Bertrand Russells Briefen an Lady Ottoline Morrell gut Bescheid.[28] Diese Dokumente gehören auch zu den ersten Äußerungen, die beschreiben, welchen ungeheuren Eindruck Wittgenstein häufig auf andere Menschen machte. Dieser wird auch deutlich in einer Bemerkung Russells von 1912 gegenüber Wittgensteins Schwester Hermine: »Wir erwarten, dass der nächste große Schritt in der Philosophie von Ihrem Bruder getan wird.«[29] Man würde die Beziehung aber verfälschen, wenn man nicht auf die Erleichterung hinwiese, die derartige Urteile Russells für Wittgenstein mit sich brachten. Vor allem zu Beginn seiner Arbeit als Philosoph hatte Wittgenstein große Zweifel an seinen Fähigkeiten, wenn auch gemessen an dem, was er von sich selbst erwartete.

Das Erstaunliche an Russells Bemerkung gegenüber Wittgensteins Schwester ist also nicht nur die Tatsache, dass sie einen Mann von noch nicht einmal 24 Jahren betrifft, und auch nicht so sehr die Kürze der Zeit, die Wittgenstein bis dahin mit Russell gearbeitet hatte, sondern eben auch, dass dieses Urteil gerade von Russell kam, zusammen mit George Edward Moore Begründer der sogenannten Analytischen Philosophie. Diese entstand hauptsächlich in Auseinandersetzung mit dem britischen Hegelianismus, einflussreich vertreten von Francis Herbert Bradley und John Ellis McTaggart. Russell baute bei seinen Attacken in erster Linie auf den, wie Wittgenstein später im Vorwort der *Logisch-philosophischen Abhandlung* schreiben wird, »großartigen Werken Freges« auf, die ihrerseits vor allem Dank Russell weite Beachtung und Anerkennung fanden. Russell hatte, zusammen mit Alfred North Whitehead, die *Principia Mathematica* und vorher schon den überaus folgenreichen Aufsatz »On Denoting« veröffentlicht.[30] Seine gewaltige Produktivität war ungebrochen, als Wittgenstein in seinen Gesichtskreis trat – um nach Russells eigenem Urteil bereits wenige Monate später die Stafette zu übernehmen. Dass Wittgenstein sie dann in eine Gegend trug, in die ihm viele Analytiker, nicht zuletzt Russell selbst, nicht folgen wollten, war ganz gewiss zuallerletzt Russells Schuld.[31]

Neben Russell und Moore verkehrte Wittgenstein bald mit verschiedenen anderen Cambridger Größen wie Whitehead, W.E. Johnson, John Maynard Keynes und G.H. Hardy. Dennoch war die Verbindung zu Russell am engsten. Das lag gewissermaßen in der Natur von Wittgensteins ursprünglichem Verständnis der Philosophie, angesichts dessen es eines starken Grundes bedurft hätte, um nicht Russells Nähe zu suchen. Daran gemessen erscheint es dann auch nicht einfach als eine Frage charakterlicher Divergenzen, dass sich beide später dauerhaft entfremdeten, während Wittgenstein und Moore einander alles in allem verbunden blieben.

Vor Ablauf von zwei Jahren verließ Wittgenstein Cambridge und ging im Herbst des Jahres 1913 nach Norwegen. In der Nähe von Skjolden, am Ende des Sogne-Fjords, mietete er sich ein und sollte sich später an dem Skjolden gegenüberliegenden Steilufer eines Sees ein kleines Haus bauen. In dieses Haus zog Wittgenstein sich immer wieder zurück, von hier aus unternahm er ausgedehnte Spaziergänge. In den Jahren 1913 und 1914 entstanden die »Notes on Logic« und die »Notes dictated to Moore«. In diesen Bemerkungen finden sich bereits viele Überlegungen, die später in der *Abhandlung* wieder auftauchen.

Gleiches gilt für die »Tagebücher 1914-1917«, die jedoch nicht mehr in Norwegen geschrieben wurden. Denn im späten Frühjahr bzw. frühen Sommer 1914 kehrte Wittgenstein nach Wien zurück. Unmittelbar nach Ausbruch des Krieges meldete er sich als Freiwilliger zur österreichischen Armee. Wie die »Tagebücher« zeigen, hat Wittgenstein mehr oder weniger während des gesamten Krieges, wenn auch mit wechselnder Intensität, philosophisch gearbeitet. Warum er sich freiwillig meldete, wissen wir nicht genau; aber sicher nicht aus Nationalismus oder allgemeiner Kriegsbegeisterung. Wittgenstein hat auch nicht an den Sieg der Achsenmächte geglaubt. Der Gedanke der Niederlage deprimierte ihn furchtbar, denn er sah sich als »ganz und gar deutsch« (WN 101/47v, 25.10.1914). Dagegen freute er sich bei der Musterung über die Beamten: Sie seien fast so freundlich wie die Menschen in England. Paul Engelmann, Wittgensteins enger Freund, hat später gemeint, Wittgenstein sei stets loyal »gegenüber allen legitimen Gewalten religiöser wie gesellschaftlicher Natur gewesen«, und zwar so sehr, dass »dieses Verhalten gegen alle *echte* Autorität« ihm zur zweiten Natur geworden war und ihm »zeitlebens jede revolutionäre Gesinnung, welcher Art immer, einfach ›Unanständigkeit‹ bedeutete«[32]. Aber dies kann schon deshalb keine hinreichende Erklärung sein, weil Wittgenstein aus gesundheitlichen Gründen nicht gezogen worden wäre. Eher scheint es, was Engelmanns Bemerkung freilich nicht entgegensteht, dass ein allgemeines Pflichtgefühl eine Rolle spielte. Vielleicht erschien es Wittgenstein auch nur als das Natürlichste, als das, was offensichtlich (von ihm) zu tun war.

Es kann jedoch auch eine Form von Todessehnsucht hineingespielt haben, wie die folgende Notiz vom 18. August 1914 andeutet, die seinen Dienst auf einem Flussdampfer beschreibt: »Nachts um 1 werde ich plötzlich geweckt, der Oberleutnant fragt nach mir und sagt ich müsse sofort zum Scheinwerfer. ›Nicht anziehen‹. Ich lief fast nackt auf die Kommandobrücke. Eisige Luft, Regen. Ich war sicher jetzt würde ich sterben. Setze den Scheinwerfer in Gang und zurück mich anzukleiden. Es war falscher Alarm. Ich war furchtbar aufgeregt und stöhnte laut. Ich empfand die Schrecken des Krieges. Jetzt (abends) habe ich den Schreck schon wieder überwunden. Ich werde mein Leben mit aller Kraft zu erhalten trachten wenn ich nicht meinen gegenwärtigen Sinn ändere.« (WN 101/6r, 7r.) Man ist hier fast versucht, vor das letzte Wort ein »wieder« einzufügen, würde dies nicht leicht einen bedeutsamen Unterschied einebnen: zwischen dem Mangel an Willen, sein Leben mit aller Kraft zu erhalten, *bevor* oder *nachdem* man so etwas wie die Schrecken des Krieges durchgestanden hat.

Nach längerer Zeit auf dem Boot und in einem Werkstattzug wurde Wittgenstein an die Ostfront versetzt und dort bald bedrängt, sich zum Offizier ausbilden zu lassen. 1916 gab er nach und diente nach der Ausbildung u.a. als Beobachter. Beobachter befanden sich in aller Regel an der vordersten Front. Wittgenstein soll dabei als Offizier wiederholt großen Mut und eine ausgezeichnete Übersicht gezeigt haben und wurde mehrmals verwundet. 1918 erfolgte schließlich die Versetzung an die Südfront, wo Wittgenstein im Herbst, nach der Kapitulation seiner Seite, in italienische Kriegsgefangenschaft ging. Aus dieser kehrte er im August 1919 zurück. Zu dieser Zeit hatte Wittgenstein die *Abhandlung* bereits fertiggestellt.

Neben den Gefahren für Leib und Leben hatte Wittgenstein im Krieg mit verschiedensten Formen menschlicher Rohheit zu kämpfen, mit Gemeinheiten und Inkompetenz. Das alles macht es leicht verständlich, dass sich seine Gedanken, die ursprünglich logischen Problemen und Fragen das Wesen des Satzes betreffend gegolten hatten, ausdehnten. Dazu mag auch beigetragen haben, dass Wittgenstein während des Krieges auf Tolstois *Kurze Erläuterung des Evangeliums* stieß. Nach Joachim Schulte und Brian McGuinness machte Wittgenstein 1916, während der Brussilow-Offensive, eine schwere Zeit durch – »und auch seine philosophischen Tagebuchaufzeichnungen [...] nehmen zu dieser Zeit einen ethischen, ja man könnte sagen: religiösen Ton an«[33]. Da es natürlich auch zahllose Beispiele von Menschen gibt, die im Krieg die entgegengesetzte Entwicklung durchmachten, also Moral und Religion verloren, wird man der Wahrheit vielleicht am nächsten kommen, wenn man nach einer Verbindung zwischen der Entwicklung von Wittgensteins philosophischen Gedanken, die keines *besonderen* äußeren Anstoßes bedurften, und einer Entwicklung, welche sich eben gerade solchen Anregungen verdankt, sucht (vgl. Abschnitt 1.2).

Im Juli 1918 schließt Wittgenstein den sogenannten *Proto-Tractatus* ab, dessen Überarbeitung dann zum (vorläufig) endgültigen Manuskript der *Abhandlung* führt. Wittgenstein bietet die Schrift dem Verlag Jahoda & Siegel an, in dem auch Kraus' *Fackel* erscheint. Aber der Verlag lehnt ab, ebenso wie Braumüller, der Verlag Weiningers. Nach verschiedenen weiteren erfolglosen Versuchen der Publikation, die Wittgenstein nach der Entlassung aus der Gefangenschaft unternimmt und an denen unter anderem auch Frege beteiligt ist, gibt er schließlich auf. An Russell schreibt er, dass er sich mit folgendem (für ihn sehr typischen) Argument darüber beruhigt habe, dass sein Buch nicht erscheinen werde: »Meine Arbeit ist nämlich entweder ein Werk ersten Ranges, oder sie ist kein Werk ersten Ranges. Im zweiten – wahrscheinlicheren – Falle bin ich selbst dafür, daß sie nicht gedruckt werde. Und im ersten ist es ganz gleichgültig ob sie 20 oder 100 Jahre früher oder später gedruckt wird. Denn wer fragt danach ob z.B. Die Kritik der reinen Vernunft im Jahre 17x oder y geschrieben worden ist! Ja, eigentlich brauchte sie in diesem Falle auch nicht gedruckt zu werden. – Und nun sei nicht bös! Es war vielleicht undankbar von mir, aber ich konnte nicht anders.«[34] – »Undankbar«, weil Russell inzwischen eine Einleitung geschrieben hatte in der Absicht, durch seine Bekanntheit das Risiko für einen Verleger zu mindern. Aber Wittgenstein war, nach einigem Zögern, nicht bereit, seine Zustimmung zum gemeinsamen Druck beider Texte zu geben. Russells Text sei »ein Gebräu mit dem ich nicht einverstanden bin«[35]. Da er nach der Rückkehr aus der

Gefangenschaft das Erbteil seines 1913 gestorbenen Vaters an seine Geschwister verschenkt hatte (vorher bereits hatte Wittgenstein eine großzügige Spende getätigt, die Ludwig von Ficker unter bedürftige Künstler Österreichs aufteilen sollte), hätte er für die Kosten auch gar nicht selbst aufkommen können.

Dass es dennoch zu einer Veröffentlichung kam, war hauptsächlich Russell und dessen Mitarbeiterin Dorothy Wrinch zu verdanken. Diese bot die Schrift verschiedenen deutschen Zeitschriften an, mit Russells Einleitung, und Wilhelm Ostwald druckte sie 1921 schließlich in seinen *Annalen der Naturphilosophie* ab, wenn auch in mehrfach entstellter Weise. Nach Erscheinen der *Abhandlung*, in deren Vorwort Wittgenstein schreibt, er glaube, die philosophischen Probleme »im Wesentlichen endgültig gelöst zu haben«, stellen die *Annalen* ihr Erscheinen ein. Russell selbst sorgte dann nach seiner Rückkehr von einer längeren Reise nach China und vermutlich in Unkenntnis der deutschen Ausgabe dafür, dass C. K. Ogden eine deutsch-englische Ausgabe in der *International Library of Psychology, Philosophy and Scientific Method* herausbrachte. Die Übersetzung hatten Ogden selbst und vor allem Frank P. Ramsey besorgt, Wittgenstein hatte die Revision übernommen, Moore den heute zumeist benutzten Titel *Tractatus logico-philosophicus* beigetragen. Russells Einleitung ging Wittgensteins Text nun doch voran – und so war es beinahe schon eine Cambridger Kollektivarbeit, die 1922 in der Form erschien, in der sie zunächst[36] ihre Wirkung in der Fachwelt entfalten sollte. Wittgenstein selbst war es am Ende zufrieden. Ja, er war wohl auch recht stolz. Immerhin wusste er, was er geleistet hatte.

Auf die Wirkungsgeschichte seines ersten Buchs hat Wittgenstein jedoch nur in sehr engen Grenzen Einfluss genommen. Obwohl er sich noch an der Ausgabe beteiligte, hatte er sich zu dieser Zeit bereits vom Philosophieren zurückgezogen. Die Quelle, wie er es einmal ausdrückte, war nun vertrocknet (vgl. Kap. 3.1).

Indem er die Probleme im Wesentlichen endgültig gelöst zu haben meinte, hatte er selbst die Quelle zum Versiegen gebracht. Was er jedoch an Problemen gelöst zu haben glaubte, reichte weit über das hinaus, was er sich ursprünglich an Problemen zu lösen angeschickt hatte. Das »Klärungswerk«[37] musste, einmal begonnen, zu Ende geführt werden. Peter Philipp schreibt: »Wittgensteins moralischer Rigorismus [...] war im gleichen Maße wie seine hohen intellektuellen Fähigkeiten für die geistige Strenge seines Philosophierens verantwortlich. Und dieses Philosophieren zielte eben nicht nur und nicht vor allen Dingen auf theoretische Klarheit. [...] Also, zwar *kein* Bruch mit der Philosophie, aber ein Ausbruch aus der bürgerlichen Welt.«[38]

3. Die Logisch-philosophische Abhandlung

3.1 Der Geist der Abhandlung[39]

Wittgenstein antwortet 1924 in einem Brief an John Maynard Keynes: »Sie schreiben, ob Sie etwas tun könnten, um mir wieder wissenschaftliches Arbeiten zu ermöglichen: nein, in dieser Sache läßt sich nichts machen; denn ich habe selbst keinen starken inneren Trieb mehr zu solcher Beschäftigung. Alles, was ich wirklich sagen mußte, habe ich gesagt, und damit ist die Quelle vertrocknet. Das klingt sonderbar, aber es ist so.«[40] Sonderbar klingt das vor dem Hintergrund der Tatsache, dass man in Bezug auf wissenschaftliches Arbeiten kaum von dem redet, was jemand wirklich sagen muss. Wissenschaft ist in gewisser Weise unpersönlich. Das aber gilt für die Philosophie, wie Wittgenstein sie versteht, nicht in gleicher Weise.

Dass Wittgensteins neues Leben leicht als Bruch mit der Philosophie erscheint, liegt aber auch daran, dass seine vorherige Arbeit ihn natürlich nicht zu der Konsequenz geführt hatte, er solle nun Klostergärtner oder Volksschullehrer werden. Denn dass man die »Lösung des Problems des Lebens [...] am Verschwinden dieses Problems [merkt]« (6.521), bedeutet nicht, dass es eine Form des Lebens gibt, von der man im Vorhinein sagen könnte, dass in ihr das Problem des Lebens zum Verschwinden gebracht wird. Wenn man am Sinn des Lebens zweifelt, die Philosophie aber nicht sagen kann, wie man leben soll, damit das Leben Sinn hat (sondern nur, dass man die Lösung dieses Problems an seinem Verschwinden merkt), muss man einfach Verschiedenes ausprobieren, bis man eine Form des Lebens gefunden hat, die einen zur Ruhe kommen lässt. Das ist keine praktisch gewordene Philosophie der Authentizität, insofern sie gerade nicht sagt, was man tun muss, um authentisch zu leben. Nach Wittgenstein kann man, wenn man sein Leben in entsprechender Weise geändert hat, schon nicht mehr nach dem Sinn fragen oder sagen, worin er besteht. Die Frage nach dem Sinn des Lebens ist also kein Ausdruck eines Mangels an Wissen. Dies ist nur in dem Sinn eine Philosophie der Authentizität, als es einen gewissermaßen auf sich zurückverweist, indem es klärt, was es mit der Frage nach dem Sinn des Lebens auf sich hat.

Vor diesem Hintergrund erscheint Wittgensteins Bemerkung gegenüber Ludwig von Ficker, wonach der Sinn der *Logisch-philosophischen Abhandlung* ein ethischer ist und das Ethische durch das Buch »gleichsam *von Innen her* begrenzt«[41] wird, weit weniger dramatisch, als man sie zu nehmen geneigt ist, wenn man sich vor Augen hält, wovon in der *Abhandlung* hauptsächlich die Rede ist.

Zumindest was ihren zweiten Teil angeht, bedürfte es dieser Bemerkung auch gar nicht. Denn bereits im Vorwort der *Abhandlung* schreibt Wittgenstein, er glaube, die philosophischen Probleme im Wesentlichen endgültig gelöst zu haben. Wie aber kann man diesen Anspruch erheben, wissen, was gewöhnlich unter »Philosophie« verstanden wird, und doch keine Ethik haben wollen? Also liegt in der Abwesenheit ethischer Sätze in der *Abhandlung* die Lösung der ethischen Probleme inbegriffen.

Ebenso ist es, genau genommen, überflüssig, zu sagen, dass klar ist, »daß sich die Ethik nicht aussprechen läßt« (6.421, vgl. auch 6.42). Wenn es wirklich klar ist, braucht man es nicht zu sagen; ansonsten hilft es nichts, es zu sagen. Als Mitteilung verstanden ist

6.42 überflüssig. Dagegen passt es zu dem Vorhergehenden und zur Fortsetzung der Bemerkung über die endgültige Lösung der Probleme, wonach »der Wert dieser Arbeit zweitens darin (besteht), daß sie zeigt, wie wenig damit getan ist, daß diese Probleme gelöst sind«. So schließt sich auch der Kreis des Vorworts, in den der Leser mit der Bemerkung geführt wird: »Dieses Buch wird vielleicht nur der verstehen, der die Gedanken, die darin ausgedrückt sind – oder doch ähnliche Gedanken – schon selbst einmal gedacht hat. – Es ist also kein Lehrbuch. – Sein Zweck wäre erreicht, wenn es einem, der es mit Verständnis liest, Vergnügen bereitete.« Wer die gleichen oder ähnliche Gedanken schon selbst einmal gedacht hat, der lernt durch das Buch nichts Neues; alle anderen können mit ihm nichts anfangen. Was das Buch zeigt, ist dem, der es mit Verständnis liest, zwar nicht neu, daher wird er durch das Buch auch nicht belehrt; aber er wird erfahren, dass er mit seiner Sicht der Welt nicht allein ist. Das Vergnügen, welches das Buch ihm bereiten soll, ist das Vergnügen, welches einem die Erinnerung an den eigenen schweren Weg aus einer tiefen Verwirrung bereiten kann. Und wenn mit dem Lösen der philosophischen Probleme tatsächlich wenig getan ist, dann braucht man das Buch auch nicht in der Weise ernst zu nehmen, die Vergnügen beim Lesen ausschließt.

Freilich ist diese bezweckte Erbaulichkeit der Philosophie abhängig von der *Wahrheit* der im Buch mitgeteilten Gedanken. Nur die endgültige Lösung der Probleme zeigt, wie wenig mit ihr getan ist; zuvor erscheinen sie dagegen als Probleme von größter Bedeutsamkeit. Gerade darum kann ja der Wert des Buchs u.a. darin bestehen zu zeigen, wie wenig mit ihrer Lösung getan ist; und eben deshalb ist es sinnvoll, genau dies zu betonen. Insofern jene Probleme uns keine Ruhe lassen, ist ihre Bedeutsamkeit auch nicht nur Schein. Wenn jedoch ihre Lösung tatsächlich zeigt, wie wenig mit ihr getan ist, kann dies die Probleme selbst nicht völlig unberührt lassen. Man sieht am Ende zwar, dass man am Anfang einer Illusion aufsaß, aber keine spätere Einsicht kann die Stärke des Griffs lockern, mit dem die Illusion einen vorher gefangen hielt. Die Bedeutung, welche die Probleme hatten, überträgt sich zwar auf deren Lösung – nur eben nicht in der Weise, in der man es erwartete, als man die Lösung noch nicht hatte. Es gibt also in diesem Fall nicht einfach hier das Problem und dort die Lösung. Sondern erst ihre Lösung zeigt, was es mit den Problemen eigentlich auf sich hatte. Soweit es sich um eine Illusion handelte, der man aufsaß, ist die Lösung der Probleme wesentlich eine *Er*lösung von ihnen.

Welche Ansicht stellt es nun so dar, dass mit der Lösung der philosophischen Probleme *viel* getan wäre? – Hier liefert eine Bemerkung aus den Notizbüchern einen Hinweis: »Kann es eine Ethik geben, wenn es außer mir kein Lebewesen gibt? (/) Wenn die Ethik etwas Grundlegendes sein soll: ja!« (TB, 2. 8. 1916) Werfen wir zuerst einen Blick auf den systematischen Kontext dieser Bemerkung, den der letzte Satz dieses Eintrags markiert: »Ja, meine Arbeit hat sich ausgedehnt von den Grundlagen der Logik zum Wesen der Welt.« Diese Ausdehnung erfolgt horizontal *und* vertikal, genauer: Es ist eine Ausdehnung in die Breite *durch* eine solche in die Tiefe (oder Höhe). Soweit es um das Wesen der *Welt* geht, muss *alles* erfasst sein, und zwar so, dass seine Einheit sichtbar wird. Soweit es jedoch um das *Wesen* der Welt geht, muss es, wie es scheint, zugleich *eine* Grundlage, *eine* Wurzel geben, aus der alles erwächst. Die Wurzel stiftet die Einheit in der Vielheit.

Den methodologischen Status der Tagebuchnotiz vom 2. August 1916 macht ein Vergleich mit Georg H. von Wrights Bemerkung deutlich, wonach wir nicht herumrätseln hinsichtlich der Frage, ob etwas eine Form des Guten sei oder nicht.[42] – Der frühe Wittgenstein steht quer zu dieser These. Denn die Ethik als grundlegend zu betrachten bedeutet, unsere alltäglichen Ansichten darüber, was gut ist, zunächst zu suspendieren. Es ist bestenfalls heuristisch bedeutsam und ansonsten irrelevant, ob wir zögern oder nicht, wenn es darum geht, ob etwas eine Form des Guten ist. Dies kann nicht das *Kriterium* sein.

Dieser Punkt hängt mit einer Unterscheidung zusammen, der Frege prägnanten Ausdruck verleiht: das Wort »wahr« weist zwar der Logik die Richtung, gerade so wie »das Wort ›schön‹ der Ästhetik und ›gut‹ der Ethik«[43]; aber das Wahre muss ebenso wenig für wahr gehalten werden wie das, was für gut gehalten wird, gut sein muss – und umgekehrt. Beides ist grundverschieden. Gewissheit in Bezug auf das für gut Gehaltene sichert nicht, dass dies auch wirklich gut ist.

Man könnte einwenden, dass man kaum mehr tun kann, als etwas für gut zu halten. Zu glauben, dass man nach langem Zweifeln endlich erkannt hat, was wirklich gut ist, ist eben zunächst auch nicht mehr als genau dies: ein Glaube. Führt dann die Unterscheidung zwischen dem, dass etwas gut ist, und dem, dass es für gut gehalten wird, nicht zum Skeptizismus?

Wittgenstein ist jedenfalls *kein* Skeptiker. Seine Gedanken setzen gewissermaßen tiefer an. Sie betreffen den *Sinn* (oder auch die *Bedeutung* – in der alltäglichen Verwendung dieser Wörter), nicht die *Wahrheit* dessen, was wir sagen, wenn wir von etwas sagen, es sei gut (böse, abscheulich, hervorragend usw.). Wenn bereits Unklarheit darüber herrscht, was es heißt, etwas für gut zu halten, dann kann es auch sein, dass dies mit Wahrheit und Falschheit, richtig und unrichtig nur scheinbar etwas zu tun hat. Dies ist aber kein Skeptizismus, wenn Skeptizismus (erst) mit der Frage beginnt, wie Wissensansprüche als berechtigt auszuweisen sein sollen, und nicht (bereits) mit der Frage, was es überhaupt heißt, einen solchen Anspruch zu erheben.

Das bedeutet nicht, dass gar nichts wahr oder falsch wäre. Sondern die Sprache »verkleidet« (4.002) nicht nur die Gedanken, sie kann auch etwas als Gedanken erscheinen lassen, was gar keiner ist. Dazu muss es aber eben Gedanken geben können. Die logische Analyse eines Satzes wie »Der gegenwärtige König von Frankreich ist kahlköpfig« – in Bezug auf dessen Wahrheit oder Falschheit man leicht unsicher wird – kann diesen Satz nicht nur als Konjunktion dreier Sätze erweisen (deren Wahrheit wiederum unproblematisch ist, was sich dann auf das Ganze überträgt)[44], sondern die Analyse könnte auch ergeben, dass es sich nur scheinbar um einen Gedankenausdruck handelt. Soweit dieser Schein eines Gedankens aber durch die Sprache hervorgerufen wird, ist jene Sicherheit im Urteil in Bezug auf die Formen des Guten nicht nur damit vereinbar, dass es uns doch rätselhaft sein kann, ob überhaupt etwas und, wenn ja, was (wirklich) gut *ist*, da zunächst unklar ist, was es überhaupt bedeutet, von etwas zu sagen, es sei gut oder man halte es für gut. Jene Sicherheit im Urteilen spricht vielmehr gerade für jenes Rätsel, wenn ein solches voraussetzt, dass die Sprache Regeln entsprechend gebraucht wird und dies gewöhnlich mit Regelmäßigkeit, Sicherheit und Übereinstimmung einhergeht. Nur müssen die Regeln, denen man im Gebrauch der Sprache folgt, nicht die sein, die sie zu sein scheinen. Ethik, die wirklich etwas Grundlegendes sein soll, *beginnt* mit diesem Rätsel, genauer gesagt: mit dem Glauben an ein solches. Denn die Untersuchung endet nicht mit der Lösung desselben, sondern mit dem Versuch des Nachweises, dass es nur scheinbar eines gibt. Diese Aufhebung des Scheins führt jedoch nicht einfach zum Ausgangspunkt zurück, wonach das und das Formen des Guten sind (vgl. 6.5). Sie deutet dagegen an, dass jener Glaube an ein solches Rätsel kein gewöhnlicher Glaube ist, nur eben mit besonderem Inhalt. In diesem Sinne ist die Ethik *nicht* grundlegend. Aber sie ist dennoch nicht völlig losgelöst von dem, was im Leben vorgeht. Ihr Status ist gerade Teil des Problems selbst.

Wenden wir uns dem Inhaltlichen der Bemerkung vom 2. August 1916 zu. Nicht nur für jemanden, der das Moralische jenseits des Egoistischen angesiedelt sieht, kann es keine Ethik geben, wenn es außer mir kein Lebewesen gibt. Auch der Egoismus setzt die Existenz eines anderen voraus. Denn nur, zuerst oder ausschließlich an sich zu denken bedeutet, in zweiter Linie oder auch gar nicht an die anderen zu denken. Aber auch um gar nicht an sie zu denken, müssen sie da sein (können). »Nur«, »zuerst«, »ausschließlich« usw. sind *Relationsausdrücke*. Auch wenn in einem Satz wie »Er denkt nur an sich« allein von ihm die Rede ist, deutet sozusagen der Satz als solcher auf andere hin. Auf seine pathologische Weise erkennt auch der Egoist andere an. Das Grundlegende an der Ethik, von dem Wittgenstein spricht, ist jedoch im Vergleich zu allen solchen Überlegungen in gewissem Sinn *radikaler*. Eine Rückführung des Moralischen auf das (»wohlverstandene«) Egoistische führte also gerade nicht zu den Grundlagen der Moral. Es wäre keine Begründung und die Ethik nichts Grundlegendes. Und wenn die Ethik als etwas Grundlegendes dadurch *bestimmt* ist, wäre jene Rückführung gar keine ethische. Nur in dem Fall, in dem es überhaupt keine Ethik geben kann, könnte jene »Ethik« für sich beanspruchen, in gewissem Sinne doch Ethik zu sein: Sie käme so dicht an eine Ethik heran wie etwas, das nicht in dem Nachweis besteht, dass es keine Ethik geben kann, an eine solche herankommen kann. Anders gesagt, indem Wittgenstein sich quer zur Tradition stellt, erkennt er sie zugleich an und weist sie zurück: »Wenn mein Name fortleben wird dann nur als Terminus ad quem der großen abendländischen Philosophie. Gleichsam wie der Name dessen der die Alexandrinische Bibliothek verbrannt hat.« (WN 183/64)

Die Radikalität von Wittgensteins Herangehen erscheint andeutungsweise in der Fortsetzung der oben zitierten Notiz:

> Wenn ich recht habe, so genügt es nicht zum ethischen Urteil, daß eine Welt gegeben sei.
> Die Welt ist dann an sich weder gut noch böse.
> Denn es muß für die Existenz der Ethik gleich bleiben, ob es auf der Welt lebende Materie gibt oder nicht. Und es ist klar, daß eine Welt, in der nur tote Materie ist, an sich weder gut noch böse ist, also kann auch die Welt der Lebewesen an sich weder gut noch böse sein.

Diese Argumentation ist kaum besonders transparent, und soweit sie es ist, wenig überzeugend. Hatte nicht William James schon gezeigt, dass in ethischer Hinsicht alles auf den Unterschied ankommt zwischen einer Welt, in der nur tote Materie ist, und einer, in der es, in James' Worten, wenigstens ein »sentient being« gibt?[45] Und wenn Nietzsche notiert, es sei »ungereimt, die Natur und die Nothwendigkeit (moralisch, R. R.) zu loben und zu tadeln«, ist der Witz *dieser* Bemerkung nicht, dass es ungereimt ist, überhaupt etwas zu loben und zu tadeln. Soweit »sentient beings« nicht einfach Verkörperungen der Naturnotwendigkeit sind, gehörten sie zu dem, in Bezug worauf Loben und Tadeln nicht ungereimt sein müssten.

In der Tat, stellen wir uns vor, auf dem spitzen Grat einer Bergkette liege ein großer Stein; ein Sturm zieht auf, der Stein gerät ins Wanken und droht auf einer der beiden Seiten ins Tal zu stürzen. Wäre es in moralischer Hinsicht besser, wenn dies auf der einen Seite geschähe, oder sollte es eher auf der anderen passieren? Hier weiß man gar nicht, was man sagen soll! Aber man ist nicht etwa deshalb verloren, weil es einem an Informationen fehlt, wie es einem an Informationen fehlen könnte, jetzt zu entscheiden, wohin der Stein fallen *wird*. Sondern es ist gar nicht zu sehen, wie *irgendeine* Information dafür oder dagegen sprechen könnte, dass der Stein eher diesen als jenen Weg nehmen *sollte*, dass es auf die eine Weise *besser* wäre als auf die andere. Das heißt, (moralische) Begriffe wie »gut« und »sollen« haben hier gar keine Anwendung und nicht etwa eine, die wir bloß noch nicht kennen. Und ändert sich nun das Bild in genau dem Moment nicht völlig, in welchem wir ein »sentient being« derart in es einfügen, dass es von dem Herunterstürzen des Steins so oder so betroffen sein könnte? Haben unsere Begriffe hier nicht auf einmal einen *Angriffspunkt*? Spüren wir nicht, dass hier, wie dies auch immer zu erklären sein mag, die Lage der Dinge eine ganz andere ist? Und muss das dann nicht der Ausgangspunkt der Moralphilosophie sein? – Aber dieser Schluss wäre voreilig. Denn klar scheint doch, dass in einer Hinsicht *kein* Unterschied besteht zwischen einer toten Welt und einer, in der es Leben gibt: Beide Welten sind nur in ihrem *Wie* verschieden, nicht aber in ihrem *Dass*. Eine Welt, bestehend allein aus toter Materie, wäre nicht weniger eine Gesamtheit von Tatsachen, als es eine Welt wäre, in der es auch »sentient beings« gäbe. Wie Wittgenstein am 2.9. 1916 notiert:

> Das philosophische Ich ist nicht der Mensch, nicht der menschliche Körper oder die menschliche Seele mit den psychologischen Eigenschaften, sondern das metaphysische Subjekt die Grenze (nicht ein Teil) der Welt. Der menschliche Körper aber, mein Körper insbesondere ist ein Teil der Welt unter anderen Teilen der Welt unter Tieren, Pflanzen, Steinen etc. etc.
>
> Wer das einsieht wird seinem Körper oder dem menschlichen Körper nicht eine bevorzugte Stelle in der Welt einräumen wollen.
>
> Er wird Menschen und Tiere ganz naiv als ähnliche und zusammengehörige Dinge betrachten.[46]

Die Bevorzugung, von der hier die Rede ist, kann nicht die Tatsachen betreffen. Natürlich ist es denkbar, dass der menschliche Körper Eigenschaften hat, die nur er hat. In diesem Sinne hätte man ihn bevorzugt zu behandeln, wollte man ihm gerecht werden. (Man muss den menschlichen Körper ernähren, Steine aber nicht, und es wäre denkbar, dass nur der menschliche Körper ernährt werden müsste.) Aber diese Bevorzugung wäre zugleich in dem Sinn *keine* Bevorzugung, als sie auf ihre Weise ebenso für Tiere, Pflanzen, Steine usw. gelten würde. Die Bevorzugung, die man dem menschlichen Körper nicht zuteil werden lassen würde, wenn man einsieht, was es mit dem philosophischen Ich wirklich auf sich hat, ist vielmehr von anderer Art. Um sie geht es beim Wert (der Werte).

Nun ist die Welt so oder so beschaffen, verändert sich dauernd (oder zumindest kann man sich vorstellen, dass sie anders wäre, als sie ist). Aber kein möglicher Unterschied zwischen dem, wie die Welt ist, und dem, wie sie sonst sein könnte, beantwortet die Frage, warum überhaupt etwas ist. Diese Frage kann, wenn man sich auf das Wie der Welt beschränkt, nicht einmal gestellt werden. Dann aber ist auch kein Raum für die Frage, ob es gut ist, dass es die Welt gibt, und damit natürlich auch nicht für die Frage, ob es »sentient beings« geben sollte.[47] Wie aber sollte etwas einen Wert in die Welt bringen können, von dem unklar ist, wie es um seinen eigenen Wert bestellt ist? Denn wenn wir uns beschränken auf das Wie der Welt, können wir auf die Frage, warum etwas gut ist, nur auf ein anderes Wie verweisen. Warum aber sollen wir von diesem nicht wieder fragen dürfen, woher es den Wert hat, den es haben muss, um jenem anderen seinen Wert zu verleihen? So aber kommen wir erkennbar an kein Ende. Wie eine Analyse, die nicht endlich ist, eigentlich keine Analyse ist, so ist eine unendliche Begründung nicht wirklich eine Begründung. Kommt sie also auf diese Weise an kein Ende, dann stimmt es zwar, dass man *nicht* immer fragen kann, was der Wert eines Wertes sei. Aber das zeigt nur, dass man *gar nicht* nach dem Wert fragen kann, solange man sich in jenem Bereich bewegt, in dem man, wenn man in ihm nach einem Wert fragen könnte, auch nach dem Wert des Wertes fragen (können) müsste. Die Tatsache, dass es Wesen gibt, die Wünsche, Bedürfnisse usw. haben, soweit wir diese Wörter auf gewöhnliche Weise nehmen, geht die Ethik also zunächst nichts an. Allgemein genommen: Aus der Selbstverständlichkeit, dass eine Welt, in der nur tote Materie ist, »an sich weder gut – noch böse ist«, lässt sich tatsächlich auf die Moralfreiheit auch der Welt der Lebewesen schließen, egal, wie es um diese stehen mag. Denn man kann, gegeben, was »schließen« eigentlich heißt, nicht auf das Gegenteil schließen. Wie auch sollte ein solcher Schluss aussehen? Ein Schluss kann nicht mehr aus einer Sache rausholen, als schon drinsteckt. Wenn eine Welt aus toter Materie wertfrei ist, dann auch alles, was aus ihr folgen mag.

Auch ein Kausalnexus, selbst wenn es ihn gäbe (vgl. 5.135, 5.136), könnte aus Wertfreiem keinen Wert herbeiführen; er könnte ihn nur herbeizaubern – ein Ausdruck, der das Abergläubische an dieser Überlegung offensichtlich macht. Wollte man aber sagen, in dem Moment, in welchem aus toter Materie Leben wird, entstünde *auch* der Wert, kann man auch gleich sagen, dass man nicht weiß, wo er eigentlich herkommt oder wie er wirklich entsteht. Dann aber ist nicht einmal klar, dass er überhaupt entsteht, und damit wird zweifelhaft, ob er besteht. Wenn er also besteht, dann auf eine ganz andere Weise als die, auf welche man glaubt, dass er besteht, wenn man von seinem Entstehen und Vergehen spricht.

Indem deutlich wird, dass es nicht so klar ist, in welchem Sinn man in diesem Zusammenhang von »schließen« spricht, wird allerdings auch deutlich, dass William James nicht einfach falsch liegt. Die Grenze zwischen einer rein materiellen, seelenlosen Welt und einer Welt, in der es wenigstens ein »sentient being« gibt, ist nicht einfach irrelevant. An ihre Stelle tritt, um etwas vorzugreifen, vielmehr die Grenze zwischen Welt und Subjekt. Oder um es mit Worten Kierkegaards zu sagen: »Erst in dem Augenblick, da die Besorgnis in seiner Seele erwacht, was die Welt für ihn zu bedeuten habe und er für die Welt, was alles das in ihm, dadurch er selber der Welt zugehört, für ihn zu bedeuten habe und er darin für die Welt, alsdann erst, in dieser Besorgnis, kündigt sich der inwendige Mensch an.«[48] Indem der Mensch in sich geht, zieht er sich aus der Welt zurück und steht ihr gegenüber. Erst so stellt sich die Frage nach dem Sinn des Lebens in der richtigen, grundlegenden Weise. Diese Gegenüberstellung aber ist nicht die eines Innerweltlichen und eines anderen Innerweltlichen, sondern die von Welt und Ich. Gerade weil das Ich aber nicht von der Art der Welt sein kann – stünden sich sozusagen zwei Welten gegenüber, wären wir kein Stück von der Stelle gekommen –, muss es die *Grenze* der Welt sein. Das ist der Punkt, an dem sie anzusetzen hat, wenn die Ethik sagen soll, was wirklich gut ist, was der wahre Sinn des Lebens ist, was man wirklich tun soll oder wie immer man es nennen mag – wenn sie es überhaupt sagen kann.

Dies verschiebt jedoch nicht einfach den Unterschied zwischen dem, was Wert hat, und dem, was keinen hat. Es reicht nicht zu sagen, dafür, dass es Werte gibt, bedürfe es nicht nur eines »sentient beings«, sondern dieses müsse auch noch wenigstens eine bestimmte Eigenschaft haben, etwa: sich eine gewisse Zeit an etwas erinnern können. Immerhin, es ist nicht klar, dass ein vollkommen im Augenblick lebendes Wesen Träger des Moralischen sein könnte. Nicht nur die Lösung, schon das ganze Problem ändert seine Form. Zur neuen Form gehören Fragen, die man im Rahmen jener anderen Überlegungen gar nicht stellen kann und die zu einem Punkt führen, der hinter jenem liegt, von dem man leicht glauben könnte, er sei bereits der tiefste – vorausgesetzt, dass man hier noch von Fragen reden kann.

Tatsächlich ist dieser Punkt so beschaffen, dass man über ihn nicht in der Weise reden kann, wie man über das reden kann, was gewissermaßen vor ihm liegt. Weil dieses vor ihm Liegende aber der Bereich dessen ist, worüber allein man reden kann, kann man über jenen Punkt nicht wirklich reden. Und dennoch, dass es jenen Punkt gibt, merkt man, soweit es um das Artikulierte geht, eben gerade daran, dass man an die Grenzen dessen stößt, was sich sagen lässt.[49] Dies geschieht jedoch zugleich, wie es scheint, mit größter Folgerichtigkeit. Dann aber muss bereits der Ausgangspunkt problematisch sein und mit ihm das Ganze. Das heißt, schon die Idee, dass die Ethik etwas Grundlegendes ist, dass die Moral Grundlagen hat, dass es etwas unbedingt Gutes gibt oder wie immer man es nennen will (und nicht erst die Frage, was denn nun diese Grundlagen, das Unbedingte usw. sind), gehört zu dem, worüber man nicht reden kann. Dann aber scheint es auch nur, als sei man mit größter Folgerichtigkeit zu jenem Ergebnis gekommen. Aus etwas, was sich nicht sagen lässt, kann man auch keine Schlüsse ziehen. Dieser Schein – und dass wir durch ihn hindurchmüssen – zeigt die Tiefe des Problems.

Eine Konsequenz dieser Überlegung (oder eine Form ihres Ausdrucks) besteht darin, dass man die Ethik nicht auf die Metaphysik *folgen* lassen kann. Man kann also die Moral nicht bis auf den Punkt *zurückführen*, wo man den Bereich der Metaphysik betritt. Man kann nicht erst das Wesen der Tatsachen betrachten wollen und dann schauen, wie es um die Werte steht – oder umgekehrt. Wenn es stimmt, dass die »Welt und das Leben [...] Eins [sind]« (5.621), dann kann man auch Wilfrid Sellars beipflichten, dass »die Untrennbarkeit, trotz Unterscheidbarkeit, von theoretischer und praktischer Vernunft alle Dimensionen des menschlichen Lebens durchzieht«[50]. Metaphysik und Ethik unterscheiden sich nicht einfach durch ihren Gegenstand. Indem man den Bereich des Sagbaren (von innen) her begrenzt, hat man nicht etwa den Bereich des Unsagbaren implizit erschlossen, wie man einen versteckten Hohlraum dadurch bestimmen kann, dass man das um ihn herum Liegende erfasst. Denn »Bereich« bedeutet im Fall des Sagbaren nicht etwas von der gleichen Art wie im Fall des Unsagbaren. Bedeutete es dasselbe, wäre die Analyse, die zur Unterscheidung der beiden Bereiche des Sagbaren und des Unsagbaren führt, eben nicht die *letzte*. Sie würde u.a. auf einem Begriff des Bereiches aufbauen, der selbst erst noch zu betrachten wäre. In diesem Fall jedoch wäre das Wort »Unsagbares« ein denkbar schlechter Name für diesen Bereich. Denn zu sagen, dass seine Natur noch zu erforschen sei, heißt, von ihm reden zu können. Gewiss, es klingt zwar so, als ginge es Wittgenstein um die Begrenzung verschiedener Bereiche gegeneinander – genauer vielleicht um die des einen durch die des anderen –, aber so zu reden bedeutet eben, die Sprache zu verwenden, die wir verwenden, wenn wir, zum Beispiel, vom Bereich der lebenden im Unterschied zum Bereich der toten Materie reden. Nur, wie sollen wir mit einer solchen Sprache von dem, um es so auszudrücken, ultimativen Bereich reden? Wenn nun die Sprache, die wir verwenden, indem wir von diesen und jenen Bereichen reden, die Sprache schlechthin ist, dann kann es keine Sprache geben, die nicht an ihre Grenzen stößt, wenn es um das Absolute geht. Geht es dann aber überhaupt um etwas, wenn es um dies zu tun ist? Noch einmal: Dies alles zeigt nur, wie tief das Problem reicht. Soweit wir durch das Denken bestimmt sind, dies aber artikuliert, also an seinen sprachlichen Ausdruck gebunden ist, soweit erfasst das Problem uns selbst. – Und womit, wenn nicht mit der Lösung dieses Problems, wäre wirklich viel getan? Dabei ist die Lösung nicht einfach eine neben anderen. Denn wenn die Ethik im angedeuteten Sinn nicht auf die Metaphysik folgen, aber auch nicht neben ihr stehen kann, *muss* der Sinn der *Abhandlung*, soweit diese als Destruktion der Metaphysik auch auf dem

Feld derselben angesiedelt ist, bereits ein ethischer sein. Nur wenn Wittgensteins Buch das Ethische gleichsam von innen her begrenzt, *kann* die Ethik nicht auf die Metaphysik folgen, nicht bei ihr enden (oder eben beginnen), egal, ob es eine Metaphysik geben kann oder nicht. Vielmehr treibt man in gewissem Sinne schon Ethik, indem man Metaphysik treibt, auch wenn dieses Tun rein destruktiv ist.

3.2 Die Idee der Analyse und die Bestimmtheit des Sinns

Oben wurde bereits auf die logische Analyse eines Satzes wie »Der gegenwärtige König von Frankreich ist kahlköpfig« in Russells berühmtem Aufsatz über das Bezeichnen von 1905 angespielt. Dieser Aufsatz ist komplex und stellenweise dunkel, aber die Grundidee ist einigermaßen klar. Wir gehen aus von der offensichtlichen Formgleichheit des Satzes über den gegenwärtigen französischen König und eines entsprechenden Satzes über den gegenwärtigen Präsidenten von Frankreich. Der Satz über den Präsidenten ist falsch. Was aber soll man in Bezug auf den König sagen? Der Ausdruck »der gegenwärtige König von Frankreich« bezeichnet niemanden, im Unterschied zu dem Ausdruck »der gegenwärtige Präsident von Frankreich«. Zugleich ist der Satz über den König aber nicht einfach sinnlos. Was hat es also mit dem Satz auf sich? Russells Lösung des Problems besteht darin, diesen Satz als eine Konjunktion aus drei Sätzen zu betrachten: »Es gibt wenigstens einen gegenwärtigen König von Frankreich«, »Es gibt höchstens einen gegenwärtigen König von Frankreich« und »Alle gegenwärtigen Könige von Frankreich sind kahlköpfig«. Der erste Satz sagt das Gleiche wie der Satz, dass Frankreich zurzeit einen König hat. Aber dieser Satz ist falsch; daher ist es auch die Konjunktion. Dagegen ist der Satz »Der gegenwärtige Präsident Frankreichs ist kahlköpfig« aus Mangel an fehlenden Haaren falsch. Das Phänomen – der Satz über den gegenwärtigen König ist nicht sinnlos, aber dennoch von Sätzen wie dem über den Präsidenten verschieden – ist gerettet. So scheint es jedenfalls.

In der *Logisch-philosophischen Abhandlung* spielt Wittgenstein u.a. auf Russells Aufsatz von 1905 an, wenn er meint, »Russells Verdienst ist es, gezeigt zu haben, daß die scheinbare logische Form des Satzes nicht seine wirkliche sein muß« (4.0031). Die scheinbare logische Form des Satzes ist das, womit wir es zuerst, im Alltag, zu tun haben. Diese Form führt uns leicht in Verwirrung, wie man an Russells Beispiel sieht. Darum gilt:

4.0031 Alle Philosophie ist »Sprachkritik«.

Um nun die Verwirrung mittels Ersetzung eines Satzes durch einen anderen aufheben zu können, braucht man einen Satz mit dem entsprechenden Sinn. Den muss man also angeben (können). Das ist einerseits einfach; man tut es ständig. Andererseits ist es schwer, aus prinzipiellen Gründen. Man hat halt (zunächst) nur die gewöhnliche Sprache. Man muss sich, gewissermaßen, am eigenen Schopf aus dem Sumpf ziehen.

Natürlich geht nicht alle Philosophie *genau* gleich vor. Erstens, Russells Analyse kann mangelhaft sein. (Das würde sein Verdienst nicht schmälern!) Zweitens, die scheinbare und die wirkliche logische Form des Satzes können auf ganz verschiedene Weise auseinanderfallen:

3.323 In der Umgangssprache kommt es ungemein häufig vor, daß dasselbe Wort auf verschiedene Art und Weise bezeichnet – also verschiedenen Symbolen angehört –, oder, daß zwei Wörter, die auf verschiedene Art und Weise bezeichnen, äußerlich in der gleichen Weise im Satze angewandt werden.

So erscheint das Wort »ist« als Kopula, als Gleichheitszeichen und als Ausdruck der Existenz; »existieren« als intransitives Zeitwort wie »gehen«; »identisch« als Eigenschaftswort; wir reden von *Etwas*, aber auch davon, daß *etwas* geschieht.

(Im Satze »Grün ist grün« – wo das erste Wort ein Personenname, das letzte ein Eigenschaftswort ist – haben diese Worte nicht einfach verschiedene Bedeutung, sondern es sind *verschiedene Symbole*.)

Das alles ist aber offensichtlich kein grundsätzliches Hindernis bei der alltäglichen Verwendung der Sprache im Umgang der Menschen miteinander. Es kommt zwar immer wieder zu Missverständnissen, aber sie sind Ausnahmen.

Dass sie nicht die Regel sind, geht einher mit »stillschweigenden Abmachungen zum Verständnis der Umgangssprache«; diese sind »enorm kompliziert«[51], denn sie tragen ja unter anderem gerade der Tatsache Rechnung, wie »ungemein häufig [...] dasselbe Wort auf verschiedene Art und Weise bezeichnet« (3.323). Diese Kompliziertheit ist ein Ausdruck der Komplexität des menschlichen Lebens. »Die Umgangssprache ist ein Teil des menschlichen Organismus und nicht weniger kompliziert als dieser.« (4.002)

Die Abmachungen zum Gebrauch der Umgangssprache sind in dem Sinne stillschweigend, dass die Fähigkeit zur verständigen Verwendung der Wörter nicht mit einem Wissen darüber einhergehen muss, worin diese Verwendungsweisen jeweils bestehen. Wir müssen nicht angeben können, inwiefern sich die Bezeichnungsweisen usw. gleichen und auf welche Weisen sie verschieden sind. Vielmehr besitzt der »Mensch [...] die Fähigkeit Sprachen zu bauen, womit sich jeder Sinn ausdrücken läßt, ohne eine Ahnung davon zu haben, wie und was jedes Wort bedeutet.

– Wie man auch spricht, ohne zu wissen, wie die einzelnen Laute hervorgebracht werden.«[52]

Dennoch handelt es sich um verschiedene Gedanken, wenn in gleichlautenden Sätzen die Wörter auf jeweils verschiedene Weisen bezeichnen. Um den Gedanken, den Sinn eines Satzes anzugeben, darf man nicht einfach bei der äußeren Form des Satzes stehen bleiben. Diese »verkleidet den Gedanken. Und zwar so, daß man nach der äußeren Form des Kleides, nicht auf die Form des bekleideten Gedankens schließen kann.« (4.002)

Schon im Alltag bleibt man nicht immer einfach bei dem stehen, wie die Sätze erscheinen. Wenn man missverstanden wurde, gibt man an, was man mit dem Satz oder einzelnen Wörtern sagen wollte. Man formuliert den Satz um, bis die Missverständnisse verschwunden sind. Dabei muss einen nicht einmal Einsicht in die Natur der Verwirrung leiten. Es genügt zu bemerken, dass man nicht verstanden wurde und einen anderen Ausdruck für seinen Gedanken bereithat. Häufig gibt man dabei an, auf welche Weise man ein Wort *gemeint* hat.

Die Behebung von Missverständnissen im Alltag dient vermittelt der Realisierung des Zwecks, dem auch die Verwendung des missverständlichen Satzes dienen sollte, also keinen philosophischen Zwecken, soweit es solche gibt. Man halte sich nun vor Augen, welche Rolle in einer Betrachtung, in der es um das Wesen der Welt geht – warum überhaupt etwas ist, was existieren muss, damit das existieren kann, was, auf diese oder jene Weise, existiert usw. – die Wörter »ist« und »existieren« spielen,[53] und man sieht, was Wittgenstein meint, wenn er schreibt:

3.324 So entstehen leicht die fundamentalsten Verwechslungen (deren die ganze Philosophie voll ist).

Die Philosophie ist nicht voll von solchen Verwechslungen, wie ein Raum voller rothaariger Menschen sein kann. Sondern diese Fundamentalität ist die Fundamentalität der Philosophie selbst.

Indem sie uns über das Wesen der Welt in die Irre führt, ist eine Verwechslung eine der grundlegendsten. Darum müssen wir eine Zeichensprache verwenden,

3.325 [...] welche sie ausschließt, indem sie nicht das gleiche Zeichen in verschiedenen Symbolen, und Zeichen, welche auf verschiedene Art bezeichnen, nicht äußerlich auf die gleiche Art verwendet.

Um nun alle möglichen Missverständnisse auszuschließen, braucht es auch Klarheit über alle möglichen Gedanken, also eine entsprechende Zeichensprache, in der sie ausgedrückt sind. Im Alltag braucht man diese gewöhnlich nicht.

Insofern der Satz, der zum Missverständnis führte, einen Sinn hatte, legt man diesen offen. Hat er keinen Sinn, ist eben dies zu zeigen. Man macht im ersten Fall jedoch nicht den Sinn eines sinnvollen Satzes bestimmter. Der Sinn *ist* bestimmt; ein unbestimmter Sinn ist *gar kein* Sinn. Der Sinn ist insofern bestimmt, als er festlegt, was der Satz sagt. Was der Satz sagt, muss nicht alles sein, was man (in einer gewissen Situation, in Hinsicht auf eine bestimmte Lage der Dinge) sagen kann. Aber der Sinn bestimmt auch das, was der Satz nicht sagt, indem er bestimmt, was dieser offenlässt. Wenn man Peter beschreibt, indem man sagt, er sei ein energischer, scharfsinniger, humorvoller Mann, lässt man offen, wie es um seine Augenfarbe steht – aber nicht, welche Primzahl nach der Zahl 19 kommt. Davon ist in jenem Satz in einem anderen Sinn nicht die Rede als von der Augenfarbe.

Wenn man so den Sinn eines Satzes näher bestimmt, muss man vielleicht bisweilen mehr als ein Wort eines Satzes auf diese Weise behandeln. Wie auch immer, man erreicht sein Ziel, wenn man es erreicht, indem man sich Bestandteile des Satzes ansieht. Man *analysiert* den Satz. – Wie gesagt, es kommt bei der Behebung alltäglicher Missverständnisse darauf an, die entsprechende Verständigung zu gewährleisten. Sobald diese gesichert ist – wenn der Zug wieder auf dem Gleis steht –, hört die Sache auf. Das bedeutet aber nicht, dass hier das Ende der *Möglichkeit* der Analyse erreicht wäre. Im Gegenteil, wir wissen ebenfalls bereits aus dem Alltag, dass nicht jeder Versuch der Behebung eines Missverständnisses auch zum Erfolg führt. (Mancher Versuch macht die Sache eher schlimmer.) Die Analyse könnte also weitergehen.

Sie könnte jedoch nicht *immer* weitergehen. Denn wenn jede Angabe eines Sinnes wieder durch eine Angabe des Sinnes der Sätze ergänzt werden könnte, die zur Bestimmung des Sinnes in der ersten Instanz benutzt wurden, wäre kein Satzsinn *wirklich* bestimmt (vgl. 3.23 und 3.25). Er hinge vielmehr in der Luft. Also muss die Analyse auf eine *prinzipielle* Weise endlich sein: Sie muss, gewissermaßen, *endgültig* endlich sein, nicht nur, sozusagen, *pragmatisch* endlich. Sie muss eben zum *Fundament* der Sprache führen. Das Fundament ist das, wohin sie letztlich führt. Die Analyse muss zu dem führen, was jene stillschweigenden Abmachungen ermöglicht. Ist diese Analyse eine logische Analyse, hängt ihre Möglichkeit davon ab, dass die Sätze unserer Umgangssprache »logisch vollkommen geordnet« (5.5563) sind und damit auch die Sprache als Gesamtheit aller Sätze (vgl. 4.001). Es geht daher nicht um eine Reform der Sprache zur Beseitigung jener fundamentalen Irrtümer, deren die Philosophie voll ist. Ziel ist vielmehr die Entlarvung jener Irrtümer durch Einsicht in das Fundament und Wirken der Sprache. Es bedarf keiner Reform, wenn eine solche erst möglich wäre, nachdem man die Quellen der Irrtümer aufgedeckt hätte, weil man erst dann angeben könnte, welchen Irrtum man wie vermeiden kann. Denn in dem Moment, in dem man die Quellen der Irrtümer in diesem Sinne aufgedeckt hätte, wäre das befreiende Wort auch schon gesprochen. Das heißt nicht, dass eine logisch korrekte Zeichensprache, wie sie u. a. Frege und Russell zu entwickeln suchten, nicht von Nutzen wäre. Im Gegenteil, es heißt nur, dass eine solche nicht vor und unabhängig von der philosophischen Analyse erstellt werden kann. Ihre Erstellung *ist* vielmehr die Analyse, und soweit dies nun zu zeigen ist, bedarf es einer Arbeit wie der *Abhandlung*.

Eine Konsequenz der Endlichkeit der Analyse (oder der Bestimmtheit des Sinns) lautet, dass es so etwas wie *letzte* Sätze geben muss. Es muss *Elementarsätze* geben (vgl. 4.221). Diese sind, als solche, nicht weiter in Sätze zerlegbar. Ihr Sinn ist zwar nicht bestimmter, als es der Sinn der Sätze ist, die aus ihnen bestehen; denn sonst wäre die Umgangssprache eben logisch nicht vollkommen geordnet. Aber der Sinn der Elementarsätze muss sozusagen an sich bestimmt sein. Er darf in gewisser Weise nicht mehr fraglich sein, kein Gegenstand eines möglichen Missverständnisses. Seine Einfachheit ist das Zeichen seiner Sinnhaftigkeit. Dass der Sinn der Elementarsätze nicht etwa bestimmter ist als der Sinn der komplexen Sätze, bedeutet zugleich, dass es ein Verfahren geben muss, welches die Bestimmtheit des Sinns von den Elementarsätzen auf die komplexen Sätze »vererbt«. Dieses Verfahren liefert die Theorie der Wahrheitsfunktionen.

3.3 »Grundgedanke«, Bildtheorie des Satzes und die Idee der logischen Form

Für die hier vertretene Deutung spielt die *Bildtheorie des Satzes* in der *Abhandlung* eine zentrale Rolle. Das widerspricht dem ausdrücklichen Aufbau des Buches und dem, was Wittgenstein seinen »Grundgedanken« nennt. Wir werfen daher zunächst einen Blick auf den Grundgedanken und seine Stellung im Werk.

Der Satz, in dem er formuliert ist, deutet sowohl die Verbindung wie auch den Abstand zur Bildtheorie des Satzes an:

4.0312 Die Möglichkeit des Satzes beruht auf dem Prinzip der Vertretung von Gegenständen durch Zeichen.

Mein Grundgedanke ist, daß die »logischen Konstanten« nicht vertreten. Daß sich die *Logik* der Tatsachen nicht vertreten läßt.

Der Grundgedanke war einer von Wittgensteins ersten Gedanken auf dem Weg zur *Abhandlung* und stets aufs Neue sein Ausgangspunkt. »Die Bildtheorie«, schreibt Brian McGuinness, »ist in erster Linie ein Verfahren zur klareren Formulierung eines bereits begriffenen Gedankens.«[54] – Als *erster* ist ein Gedanke weder ein *Grund*gedanke noch ein *abgeleiteter*. »Grundgedanke« ist eine *Status*bezeichnung, also *relational*. Einen Status hat etwas im Vergleich zu *anderem*. Ein König ist ein König nur in Beziehung auf seine Untertanen. Wo es einen Grundgedanken gibt, gibt es also mehr als einen Gedanken. Etwas wird dadurch zu einem Grundgedanken, dass etwas von ihm Verschiedenes mit ihm eine gewisse *Ordnung* bildet. So gesehen ist die wahre Geburtsstunde des Grundgedankens die (der Form) des Ganzen, also letztlich dessen, was wir heute als *Abhandlung* kennen.

Die Bildtheorie machte den zeitlich ersten Gedanken zum Grundgedanken. Sie verleiht dem Grundgedanken seinen Status und damit auch seine Wichtigkeit. Insofern teilt sie in gewissem Sinne auch seine Wichtigkeit. Sie ist, wie in 4.0312 angedeutet, sozusagen die Kehrseite des Grundgedankens. Erst indem klar wird, wieso überhaupt die Logik zur Untersuchung der Beziehung der Sprache zur Welt eingesetzt werden kann, lässt sich erkennen, dass Wittgensteins Arbeit, die mit jenem Gedanken begann, »sich ausgedehnt [hat] von den Grundlagen der Logik zum Wesen der Welt« (TB, 2.8.1916; vgl. oben). Natürlich kann kein dialektisches Manöver ungeschehen machen, dass Wittgenstein jenen bestimmten Gedanken seinen »Grundgedanken« nennt. In diesem Sinne muss man tatsächlich sagen, dass der Grundgedanke eine besondere Stellung hat. Der Punkt, auf den es ankommt, ist nur, dass es eben eine Stellung in einem Ganzen ist, zu dem die Bildtheorie wesentlich gehört. Die Einsicht in die Natur jenes Grundgedankens, die seine Abhängigkeit von dem betont, dessen Grund er ist, ist eine weitere Anwendung des oben schon in Anschlag gebrachten Arguments den ethischen Charakter der *Abhandlung* betreffend. Wie erst die Einsicht in den logischen Charakter der Beziehung zwischen Sprache und Welt Wittgensteins Gedanken, dass die logischen Konstanten nicht vertreten, seine philosophische Bedeutung erlangen lässt, so macht erst die ethische Dimension den philosophischen Anspruch der *Abhandlung* transparent.

Weil, wie oben erwähnt, »[a]lle Sätze unserer Umgangssprache [...] tatsächlich, so wie sie sind, logisch vollkommen geordnet [sind]« (5.5563), es zugleich aber »menschenunmöglich [ist], die Sprachlogik aus ihr unmittelbar zu entnehmen« (4.002), bedarf es der Analyse, wenn die Sprachlogik offengelegt werden soll. Als endliche muss die Analyse zu Elementarsätzen führen. Angesichts der ungeheuer komplexen und vielgestaltigen Umgangssprache ist »[j]enes Einfachste, was wir hier angeben sollen, [...] nicht ein Gleichnis der Wahrheit, sondern die volle Wahrheit selbst. (/) (Unsere Probleme sind nicht abstrakt, sondern vielmehr die konkretesten, die es gibt.)« (5.5563) – Die Angabe jenes Einfachsten fällt zusammen mit der Angabe des Wesens der Welt. Dank des Bildcharakters des Satzes ist die allgemeine Form des Satzes, die sich, weil allgemein, auch am Elementarsatz zeigen muss und insofern selbst einfach sein muss, die allgemeine Form der Welt. Das ist nun zu zeigen. Dabei ist der Ausgangspunkt die allgemeine Bildtheorie (2.1-2.225); die Bildtheorie des Satzes ist ihre Anwendung auf den Satz als Bild.

Es hilft zum Verständnis der Bildtheorie, sich von der Nachbildbarkeit von Zuständen, Vorgängen usw. mittels Modellen beeindrucken zu lassen. Wittgenstein verdankt jedenfalls einen wichtigen Anstoß einem Zeitungsbericht darüber, wie in einem Pariser Gerichtssaal ein Unfall mit kleinen Figuren nachgestellt wurde. Wer der Szene mit Verständnis folgt, weiß, wie der Unfall abgelaufen ist. Eine solche anschauliche Schilderung des Unfalls kann zudem sehr viel übersichtlicher sein als ein verbaler Unfallbericht. Daneben gibt es weitere Darstellungsformen des Unfalls, Filmaufnahmen etwa. Auch das Nachstellen einer Szene mittels Figuren ist eigentlich ein Abbilden. Allgemein gesprochen:

2.1 Wir machen uns Bilder der Tatsachen.

Der Ausdruck »Bilder der Tatsachen« ist nicht von gleicher Form wie der Ausdruck »farbige Bilder«, sondern eher von der Form des Ausdrucks »Bild von etwas« oder auch »Bild von Abgebildetem«. Der Ausdruck »Bild von Abgebildetem« macht offenbar, was auch für den vorletzten gilt: Sie leisten insofern nichts, als ein Bild immer ein Bild von etwas ist und auf jeden Fall eines von Abgebildetem. »Bild von Abgebildetem« ist offensichtlich, »Bild von etwas« ist beinahe offensichtlich wie »runder Kreis«. »Runder Kreis« aber ist von ganz anderer Art als »farbiges Bild«, denn ein Bild muss nicht in dem Sinne farbig sein, in dem ein Kreis rund sein muss. (Ein Bild kann in anderem Sinn farbig sein müssen, etwa weil der, für den es gemacht wird, es so will und sein Wille zählt.) Wäre »Bilder von Tatsachen« wie »farbiges Bild«, müsste es neben den Bildern von Tatsachen noch Bilder von anderem geben können. »Genau«, wird man hier leicht sagen wollen, »etwa Bilder von Gegenständen«. – Das aber ist, der *Abhandlung* zufolge, einerseits richtig, andererseits falsch.

Vorausgesetzt, »Bilder der Tatsachen« gliche insofern dem Ausdruck »Bilder von Abgebildetem«, als alles Abgebildete Tatsachen sind, dann brächte Satz 2.1 Bilder – und mit ihnen *uns* als diejenigen, welche sich Bilder machen – mit einem Kandidaten für eine Erläuterung dessen in Verbindung, was es mit dem Wesen der Welt auf sich hat. Dass wir uns Bilder der Tatsachen machen, heißt näher erläutert:

2.11 Das Bild stellt die Sachlage im logischen Raume, das Bestehen und Nichtbestehen von Sachverhalten vor.

2.12 Das Bild ist ein Modell der Wirklichkeit.

Ein Bild enthält verschiedene Elemente. Diese stehen in dieser oder jener Beziehung zueinander.

2.13 Den Gegenständen entsprechen im Bilde die Elemente des Bildes.

Dass ein Bild Elemente enthält wie eine Tatsache Gegenstände, heißt auch, dass diese in gewisser Weise angeordnet sind. (Ein Haufen ist eine Anordnung, aber keine bestimmte.) Die Anordnung gehört zum Bild dazu.

2.14 Das Bild besteht darin, daß sich seine Elemente in bestimmter Art und Weise zu einander verhalten.

Es ist freilich kein glücklicher Zufall, dass es nicht nur Tatsachen gibt, sondern auch noch Bilder mit Elementen, die sich so und so zueinander verhalten und den Gegenständen, deren spezifische Verbindung eine Tatsache ausmacht, entsprechen. Wir sind nicht in dem Sinn gut dran mit der Welt, wie es Lichtenbergs Katze ist, weil sie gerade dort Löcher im Fell hat, wo sie Augen und Ohren hat. Sondern es ist so:

2.141 Das Bild ist eine Tatsache.

Auch das ist uns vertraut. Das Modell im Gerichtssaal ist nicht weniger wirklich als der Unfall, dessen Modell es ist. Wir können die Figuren nehmen und als Modell verwenden, sie damit zum Modell oder eben Bild machen.

2.15 Daß sich die Elemente des Bildes in bestimmter Art und Weise zu einander verhalten, stellt vor, daß sich die Sachen so zu einander verhalten.

Das kennen wir ebenfalls bereits von der Darstellung eines Geschehens mittels Figuren. Stell' eine Figur neben eine andere – so stellt man u.a. das Nebeneinander zweier Personen dar. Natürlich muss die Technik der Darstellung nicht gerade so beschaffen sein. Im Gegenteil, man kann sich alle möglichen Zuordnungsverfahren vorstellen. Es könnte etwa sein, dass die Tatsache, dass Figur A neben Figur B steht, bedeuten soll, dass Person A nicht neben, sondern etwa hinter Person B steht. Es muss auch nicht einmal Figuren geben. Es muss nur gewährleistet sein, dass die Elemente des Bildes in ihrer wechselseitigen Anordnung vorstellen können, wie sich die Sachen zueinander verhalten.

Dass etwas eine Tatsache ist, reicht jedoch für sie nicht hin, um ein Bild zu sein. Das Ergreifen einer Tatsache, um es so auszudrücken, macht sie noch nicht zu einem Bild. Sie wird erst dadurch zum Bild, dass wir sie auf etwas beziehen. Dieses Beziehen ist ein abbildendes. Die abbildende Beziehung gehört zum Bild dazu (vgl. 2.1513). Kommt uns immerhin hier ein glücklicher Zufall zustatten: dass sich Tatsachen auf Tatsachen (von uns) abbilden lassen? Nicht wirklich; vielmehr ist die Möglichkeit der Struktur des Bildes – also die Möglichkeit, dass sich die Elemente des Bildes so und so zueinander verhalten – »seine Form der Abbildung« (2.15). Dass die abbildende Beziehung »aus den Zuordnungen der Elemente des Bildes und der Sachen [besteht]« (2.1514), schließt nicht ein, dass sie *auch noch* aus der Zuordnung der Strukturen besteht. Sondern *indem* Elemente und Sachen zugeordnet werden, werden auch Strukturen zugeordnet. Denn die Elemente sind nur solche als Teile des Bildes und verhalten sich damit eben in gewisser Weise zueinander (2.14).

Wie aber kann die abbildende Beziehung zum Bild gehören, wenn sie zugleich das Bild erst zum Bild macht? – Etwa so, wie die verwandtschaftliche Beziehung zu den Verwandten gehört und sie zugleich erst zu solchen macht. Wen es überrascht, dass

Onkel und Neffe in einer Verwandtschaftsbeziehung zueinander stehen, weiß nicht, was es mit Neffen, Onkeln und Verwandtschaftsbeziehungen auf sich hat. Die Beziehung ist, was diese verbindet, und was sie verbindet, macht sie zu dem, was sie sind. Sie sind, was sie sind, soweit sie Verwandte sind, also in dieser Beziehung.

Nicht alles kann in der Beziehung von Onkel und Neffe zueinander stehen. Ein Fahrrad kann nicht mein Onkel sein. (Dem Satz, dass es in dieser oder jener Verwandtschaftsbeziehung zu mir steht, haben wir (bisher) keinen Sinn verliehen – siehe unten.) Auf das Problem von Bild und Wirklichkeit (oder Tatsache) übertragen:

2.16 Die Tatsache muß, um Bild zu sein, etwas mit dem Abgebildeten gemeinsam haben.

2.17 Was das Bild mit der Wirklichkeit gemein haben muß, um sie auf seine Art und Weise – richtig oder falsch – abbilden zu können, ist seine Form der Abbildung.

Die Form der Abbildung kann verschieden sein, unter anderem räumlich oder farblich.

2.171 Das Bild kann jede Wirklichkeit abbilden, deren Form es hat.

Das räumliche Bild alles Räumliche, das farbige alles Farbige, etc.[55]

Dass ein Bild ein räumliches Bild ist, muss nicht bedeuten, dass es in dem Sinn die gleiche Form hat, in dem eine Büste die gleiche Form haben kann wie das von ihr Abgebildete, so dass man sozusagen in den Raum, den die Büste ausfüllt, auch das Abgebildete stellen könnte. Ein ebenes Bild kann räumlich sein, wenn es etwa Konventionen für die Übertragung gibt. Ebenso kann ein farbliches Bild aus einer Angabe von Farbe und Form bestehen. Ein (in diesem Sinne) farbiges Bild kann alles Farbige abbilden – aber dass ein Bild farbig ist, ist selbst nichts Farbiges. (Von *welcher* Farbe könnte dies denn sein?) Dass ein Bild die räumliche Form hat, ist nichts Räumliches. Das heißt, »[s]eine Form der Abbildung [...] kann das Bild nicht abbilden; es weist sie auf« (2.172).

Das farbige Bild ist als solches vom räumlichen verschieden. Farbige und räumliche Bilder bilden Verschiedenes auf verschiedene Weise ab. Aber die Welt zerfällt nicht einfach in Farbiges, Räumliches usw. Denn:

2.18 Was jedes Bild, welcher Form immer, mit der Wirklichkeit gemein haben muß, um sie überhaupt – richtig oder falsch – abbilden zu können, ist die logische Form, das ist, die Form der Wirklichkeit.

Auch wenn nicht jedes Bild ein räumliches ist, so ist doch jedes Bild »*auch* ein logisches« (2.182).

2.19 Das logische Bild kann die Welt abbilden.

Die logische Form stiftet jene Einheit, die es überhaupt erst erlaubt, von der *Welt* zu reden. Oder (da die gewöhnliche Sprache logisch vollkommen geordnet ist) die logische Analyse zeigt uns, was es mit unserem Reden von der Welt eigentlich auf sich hat. Dass man von der Welt anders redet als vom Räumlichen oder Farbigen, dies hat man immer schon gewusst. Ebenso dass es von anderer Art ist zu sagen, dass es Farbiges gibt, als dass es die Welt gibt. Was etwa entspräche auf der Seite der Welt dem, dass es Farbiges gibt, wenn Farbiges *in der Welt* zu finden ist? Jedenfalls ist klar, dass es eine Versuchung gibt, so zu reden, der auf Seiten der Welt nichts Gleichartiges entspricht oder von der, soweit ihr etwas entspricht, der Reiz des Paradoxen ausgeht. Andererseits kann man zwar sagen, dass es neben Räumlichem auch Farbiges gibt, aber hier ist »neben« weder das gleiche Symbol wie in »Peter steht neben Paul« noch wie in »Rot befindet sich im Farbkreis neben Orange«. Usw. – Die Idee der logischen Form der Welt erklärt diese vertrauten Phänomene.

Diese Idee verbindet die bisherige Betrachtung zugleich mit einem weiteren Thema: Wahrheit und Falschheit. Beide kommen nicht zur logischen Form hinzu, sondern gehören zu ihr. Wirklichkeit und Bild müssen zwar die logische Form gemeinsam haben, damit das Bild die Wirklichkeit, richtig oder falsch, abbilden kann (2.18). Aber dass ein Bild die logische Form hat, bedeutet auch schon, dass es die Welt richtig oder falsch abbildet. Jedes Bild ist richtig oder falsch. Es ist dies, indem es »eine Möglichkeit des Bestehens und Nichtbestehens von Sachverhalten darstellt« (2.201). Diese Möglichkeit ist »eine mögliche Sachlage im logischen Raume« (2.202). Was nicht im logischen Raum liegt, ist keine mögliche Sachlage.

Eine wirkliche Sachlage legt fest, welches Bild von ihr wahr oder falsch ist. Ein Bild ist richtig, wenn es mit der Wirklichkeit übereinstimmt, andernfalls ist es unrichtig (vgl. 2.2; für Elementarsätze 4.25). Man könnte denken, dass sei nun wirklich nicht überraschend. Aber erstens soll es das auch nicht sein, zweitens ist es auf andere Weise selbstverständlich, als man glauben mag, und drittens sehen wir jetzt, warum es wirklich so ist oder, vielleicht besser, was es eigentlich heißt, dass es so ist. – Soweit man dies sehen kann.

Dass ein Bild wahr ist, wenn es das ist, sieht man dem Bild nicht an. Denn es liegt nicht im Bild allein (vgl. 2.224). Daraus, dass ein Geschehen mit Figuren dargestellt wird, ist nicht zu ersehen, dass es auch wirklich so stattfand.

2.223 Um zu erkennen, ob das Bild wahr oder falsch ist, müssen wir es mit der Wirklichkeit vergleichen.

Wenn man dann feststellt, dass das Bild mit der Wirklichkeit (nicht) übereinstimmt, stellt man nicht etwas fest, *woran* man die Wahrheit erkennt. Übereinstimmung ist kein *Symptom* der Wahrheit. Die Wahrheit eines Bildes *besteht* in seiner Übereinstimmung wie seine Falschheit in seiner Nichtübereinstimmung mit der Wirklichkeit. Die Entsprechung von Bildelementen und Sachen kann vorliegen oder auch nicht. Weil man Satz und Wirklichkeit im Interesse der Wahrheit vergleichen muss, gilt auch schon:

2.225 Ein a priori wahres Bild gibt es nicht.

Mit Satz 4.01 wird die Bildtheorie auf den Satz übertragen:

4.01 Der Satz ist ein Bild der Wirklichkeit.

Der Satz ist ein Modell der Wirklichkeit, so wie wir sie uns denken.

Der Satz ist ein Bild, das *nur* die logische Form hat, wie es in 4.12 heißt. Dass der Satz als Bild die logische Form hat, ist aber nicht einfach eine Folge der allgemeinen Bildtheorie. Vielmehr ist der Satz dasjenige, woran wir zuerst denken, wenn wir von Logik reden. Oder, wenn es nicht der Satz ist, so doch der Gedanke. Allerdings:

4. Der Gedanke ist der sinnvolle Satz.

3.4 Logik: Denken, Sprache, Welt

Wo man sinnvoll von sinnvollen Sätzen reden will, muss es Sätze ohne Sinn geben können. Zu diesen gehören die logischen Sätze. Wittgenstein nennt sie *sinnlos* (vgl. 4.461). Das klingt dramatisch, erscheint aber vor dem Hintergrund der Bildtheorie als ebenso konsequent wie diese aus der Sicht der Logik. Denn wenn der Sinn eines Satzes die Sachlage ist, die er darstellt (vgl. 4.031), hat ein Satz wie *p.~p* (*p* und nicht-*p*) gerade keinen Sinn. *Welche* Sachlage sollte er denn darstellen? Was teilt man jemandem mit, wenn man ihm sagt, etwas sei so und so und sei nicht so und so? Wenn man zuweilen so redet – etwa wenn Marx sagt, der Mehrwert muss zugleich der Zirkulation entspringen und ihr nicht entspringen[56] –, dann meint man manchmal, etwas sei in einer Hinsicht so, in einer andern dagegen nicht – der Mehrwert wird in der Produktion erzeugt, aber nicht in ihr realisiert, dagegen wird er in der Zirkulation realisiert, aber nicht in ihr erzeugt. Oder man möchte vielleicht einen Witz machen.

Ein Satz wie *p.~p* oder auch seine Negation ~(*p.~p*) stellt nicht deshalb keine Sachlage dar, weil er nicht wahr ist, sondern dies hat, wenn man sich schon so ausdrücken will, damit zu tun, dass er nicht wahr (oder eben falsch) sein kann. Wie sollte man beide Sätze auch mit der Wirklichkeit vergleichen? Bilder dagegen sind wahr oder falsch (vgl. 2.223, 2.18), soll heißen: Sie haben *beide* Pole. Logische Sätze haben jeweils nur einen, also genau genommen keinen. Dass ein Satz wahr ist, ist gewissermaßen immer eine Gnade der Natur. Wenn man nun sagt, eine Tautologie sei eine Wahrheitsfunktion derart, dass, was immer die Wahrheitswerte ihrer Argumente sein mögen, ihr Wert »wahr« ist, verschwindet leicht der Unterschied zum vorherigen Fall, der darin besteht, dass logische Sätze auf keine Gnade der Natur angewiesen sind. Insofern könnte man auch sagen, sie seien eigentlich gar keine Sätze – oder eben Sätze ohne Sinn.

Im gewöhnlichen Verständnis jedenfalls sind logische Sätze wie ~(*p.~p*) *Tautologien.* Wenn wir diese verneinen, was im Beispiel ~~(*p.~p*) ergibt, das sich wiederum zu (*p.~p*) »kürzen« lässt,[57] bekommen wir *Kontradiktionen.* Tautologien und Kontradiktionen stehen einander gegenüber und bilden zusammen einen Gegensatz zu den gewöhnlichen, den eigentlichen Sätzen. Kontradiktionen und Tautologien spannen sozusagen den logischen Raum auf, den die eigentlichen Sätze beanspruchen und ausfüllen. Bezogen auf das durch den Satz als Bild Abgebildete heißt dies, dass das Bild »die Sachlage *im* logischen Raume« vorstellt (2.11; meine Hervorhebung). Der logische Raum ist der Raum, der den Tatsachen durch die logischen Sätze gelassen wird. Kontradiktionen und Tautologien sind ihrerseits die beiden Extremfälle in Bezug auf die »möglichen Gruppen von Wahrheitsbedingungen« (4.46) der Elementarsätze.[58]

Wittgenstein macht diese Zusammenhänge mittels seiner Wahrheitstafeln sichtbar. Nehmen wir irgendeinen Elementarsatz *p*. Dieser sei bestimmt als wahr oder falsch. Beides nennt Wittgenstein seine »Wahrheitsmöglichkeiten«. Für die Wahrheitsmöglichkeiten schreiben wir jeweils »W« und »F«. Schematisch dargestellt:

p
W
F

Für zwei verschiedene Elementarsätze, *p* und *q*, ergibt sich folgendes Schema der möglichen Kombinationen der Wahrheitsmöglichkeiten beider Sätze:

p	q
W	W
F	W
W	F
F	F

Für drei verschiedene Elementarsätze ergeben sich acht mögliche Kombinationen, für vier Sätze 16 usw., entsprechend der Formel 2^n, mit »n« als der Zahl der verschiedenen Elementarsätze (vgl. 4.31, 4.27).

Wenn wir nun einen Satz verneinen, indem wir die logische Operation der Negation mit dem Satz als Basis ausführen, kehren wir seinen jeweiligen Wahrheitswert um. Das heißt, wenn *p* wahr ist, ist *~p* falsch, und wenn *p* falsch ist, ist *~p* wahr. Die

Operation der Verneinung kehrt die Wahrheitsmöglichkeiten eines Satzes um. Sie ist eine Wahrheitsfunktion, keine materielle Funktion (vgl. 5.44), hier mit einem Elementarsatz als Argument. Schematisch dargestellt:

p	~p
W	F
F	W

Die Negation ist genau eine von vier möglichen Funktionen mit nur einem Argument (oder auch: »einstellige Wahrheitsfunktion«), wie die folgende Tafel zeigt:

p		p	~p	
W	W	W	F	F
F	W	F	W	F

Die Spalte vor der Negation von *p* wiederholt die Verteilung der Wahrheitsmöglichkeiten von *p*. (Hierfür verwenden wir in der gewöhnlichen Sprache manchmal das Wort »Bejahung«.) Die erste und die letzte Spalte dagegen machen aus jedem Satz einen wahren respektive einen falschen Satz, unabhängig davon, wie es um die Wahrheit des Arguments steht. (Hierfür haben wir keine umgangssprachlichen Ausdrücke.) Statt der tabellarischen Schreibweise kann man auch die von Wittgenstein in 5.101 verwendete benutzen:

(WW) p	
(WF) p	in Worten: p
(FW) p	in Worten: nicht p. (~p)
(FF) p	

In entsprechender Weise ließen sich Tabellen und übersichtliche Listen für zwei- und mehrstellige Wahrheitsfunktionen und Schemata für mögliche Wahrheitsfunktionen erstellen. Für die Alternative zweier Elementarsätze ergibt sich etwa folgende Tabelle:

p	q	pvq
W	W	W
F	W	W
W	F	W
F	F	F

Hier wird ein Vorteil dieser Schreibweise deutlich. Denn das Wort »oder« verwenden wir nicht immer derart, dass der Satz, welcher sich ergibt, wenn wir zwei Sätze mittels dieses Wortes zu einem neuen verbinden, nur dann falsch ist, wenn die beiden verbundenen Sätze falsch sind. In der Umgangssprache verwenden wir »oder« manchmal auch in einer Weise, die eher durch die folgende Tafel wiedergegeben wird:

p	q	pvq
W	W	F
F	W	W
W	F	W
F	F	F

Wo es sich um »oder« in diesem Sinn handelt, sagen wir zuweilen auch »entweder ..., oder ...«; in der Logik unterscheidet man beide Verwendungsweisen von »oder« auch als »einschließendes Oder« und »ausschließendes Oder«. Die Tafeln machen den Unterschied zwischen beiden *sichtbar*.

Wie oben für den Fall der einstelligen Wahrheitsfunktionen lässt sich auch für die zweistelligen eine Tafel der möglichen Gruppen von Wahrheitsbedingungen erstellen. In der Schreibweise aus 5.101 sind dies etwa:[59]

(WWWW) (p,q)	Tautologie	(Wenn p, so p; und wenn q, so q.) (p→p.q→q)
...		
(WFWW) (p,q)	in Worten:	Wenn q, so p. (q→p)
(WWFW) (p,q)	" "	Wenn p, so q. (p→q)
(WWWF) (p,q)	" "	p oder q. (pvq)
...		
(WFFW) (p,q)	" "	Wenn p, so q; und wenn q, so p. (p↔q)
...		
(WFFF) (p,q)	" "	q und p. (q.p)
(FFFF) (p,q)	Kontradiktion	(p und nicht p; und q und nicht q.) (p.~p.q.~q) (5.101)

Nicht für jede zweistellige Wahrheitsfunktion gibt es in der Umgangssprache einzelne Wörter wie »und« oder einfache Wendungen wie »wenn ..., so ...«. Man braucht auch nicht für alle möglichen Wahrheitsfunktionen einfache logische Zeichen. Denn alle Wahrheitsfunktionen lassen sich leicht durch entsprechende Sätze mit den etablierten Zeichen darstellen. So steht etwa (FWWF) (p, q) für: »p, oder q, aber nicht beide. (p.~p: v :q.~p)« (5.101). (FWWF) (p,q) ist also über Negation, Konjunktion und Alternative definierbar. Um die logisch möglichen Kombinationen zweier Elementarsätze darstellen zu können, braucht es nicht unbedingt die Negation, die Konjunktion, die Alternative und weitere logische Konstanten. Negation und Konjunktion oder Alternative reichen aus. Ja, man kommt sogar mit nur einer Operation aus:

5.5 Jede Wahrheitsfunktion ist ein Resultat der successiven Anwendung der Operation (-----W) (ξ, ...) auf Elementarsätze.

Diese Operation verneint sämtliche Sätze in der rechten Klammer, und ich nenne sie die Negation dieser Sätze.

»ξ« ist hier eine Variablenvariable, d.h., in der Klammer, in der sie vorkommt, können auch beliebig viele Zeichen für Elementarsätze stehen. Handelt es sich zum Beispiel um zwei Elementarsätze, dann steht »(-----W) (ξ, ...)« für »(FFFW) (p,q)«. Das ist der Werteverlauf, der in 5.101 so wiedergegeben wird:

(FFFW) (p,q) in Worten: Weder p noch q. (~p.~q) oder (p|q)

Statt »(-----W) (ξ, ...)« schreibt Wittgenstein auch »N(ξ)« (vgl. 5.502). Das führt schließlich zur allgemeinen Form des Satzes:

6 Die allgemeine Form der Wahrheitsfunktion ist:
$[\bar{p}, \bar{\xi}, N(\bar{\xi})]$.
Dies ist die allgemeine Form des Satzes.

6.001 Dies sagt nichts anderes, als daß jeder Satz ein Resultat der successiven Anwendung der Operation N' (ξ) auf die Elementarsätze ist.[60]

Die allgemeine Form des Satzes zeigt, dass die Logik nicht sozusagen zu den Elementarsätzen *hinzukommt*. Für alle anderen Sätze ist das schon deshalb nicht möglich, weil sie am Ende nichts anderes als Wahrheitsfunktionen von Elementarsätzen sind. Und der Elementarsatz ist, wie zitiert, »eine Wahrheitsfunktion seiner selbst« (5).

Oben hieß es, die logischen Sätze könnten nicht mit der Wirklichkeit verglichen werden. Sie sind dennoch mit der Wirklichkeit verbunden, nur auf andere Weise als die eigentlichen Sätze. Zwar sind »Tautologie und Kontradiktion [...] nicht Bilder der Wirklichkeit. Sie stellen keine mögliche Sachlage dar. Denn jene läßt *jede* mögliche Sachlage zu, diese *keine*. In der Tautologie heben die Bedingungen der Übereinstimmung mit der Welt – die darstellenden Beziehungen – einander auf, so daß sie in keiner darstellenden Beziehung zur Wirklichkeit steht.« (4.462) Wären Tautologien und Kontradiktionen Bilder der Tatsachen, wären sie a priori wahre Bilder; die aber gibt es nicht. Sondern dass »die Logik a priori ist, besteht darin, daß nicht unlogisch gedacht werden *kann*« (5.4731). Wäre die Logik jedoch völlig von der Erfahrung getrennt, was sollte sich dann in den logischen Sätzen aufheben können?

5.552 Die »Erfahrung«, die wir zum Verstehen der Logik brauchen, ist nicht die, daß sich etwas so und so verhält, sondern, daß etwas *ist*: Aber das ist eben *keine* Erfahrung.

Die Logik ist *vor* jeder Erfahrung – daß etwas *so* ist.

Ein Wort in Anführungszeichen zu setzen ist manchmal ein Zeichen für Ironie.[61] In vielen ihrer Formen kehrt Ironie den Sinn des ironisch Angeführten um: Ein »ehrlicher« Mensch ist (eigentlich) unaufrichtig. Aber eine »Erfahrung« ist auf andere Weise keine Erfahrung, als ein Hut keine Erfahrung ist. Eine »Erfahrung« ist mit einer Erfahrung so verbunden, wie ein »ehrlicher« Mensch zwar nicht ehrlich ist, aber so erscheint, als sei er ehrlich, oder ehrlich ist nach dem, was man in manchen Kreisen halt so unter »ehrlich« versteht. »Erfahrungen« sind nicht einfach keine Erfahrungen, sondern nicht eigentlich Erfahrungen oder keine wirklichen Erfahrungen. Das Gegenteil der Erfahrung, dass etwas *so* ist, ist die Erfahrung, dass es *nicht so* ist. Nur eine Erfahrung, *wie* etwas ist, oder auch: dass es (nicht) so ist, ist eine Erfahrung. Wäre das alles, was zählt, wäre es einfach überflüssig, dem Satz »Die Logik ist *vor* jeder Erfahrung« die Wendung »dass etwas *so* ist« hinzuzufügen. Welche Erfahrung könnte denn *keine* Erfahrung dessen sein, dass etwas *so* ist? Jedoch kann es keine Erfahrung geben, dass etwas *so* ist, ohne dass *etwas* so ist. Der Erfahrung, dass etwas *so* ist, entspricht in gewisser Hinsicht die »Erfahrung«, dass *etwas* ist. Anders gesagt, die Logik »ist vor dem Wie, nicht vor dem Was« (ebd.). Dass etwas *so* ist, ist in sich sozusagen vollständig; dass *etwas* ist, ist es nicht, denn es lässt offen, *wie* es ist. Es sagt, genau genommen, gar nichts. Also ist es auch keine Erfahrung. Aber es steckt gewissermaßen in jeder Erfahrung drin, nur eben auf eine andere Weise, als ein Teil in einem Ganzen steckt.

5.5521 Und wenn dies nicht so wäre, wie könnten wir die Logik anwenden? Man könnte sagen: Wenn es eine Logik gäbe, auch wenn es keine Welt gäbe, wie könnte es dann eine Logik geben, da es eine Welt gibt.

Dass wir die Logik anwenden können, heißt nicht, dass wir sie *vor* der Anwendung hätten. Wenn es eine Logik gäbe, auch wenn es keine Welt gäbe, könnte die Welt, damit es Logik *und* Welt gibt, nur sozusagen *von außen* zur Logik *hinzukommen*. Dann aber könnte die Anwendung der Logik auch schon nicht mehr darüber entscheiden, wie es um einen Satz wie »Es regnet und es regnet nicht« steht, ob es also (zugleich ...) regnen und nicht regnen *kann*. Die Logik käme gewissermaßen zu spät. Die Bedeutung der Wörter »Logik« und »Welt« vorausgesetzt, gäbe es einfach keine Logik; beider Trennung ergibt keinen Sinn.

Der Art der Erfahrungsgebundenheit der Logik korrespondiert die Besonderheit der logischen Zeichen. Man sollte meinen, die Tatsache, dass die logischen Zeichen wechselseitig durcheinander definiert werden können, zeige schon, dass sie keine Namen im Sinne der *Abhandlung* sind. Denn ein Name ist ja, entsprechend 3.26, »durch keine Definition weiter zu zergliedern: er ist ein Urzeichen.« Aber der Sinn, in dem logische Zeichen definierbar sind, ist nicht der Sinn, in dem Namen nicht definierbar sind. Namen sind nicht definierbar, weil Definitionen zu einem Ende kommen müssen, wenn der Sinn bestimmt sein soll. Und die »Forderung der Möglichkeit der einfachen Zeichen *ist* die Forderung der Bestimmtheit des Sinnes« (3.23; meine Hervorhebung). Mit anderen Worten, es gibt einen Weg von den gewöhnlichen Zeichen hin zu den einfachen, den Namen. Dieser Weg zeichnet die vollkommene logische Ordnung der Sätze unserer Umgangssprache nach (vgl. 5.5563). Ohne diese vollkommene logische Ordnung wäre der Sinn nicht bestimmt, also auch nicht, was der Fall ist, wenn die Sätze wahr sind. So hat jedes Zeichen, das in einem Satz der Umgangssprache vorkommt, bereits eine Definition, auch wenn wir sie nicht (ausdrücklich) kennen. »Jedes definierte Zeichen bezeichnet *über* jene Zeichen, durch welche es definiert wurde; und die Definitionen weisen den Weg.« (3.261) Dieser endet bei Urzeichen bzw. führt von diesen zu den gewöhnlichen Zeichen. Genau das aber gilt nicht für das (wechselseitige) Definieren logischer Zeichen. Wie sollte es auch anders sein, wenn Definitionen die logische Ordnung des Definierten offenlegen? Was sollte denn die logische Ordnung der Logik sein? Die Logik selbst ist das Maß aller Ordnung, also auch ihrer selbst.

5.473 Die Logik muß für sich selber sorgen.

Wenn wir etwa statt »p v q« schreiben dürfen »(WWWF)(p, q)«, dieses aber auch für »~(~p.~q)« steht, sind »p v q« und »~(~p.~q)« entgegen dem Anschein von gleicher logischer Form. Da dies freilich nicht »p.q« und »p v q« zu Sätzen gleicher Form macht, liegt die Bedeutung der Schreibweise, welche die geordnete Liste der Satzvariablen mit dem Verlauf der Wahrheitswerte verbindet, wie eben z.B. in »(WWWF) (p,q)«, unter anderem darin, den Schein zu zerstören, die Verschiedenheit der logischen Formen gehe mit einer Verschiedenheit logischer Gegenstände einher, entsprechend der Verschiedenheit von Negation, Konjunktion, Alternative usw. Ginge sie mit einer solchen Verschiedenheit einher, wäre die Tatsache, welche den Satz *p* wahr macht, von der verschieden, welche den Satz ~~*p* wahr macht. Aber es ist »von vornherein kaum zu glauben«, dass »aus einer Tatsache p unendlich viele *andere* folgen sollten, nämlich ~~p, ~~~~p, etc.« (5.43).

4.441 Es ist klar, daß dem Komplex der Zeichen »F« und »W« kein Gegenstand (oder Komplex von Gegenständen) entspricht; so wenig wie den horizontalen und vertikalen Strichen oder den Klammern. – »Logische Gegenstände« gibt es nicht. (Vgl. auch 5.44)

Dass es keine logischen Gegenstände gibt, heißt, dass die logischen Konstanten nicht bezeichnen. Dass dem Komplex der Zeichen »F« und »W« nichts Gegenständliches entspricht, ist in dem Sinne klar, in dem einem etwas in der Weise klar *werden* kann, dass man hinterher kaum noch versteht, wie es das nicht von Anfang sein konnte. Man war gewissermaßen verblendet.[62] In diesem Sinne kann man sich in der Logik nicht irren (vgl. 5.473), sind Fehler in der Logik nicht Irrtümer in Bezug auf das, was auch anders sein kann, als wir glauben, dass es ist. Denn wie findet man heraus, ob und auf welche Weise man sich irrt? Beim (gewöhnlichen) Satz durch den Vergleich mit der Wirklichkeit; aber mit einem logischen Satz geht dies nicht nur nicht, sondern es braucht auch nicht so zu sein. Alles, was wir brauchen, haben wir ja schon: die eigene Sprache. Darum spricht man manchmal auch von der »Selbstevidenz« oder dem Einleuchten der logischen Sätze. Allerdings, »[w]enn daraus, daß ein Satz uns einleuchtet, nicht *folgt*, daß er wahr ist, so ist das Einleuchten auch keine Rechtfertigung für unseren Glauben an seine Wahrheit« (5.1363).[63] Es leuchtet zum Beispiel ein, dass eine Welle von dem und dem Durchmesser in das und das Lager (mit einem hinreichenden Spiel) passt. Aber daraus folgt eben nicht, dass beim Einpassen der Welle auch alles gut gehen wird. Beide können Eigenschaften haben, etwa bestimmte magnetische Eigenschaften, die verhindern, dass die Welle *tatsächlich* in das Lager passt. Oder sie verformen sich, wenn man sie einander nähert. Soll es ein Einwand sein, dass sie dann eben auch nicht mehr jene Maße aufwiesen, muss man sich zunächst darauf *festlegen*, dass nur die Geometrie zählt. Aber damit hat man der Wirklichkeit auch schon die Möglichkeit der Mitsprache entzogen. Es ist zwar nicht falsch, von den logischen Sätzen als selbstevidenten, einleuchtenden Sätzen zu reden, und deshalb auch nicht besser, sie stattdessen als bewiesene Sätze anzusehen. Aber »[n]atürlich ist diese Art zu zeigen, daß ihre Sätze Tautologien sind, der Logik durchaus unwesentlich. Schon darum, weil die Sätze, von welchen der Beweis ausgeht, ja ohne Beweis zeigen müssen, daß sie Tautologien sind.« (6.126; vgl. auch 6.122, 6.127, 6.1271) »In der Logik sind Prozeß und Resultat äquivalent. (Darum keine Überraschung.)« (6.1261) Die Überraschung, die es in der Logik offensichtlich geben kann, ist nicht von der Art der Überraschung darüber, dass auf dem westlichen Seeweg nicht zuerst Indien erreicht wird, sondern ein bisher unbekannter Kontinent im Wasser liegt. Dass wir dies, was einleuchtend ist, dennoch nicht gesehen haben, ist aber in dem Sinne gar keine Überraschung, als es uns nichts Neues über die Logik und die Welt mitteilt. Und dass zwischen Europa und Asien Amerika liegt, ist keine *logische* Entdeckung. Logische Entdeckungen gibt es, in diesem Sinne, nicht.

Der Unterschiedlichkeit des Einleuchtens verschiedenartiger Sätze entspricht die Verschiedenartigkeit dessen, was wir »Beweis(en)« nennen. »Es ist von vornherein klar, daß der logische Beweis eines sinnvollen Satzes und der Beweis *in* der Logik zwei ganz verschiedene Dinge sein müssen.« (6.1263) »Der sinnvolle Satz sagt etwas aus, und sein Beweis zeigt, daß es so ist; in der Logik ist jeder Satz die Form eines Beweises.« (6.1264; vgl. auch 6.1265)

Die Redeweise vom Einleuchten der logischen Sätze verweist auf eine gewisse Form von Passivität auf unserer Seite. Wenn uns die Sätze der Logik einleuchten, dann stellen ja eher die Sätze etwas mit uns an, als dass wir etwas mit ihnen anfingen. Anders gesagt, wenn wir in der Logik bereits alles haben, was wir brauchen, um entscheiden zu können, ob ein Satz der Logik angehört oder nicht, dann sind, wenn »wir die logische Syntax irgendeiner Zeichensprache kennen, [...] bereits alle Sätze der Logik gegeben«, dann »drücken nicht *wir* mit Hilfe der Zeichen aus, was wir wollen, sondern in der Logik sagt die Natur der naturnotwendigen Zeichen selbst aus« (6.124; vgl. auch 5.43). Und was sagt sie aus? –

6.124 Die logischen Sätze beschreiben das Gerüst der Welt, oder vielmehr, sie stellen es dar. Sie »handeln« von nichts. Sie setzen voraus, daß Namen Bedeutung, und Elementarsätze Sinn haben: Und dies ist ihre Verbindung mit der Welt.

6.13 Die Logik ist keine Lehre, sondern ein Spiegelbild der Welt.

Die Logik ist transcendental.

Damit ist das »große Problem, um welches sich alles dreht, was ich schreibe [...]: Ist, a priori, eine Ordnung in der Welt, und wenn ja, worin besteht sie?« (TB, 1.6.15) zu dem Teil gelöst, zu dem es gelöst sein kann, ohne dass man schon gesagt hat, worin nun genau die Ordnung besteht. Als transzendental sagt die Logik nicht, was der Fall ist, und soweit sie vor der Erfahrung ist, ist das, was sie sagt, kein apriorisches Bild der Ordnung der Welt – aber als Teil unseres Symbolismus ist sie ein Spiegelbild der Welt. »Die Tautologie läßt der Wirklichkeit den ganzen – unendlichen – logischen Raum; die Kontradiktion erfüllt den ganzen logischen Raum und läßt der Wirklichkeit keinen Punkt. Keine von beiden kann daher die Wirklichkeit irgendwie bestimmen.« (4.463) Aber dass sie die Wirklichkeit in keiner Weise bestimmen können – weder auf ihr Sosein noch auf ihr Anderssein –, bedeutet eben gerade nicht, dass die Logik nicht anwendbar wäre. Wie aber sollte die Logik anwendbar sein, ohne die Wirklichkeit irgendwie bestimmen zu können, wenn sie also nicht doch irgendwie mit der Erfahrung verbunden wäre? Wie sollte ein Satz, der mit den sinnvollen Sätzen, also mit Wahrheit *und* Falschheit, d.h. mit der Erfahrung nichts zu tun hat, in der Lage sein, zum Beweis eines Satzes verwendet zu werden? Zwar

6.113 [...] ist das besondere Merkmal der logischen Sätze, daß man am Symbol allein erkennen kann, daß sie wahr sind, und diese Tatsache schließt die ganze Philosophie der Logik in sich. Und so ist es auch eine der wichtigsten Tatsachen, daß sich die Wahrheit oder Falschheit der nichtlogischen Sätze *nicht* am Satz allein erkennen läßt.

Aber dass die logischen Sätze die analytischen sind (vgl. 6.11), heißt nicht, dass sie a priori sind!

Die Erfahrung findet ihren Ausdruck in den sinnvollen Sätzen des Alltags und der Wissenschaften, den Bildern der Wirklichkeit. Die logische Analyse macht ihren Sinn transparent. Sie muss endlich sein, also muss es Elementarsätze geben. Diesen entsprechen Sachverhalte. Diese bestehen oder bestehen nicht. »Der einfachste Satz, der Elementarsatz, behauptet das Bestehen eines Sachverhaltes.« (4.21 Bestehende Sachverhalte sind »Tatsachen«.) Elementarsätze sind selbst wieder gegliedert: Sie bestehen aus Namen. »Der Elementarsatz [...] ist ein Zusammenhang, eine Verkettung, von Namen.« (4.22) Den Namen entsprechen die *Gegenstände*. Namen sind zwar »die einfachen Symbole« (4.24), aber in gewisser Hinsicht nicht selbständig. (Sonst endete die Analyse nicht bei Elementar*sätzen.*) Namen kommen »nur im Zusammenhange des Elementarsatzes vor« (4.23). Rückübertragen auf die Welt:

1.1 Die Welt ist die Gesamtheit der Tatsachen, nicht der Dinge.

1.13 Die Tatsachen im logischen Raum sind die Welt.

Zur Erinnerung: Die Analyse endet bei Sätzen, die logisch nicht weiter zergliedert werden können. Sie endet also bei Elementarsätzen und, was diese betrifft, bei Namen (und der Art ihrer Verknüpfung im Satz). Es gibt also keine logischen Beziehungen zwischen Elementarsätzen.

1.2 Die Welt zerfällt in Tatsachen.

Das erläutert Wittgenstein so:

1.21 Eines kann der Fall sein oder nicht der Fall sein und alles übrige gleich bleiben.

Hierin liegt einbegriffen, dass es keinen Kausalnexus gibt. Denn gäbe es einen solchen, würde, wenn dies oder jenes der Fall wäre, nicht mehr alles Übrige gleich bleiben (können). Wenn ich das brennende Streichholz an das trockene Stroh halte, brennt die Scheune nieder – es bleibt also gerade nicht alles gleich. Natürlich bestreitet Wittgenstein nicht, dass man Scheunen niederbrennen kann. Verworfen wird vielmehr die übliche Analyse dessen, was es heißt, dass ein Ereignis ein anderes verursacht. Gegeben das, was man unter einem Kausalnexus gewöhnlich versteht, erlaubt dieser einen Schluss von einem Satz auf einen anderen, von der Ursache auf die Wirkung. Dagegen meint Wittgenstein, dass, wenn *p* aus *q* folgt, man zwar von *q* auf *p* schließen kann. Aber die »Art des Schlusses ist allein aus den beiden Sätzen zu entnehmen. (/) Nur sie selbst können den Schluß rechtfertigen.« (5.132) Also ist mit den Sätzen *p* und *q* auch schon alles Folgern gegeben. »Alles Folgern geschieht a priori.« (5.133) Dann aber ist auch schon kein Platz mehr für einen Kausalnexus, der einen Schluss »aus dem Bestehen irgendeiner Sachlage auf das Bestehen einer, von ihr gänzlich verschiedenen Sachlage« (5.135) rechtfertigen könnte. Ebenso wenig kann man aus der Gegenwart auf die Zukunft schließen (vgl. 5.136, 5.1361), wie es möglich sein sollte, gäbe es einen sogenannten Kausalnexus. »Der Glaube an den Kausalnexus ist der *Aberglaube.*« (5.1361)[64] Er ist, sozusagen, die allgemeine Form jeden möglichen Aberglaubens.

Die Unselbständigkeit von Namen und Gegenständen in gewisser Hinsicht deutet an, dass sie es nicht in allen Hinsichten sind. Sätze kommen zwar nur im Zusammenhang des Elementarsatzes vor, aber ein Name kann in verschiedenen Elementarsätzen vorkommen. Ebenso könnte ein Gegenstand oder Ding in verschiedene Sachverhalte »eingehen«. Die Gegenstände könnten die gleichen sein, auch wenn die Sachverhalte verschieden wären, die Welt anders wäre. Das heißt:

2.021 Die Gegenstände bilden die Substanz der Welt.

Dieser Satz erläutert den folgenden:

2.02 Der Gegenstand ist einfach.

Aus den Gegenständen besteht jene Form, welche »auch eine von der wirklichen noch so verschieden gedachte Welt [...] mit der wirklichen gemein haben muß« (2.022). Die materiellen Eigenschaften der Welt dagegen werden »erst durch die Sätze dargestellt – erst durch die Konfiguration der Gegenstände gebildet« (2.0231). Dasjenige also, dessen die Substanz zu ihrem Bestehen nicht bedarf, ist das, was gerade der Fall ist (vgl. 2.024). Wenn ein Gegenstand jedoch nur im Sachverhalt vorkommt, ist das Bestehen des Gegenstands nicht davon unabhängig, dass überhaupt etwas der Fall ist (vgl. oben den Unterschied von Erfahrung und »Erfahrung«). Ob dies oder jenes der Fall ist, bestimmt die externen Eigenschaften des Gegenstands. Zwar ist der Sachverhalt eine Verkettung von Gegenständen, die auch in anderen Sachverhalten vorkommen können, aber Gegenstände können nicht in beliebigen Sachverhalten vorkommen, sondern nur in bestimmten Sachverhalten. In welchen Sachverhalten ein Gegenstand vorkommen kann, also die »Möglichkeiten seines Vorkommens in Sachverhalten«, ist mit der Natur des Gegenstands gegeben. (Vgl. 2.012, 2.0123) Und wenn es für Sachverhalte wesentlich ist, dass Gegenstände in ihnen vorkommen, dann ist die Möglichkeit des Vorkommens von Gegenständen in Sachverhalten die Bedingung der Möglichkeit von Sachverhalten selbst. Freilich, diese Bedingung der Möglichkeit anzugeben bedeutet, wie gerade gesehen, von dem Gebrauch zu machen, dessen Bedingung es ist. Wir haben also keinen tieferen Grund aufgedeckt, sondern nur Beziehungen in der Ebene mittels einer Sprechweise dargelegt, die leicht Tiefe suggeriert.

2.0122 Das Ding ist selbständig, insofern es in allen *möglichen* Sachlagen vorkommen kann, aber diese Form der Selbständigkeit ist eine Form des Zusammenhangs mit dem Sachverhalt, eine Form der Unselbständigkeit. (Es ist unmöglich, daß Worte in zwei verschiedenen Weisen auftreten, allein und im Satz.)

Dass ein Gegenstand in einem Sachverhalt vorkommt, in dem wir die Möglichkeit seines Vorkommens nie vermutet hätten, zeigt, dass wir den Gegenstand nicht wirklich kannten – nicht in dem Sinn, in dem man etwas nicht kennen kann, mit dem man ansonsten völlig vertraut ist. Was uns als Überraschung durch den Gegenstand erscheint, ist nur ein Ausdruck der Bewusstwerdung *dieser* Unkenntnis. Unabhängig davon, ob wir sie kennen oder nicht, sind also damit, dass alle Gegenstände gegeben sind, »auch alle *möglichen* Sachverhalte gegeben« (2.0124).

2.013 Jedes Ding ist, gleichsam, in einem Raume möglicher Sachverhalte. Diesen Raum kann ich mir leer denken, nicht aber das Ding ohne den Raum.

Die Beschreibung eines Gegenstands nach seinen externen Eigenschaften ist die Beschreibung der Wirklichkeit nach ihren internen Eigenschaften (vgl. 4.023). Intern in Bezug auf den Gegenstand könnte man dagegen diejenigen seiner Eigenschaften nennen, die festlegen, in welchen Sachverhalten er vorkommen kann. Die Substanz ist »Form und Inhalt« (2.025). Die Substanz ist Inhalt, der eine bestimmte Form hat. An einem Beispiel: »Nicht: ›Das komplexe Zeichen ‚aRb' sagt, daß a in der Beziehung R zu b steht‹, sondern: *Daß* ›a‹ in einer gewissen Beziehung zu ›b‹ steht, sagt, *daß* aRb.« (3.1432)

Was der Fall ist, kann sich ändern. Was es erlaubt, dass etwas der Fall ist, ist dagegen unveränderlich. Fest, bestehend sind die Gegenstände; veränderbar, sich wandelnd ist ihre Konfiguration im Sachverhalt (vgl. 2.0271).

2.03 Im Sachverhalt hängen die Gegenstände ineinander, wie die Glieder einer Kette.

Das Bild ist Programm: Die Glieder einer Kette hängen ineinander und sind nicht wie die Briefmarke und der Briefumschlag durch Klebstoff miteinander verbunden. Das heißt, es gibt nicht zwei Arten von Gegenständen: die gewöhnlichen und diejenigen, welche den Zusammenhalt zwischen ihnen herstellen, also etwa Relationen. Ja, am Ende kann auch der Klebstoff nicht mehr tun, als einfach mit Briefmarke und Briefumschlag verbunden zu sein; sonst müsste immer wieder etwas Verbindendes hinzukommen. Wenn die Relationen verbinden sollen, was verbindet dann die (eine Seite der) Relation mit dem (einen oder dem anderen) Gegenstand?[65]

Auf gleiche Weise wie die Gegenstände im Sachverhalt hängen die Namen im Satz zusammen. (Vgl. oben 4.22; Bilder, zur Erinnerung, sind selbst Tatsachen.) Dass ein Gegenstand in einem Sachverhalt vorkommt, heißt, dass er in einer bestimmten Beziehung zu anderen Gegenständen steht. Dies nennt Wittgenstein »Struktur des Sachverhaltes« (2.032). »Die Form ist die Möglichkeit der Struktur.« (2.033) Was der Fall ist, die Tatsache, ist die Realisierung einer Möglichkeit der Struktur. – Auf eine, wie Wittgenstein selbst später sagen wird, bombastische Weise ausgedrückt:

1 Die Welt ist alles, was der Fall ist.

3.5 Solipsismus

Wittgensteins »Grundgedanke« steht nicht dort, wo man es von ihm erwarten würde, und er hängt zudem in gewisser Weise von anderen Gedanken ab. Ähnliches gilt für die ontologischen Passagen der *Abhandlung*. Diese könnte man durchaus als eine Quasi-Ontologie betrachten: Sie ergibt sich, wenn man von der Bildtheorie und der Logikauffassung als dem Ursprünglichen ausgeht. Insofern ist der durch die Darstellung gegebene Eindruck, wonach die *Abhandlung* mit einer unabhängigen Seinslehre beginnt, aus der dann entsprechende Konsequenzen für die Logik und damit für Denken und Sprache gezogen werden, zu einfach.

Je berechtigter die relativierende Kennzeichnung der ontologischen Passagen ist, umso konsequenter erscheint es, wenn Wittgenstein schreibt:

5.6 *Die Grenzen meiner Sprache* bedeuten die Grenzen meiner Welt.

»Weltlich« gesprochen:

5.63 Ich bin meine Welt. (Der Mikrokosmos.)

Das *kann* kein Ausdruck von Egozentrik sein, denn Egozentrik schließt *per definitionem* den anderen als an der Peripherie befindlich ein. (Und wo von Zentrum und Peripherie die Rede sein kann – wenn es um das Auge und das Gesichtsfeld geht, siehe unten –, wird das Ich ausdrücklich ausgeschlossen.) Darum gibt es den Anderen in meiner Welt entweder gar nicht oder wenn es ihn gibt, kann er überall sein, zum Beispiel im Zentrum meiner Welt. Nur ist er dann von anderer Art, als ich es bin – während der Ausdruck »der Andere« eine Artgleichheit suggeriert, die es gerade *nicht* gibt. Ich, als meine Welt, kann nicht *in* meiner Welt sein. Wenn der Andere also in meiner Welt ist, kann ich nicht *mit* ihm sein. Soweit die Möglichkeit eines anderen Ich ausgeschlossen ist, kann man auch nicht von einer individualistischen Ethik

Wittgensteins reden. Hierzu fehlt die Möglichkeit eines substanziellen, »metaphysischen« Wir.

Soweit allerdings nicht nur ich – R.R. – von mir sagen kann, dass ich meine Welt bin, sondern auch andere Menschen dies jeweils von sich sagen können, sind wir gleich. Insoweit ist es gleichgültig, ob ich es von mir sage oder nicht. Denn »ich« bedeutet nicht dasselbe wie »Ich (der ich meine Welt bin)«. Soweit es jedoch eine Verbindung zwischen beiden Ausdrücken gibt – und es scheint eine geben zu müssen –, ist das Wichtige hier, dass jeder von sich sagen kann »Ich bin meine Welt«. Dass es in 5.63 um eine in diesem Sinne allgemeine Möglichkeit der Identität von Ich und Welt geht, wird durch die Redeweise von mir als Mikrokosmos zwar nicht bewiesen, aber immerhin macht diese nur Sinn im Gegensatz zu einem Makrokosmos. Es ist fast wie mit der Monade, die keine Verbindung nach außen hat, eine solche aufgrund ihrer Beschaffenheit auch nicht braucht, der es jedoch auch nicht möglich wäre, so beschaffen zu sein, wie sie es ist, wenn es kein Draußen gäbe, das sie in sich spiegeln könnte.[66] – Und wäre eine Ethik, die sich hierauf stützt, nun individualistisch oder nicht? Sie wäre es gerade nicht, wenn der Egoismus eine Variante einer individualistischen Ethik ist.

Wenn die Gesamtheit der Sätze die Sprache ist (vgl. 4.001) und der Satz, um Bild der Welt sein zu können, mit der Welt die logische Form gemeinsam haben muss, dann bestimmt diese Form, was als Satz und damit als Tatsache infrage kommt und was nicht. »Die Logik erfüllt die Welt; die Grenzen der Welt sind auch ihre Grenzen.« (5.61) Zugleich aber ist die Sprache das, was ich benutze, wenn ich mir Bilder mache. Jenseits dessen, dass wir uns Bilder der Tatsachen machen, gibt es keine Sprache. Und dem widerspricht gerade nicht, dass es einen »Gebrauch« der Sprache gibt, der nicht darin besteht, sich Bilder von Tatsachen zu machen: etwa den »Gebrauch«, den die Philosophie von der

Sprache macht. Wie die Anführungszeichen schon andeuten, handelt es sich hier um einen *Missbrauch*. Ein solcher aber setzt einen *Gebrauch* voraus. Ein Missbrauch ist gegenüber dem Gebrauch einer Sache parasitär; jener hat gegenüber diesem kein eigenständiges Sein.

Soweit nun die Sprache »Teil des menschlichen Organismus« (4.002) ist, ist ihr Gebrauch wesentlich der Gebrauch durch den Einzelnen. Wäre es anders, bräuchte es so wenig an »stillschweigenden Abmachungen zum Verständnis der Umgangssprache« (ebd.), wie es diese überhaupt geben könnte. Eine »prästabilierte Harmonie« des Gebrauchs wäre also keine Alternative zum, sondern ein Ausdruck des Problems, welches die Idee der stillschweigenden Abmachungen lösen soll.

Wenn die Grenzen der Logik und die Grenzen von Sprache und Welt dieselben Grenzen sind, können wir »in der Logik nicht sagen: Das und das gibt es in der Welt, jenes nicht« (5.61). Soweit es um die Logik geht, müssten die Grenzen der Logik die Grenzen der Welt transzendieren. Soweit es darum geht, was wir können, müssten wir in der Lage sein, die Welt sozusagen von außen zu betrachten. Aber die Idee, dass wir dazu in der Lage sein könnten, ist in sich schief. (Darum sieht es nur so aus, als ob wir ...) »Was wir nicht denken können, das können wir nicht denken; wir können also auch nicht *sagen*, was wir nicht denken können.« (Ebd.)

Insbesondere können wir nicht sagen, »inwieweit der Solipsismus eine Wahrheit ist. (/) Was der Solipsismus nämlich *meint*, ist ganz richtig, nur läßt es sich nicht *sagen*, sondern es zeigt sich. (/) Daß die Welt *meine* Welt ist, das zeigt sich darin, daß die Grenzen *der* Sprache (der Sprache, die allein ich verstehe)[67] die Grenzen *meiner* Welt bedeuten.« (5.62) Denn wenn die Logik Sprache und Welt durchzieht, kann es kein Ich *geben*, dessen Sprache die Grenzen seiner Welt bedeuten. Das heißt:

5.631 Das denkende, vorstellende, Subjekt gibt es nicht.

5.632 Das Subjekt gehört nicht zur Welt, sondern es ist eine Grenze der Welt.

Angenommen, erläutert Wittgenstein diesen Satz weiter, ich schriebe ein Buch »Die Welt, wie ich sie vorfand«, dann wäre in diesem Buch von allem Möglichen die Rede, unter anderem auch von meinem Leib und davon, wie mein Wille mit ihm umgehen kann. Im Hinblick auf alle diese Dinge könnte ich mich schließlich irren. Ich glaube, dass ich meinen Arm heben kann, aber es zeigt sich, dass ich es nicht kann. (Seine Seltenheit spricht nicht gegen die Möglichkeit dieses Geschehens, höchstens dagegen, dass einem diese Möglichkeit stets bewusst ist.) Nur von dem, was meinen Willen zu meinem macht, könnte in diesem Buch nicht die Rede sein. Denn es kann sich nicht herausstellen, dass das, was ich für meinen Willen halte, in Wirklichkeit nicht mein Wille ist, sondern etwa dein Wille oder mein Fuß, soweit man hier von dir und mir reden kann. Dass mein Wille sowohl meiner ist wie auch ein Wille, das wäre immer schon vorausgesetzt. Es wäre jedoch nicht so vorausgesetzt, wie man voraussetzt, dass es Milch gegeben hat, wo es Quark gibt. Vielmehr wäre es in dem Sinn vorausgesetzt, in dem vorausgesetzt ist, dass es ein Auge gibt, wo es ein Gesichtsfeld gibt. Es gibt kein Gesichtsfeld ohne ein Auge, ebenso wie das, was auf ein Auge bezogen ist, immer ein Gesichtsfeld ist, und nicht etwa ein Gefechtsfeld. Ein Gesichtsfeld ist das Feld an Sichtbarem, welches seine Einheit – das, was es zum Gesichtsfeld macht – durch seinen Bezug auf das Auge erhält. »Aber das Auge siehst du wirklich *nicht.*« (5.633) Das Auge liegt nicht *im* Gesichtsfeld. Soweit das Gesichtsfeld als Gleichnis für die Welt fungiert, ist das Subjekt, das Gegenstück zum Auge, nicht in der Welt. In der Tat, wer das Gesichtsfeld beschreiben soll, soll nicht das Auge beschreiben, sondern das, was vor ihm liegt: was zu sehen ist. Natürlich kann man sein Auge auch sehen, etwa im Spiegel. Aber soweit es ein *Auge* ist, das man im Spiegel sieht, ist es nicht das Auge, in dessen Gesichtsfeld es gerade liegt. Soweit ich mein Auge im Spiegel sehen kann, sehe ich nicht etwas, das wiederum sieht, wie ich mein Auge sehe. Während ich also mein Auge im Spiegel sehen würde, würde das Auge im Spiegel nicht mein Auge sehen. Also sieht mein Auge nicht sich selbst – sondern eben nur sein *Spiegelbild.* Weil das Spiegelbild eines Auges nicht etwa ein anderes Auge ist, bedeutet, dass ich im Spiegel nicht mein Auge sehe, auch nicht, dass ich ein anderes Auge sehe. Insoweit man dies ausschließen will, hat es natürlich Sinn zu sagen, man sehe sein eigenes Auge im Spiegel. (Dagegen kann mein Auge meinen Arm *und* das Spiegelbild meines Armes sehen.) In Bezug auf sein Gesichtsfeld ist das Auge zwar im Spiel, aber nicht zu sehen, also nicht als etwas, das im Gesichtsfeld liegt, und auch nicht etwa einfach an seinem *Rande*, obwohl es, in einem Sinn, gerade dort ist. Sondern das Auge ist sozusagen der *Ursprung* des Gesichtsfeldes. In dem Sinn, in dem das Auge am Rande des Gesichtsfeldes liegt, kann gar nichts außer dem Auge dort liegen; und insofern liegt das Auge nicht wirklich am Rande des Gesichtsfeldes, denn der Satz, dass es dort liegt, kann nicht falsch sein. Dagegen kann es natürlich falsch sein, dass eine Schreibtischlampe am Rande eines Gesichtsfeldes ist. In der Tat, »nichts *am Gesichtsfeld* lässt darauf schließen, dass es von einem Auge gesehen wird« (ebd.).

5.6331 Das Gesichtsfeld hat nämlich nicht etwa eine solche Form:

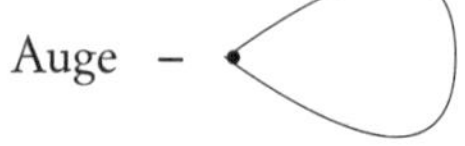

Das Gleichnis von Auge und Gesichtsfeld macht zugleich deutlich, dass ich die Welt nicht *erschaffe*, sondern nur *bin.*

5.634 Das hängt damit zusammen, daß kein Teil unserer Erfahrung auch a priori ist.[68]

Alles, was wir sehen, könnte auch anders sein.

Alles, was wir überhaupt beschreiben können, könnte auch anders sein.

Es gibt keine Ordnung der Dinge a priori.

Unsere Erfahrung ist aber nicht aus einem apriorischen und einem aposteriorischen Teil zusammengesetzt, wie mancher Sessel aus Teilen zusammengesetzt ist. Denn gäbe es ein Apriori, entspräche dem ja selbst schon eine Erfahrung. Im Gleichnis hätten wir es also mit einem Sessel zu tun, der aus Sesseln besteht. So etwas kann es natürlich geben, nur eben nicht in letzter Instanz. Also könnte das, was a priori sein soll, nur zu dem, was eine Erfahrung zu einer solchen macht, *hinzukommen* – wie etwa ein Überzug zu einem Sessel. Aber eine Ordnung, die zu den Dingen hinzukäme, wäre eben darum schon nicht mehr »eine Ordnung der Dinge a priori«.

An dieser Stelle sieht Wittgenstein den »Solipsismus, streng durchgeführt, mit dem reinen Realismus« zusammenfallen: »Das Ich des Solipsismus schrumpft zum ausdehnungslosen Punkt zusammen, und es bleibt die ihm koordinierte Realität.« (5.64) Wäre ein Teil unserer Erfahrung a priori, müsste es gewissermaßen einen *Träger* dieses Apriori geben. Dies wäre eben »das denkende, vorstellende, Subjekt« – aber das gibt es nicht (5.631).

5.641 Es gibt also wirklich einen Sinn, in welchem in der Philosophie nicht-psychologisch vom Ich die Rede sein kann.

Das Ich tritt in die Philosophie dadurch ein, daß die »Welt meine Welt ist«.

Das philosophische Ich ist nicht der Mensch, nicht der menschliche Körper, oder die menschliche Seele, von der die Psychologie handelt, sondern das metaphysische Subjekt, die Grenze – nicht ein Teil der Welt.

Mit dem Zusammenfall von Solipsismus und Realismus fallen, genau genommen, *Gegensätze* zusammen! Und die können gerade *nicht* zusammenfallen. Was heiß ist, kann nicht, im gleichen Sinn etc., kalt sein, was rund ist, nicht eckig, und so fort. Der Morgenstern und der Abendstern können deshalb der gleiche Stern sein, weil das, was sie (jeweils?) sind, nicht wirklich durch die Zeit bestimmt ist, zu der sie sichtbar sind. Also können Solipsismus und Realismus, wenn sie zusammenfallen, keine wirklichen Gegensätze sein. Anders gesagt: Versteht man unter Solipsismus einen streng durchgeführten Idealismus und hält man die Alternative von Idealismus und Realismus für erschöpfend, dann steht Wittgensteins Philosophie quer zu dem, was es an möglichen philosophischen Positionen überhaupt gibt. Aber dann gibt es auch keinen möglichen Standpunkt mehr.

Anders gesagt, dass ein Bild seine Form der Abbildung nicht aufweisen kann – das weist, wie es scheint, darauf hin, dass es eine Form der Abbildung geben muss, die andere Formen der Abbildung abbilden kann. Wenn wir *sagen*, ein farbiges Bild weise seine Form auf, bilde sie aber nicht ab, dann, so scheint es, *bilden* wir ab, was es mit farbigen Bildern auf sich hat. Denn der Satz soll ja ein Bild sein. Aber wenn das Bild jede Wirklichkeit abbilden kann, deren Form es hat, nur nicht seine Form der Abbildung, dann kann der Satz – das logische Bild – zwar die ganze Wirklichkeit abbilden, aber eben nicht die logische Form der Wirklichkeit und damit seiner selbst. Das aber sehen wir erst, wenn wir die Analyse so weit getrieben haben, dass wir bei der Idee der logischen Form angekommen sind. Nur, wie können wir je bei ihr ankommen, wenn bei ihr anzukommen heißt, einsehen zu müssen, dass es nichts einzusehen gibt?

Was ist eigentlich der Status der *Abhandlung*?

3.6 Sinnloses, Mystisches und Unsinniges

Die logischen Sätze gehören zum Symbolismus der Sprache. Insofern gehören logische und gewöhnliche Sätze zusammen; es gibt die einen nicht ohne die anderen. Man kann nicht sehen, was es mit logischen Sätzen auf sich hat, ohne zu sehen, wie es um gewöhnliche Sätze steht – und umgekehrt. Jede Einsicht in die jeweilige Bestimmung ist zugleich eine in die entsprechende Verneinung. – Nur, von welcher Art sind nun *diese* Sätze?

Wären es gewöhnliche Sätze, müssten sie falsch sein können. Wenn es aber falsch ist, dass eine Tautologie nicht falsch sein kann, muss eine Tautologie wahr sein können. »Gewiss«, wird man vielleicht sagen wollen, »sie kann es nicht nur, sie muss es sogar sein.« Aber dann bedeutet »kann« eben etwas anderes. Dass eine Tautologie wahr sein könnte, legt dagegen nahe, dass es auch anders möglich wäre – das aber ist widersinnig. Wie kann es dann *nicht* widersinnig sein, von einer Tautologie zu sagen, dass sie *nicht* falsch sein kann? Die Verneinung kehrt doch nur den Sinn um (vgl. 5.2341), macht aber nicht aus Widersinnigem Sinnvolles. Es ist offensichtlich widersinnig zu sagen, das Gute sei mehr oder weniger identisch als das Schöne. Es ist ebenso widersinnig zu sagen, das Gute sei *nicht* mehr oder weniger identisch als das Schöne.

Statt zu sagen, dies sei widersinnig, benutzt Wittgenstein den Ausdruck »unsinnig«. Das muss nicht nur ein terminologischer Unterschied sein. Bei »widersinnig« denkt man eher an einen begrifflichen Gegensatz als bei dem Wort »unsinnig«. Unsinn kann schlicht und einfach Unsinn sein, muss also gar keine klare begriffliche Struktur haben, wie es bei Widersinnigem der Fall zu sein scheint. Der Modus ponens ist jedenfalls nach Wittgensteins Sprechweise sinnlos, der Satz, das Gute sei (nicht) mehr oder weniger identisch als das Schöne, ist dagegen unsinnig – ebenso wie der Satz, dass der Modus ponens sinnlos ist, was man diesem Satz jedoch im Unterschied zu jenem nicht gleich ansieht. Kein Wunder, dass man auf alle möglichen philosophischen Theorien verfällt.

Die Verschiedenheit von logischen und Erfahrungssätzen kennen wir aus dem Alltag. »Das ist doch logisch!«, bedeutet häufig, dass dasjenige, was logisch sein soll, sich in einer Weise von selbst versteht, die eine Überprüfung in Form eines Vergleichs mit den Tatsachen ausschließt oder überflüssig macht. Auch jemand, dem die Überlegungen der *Abhandlung* eher fremd sind, sollte es verstehen, wenn Wittgenstein logische Sätze »sinnlos« nennt: Es hat keinen Sinn, jemanden zu fragen, wie es sich verhält, wenn er einem stets logische Sätze zur Antwort gibt.

Ähnlich liegen die Dinge im Fall des Unsinns. Philosophie gilt vielen als leere, fruchtlose Beschäftigung, jedoch in einer Weise fruchtlos, die verschieden ist von der »Inhaltslosigkeit der Logik«. Logische Fehler führen auch im Alltag schnell zu Problemen; wer dagegen nichts von Philosophie versteht, hat eher gerade kein Problem. Wittgenstein teilt diese Einstellung der Philosophie gegenüber nicht. Aber seine philosophischen Betrachtungen führen auf sie zurück. Man könnte fast sagen, dass Wittgenstein sich zu etwas durcharbeiten musste, das viele von vornherein spüren – so wie manche von Natur aus an Gott glauben, während sich andere gegen alle möglichen Zweifel zu diesem Glauben durchringen müssen.

Jedenfalls verliert das Problem, dass jede Entfaltung des »Grundgedankens« zu einem Paradox führt, seinen Schrecken, sobald klar wird, dass es einen »Bereich an Gegenständen gibt«, in Bezug auf den sich selbst zu widersprechen nicht etwas zu Überwindendes, sondern eher ein Ausdruck der Tatsache ist, dass man jenen Bereich erreicht hat.[69] Und natürlich klingt es so paradox wie einleuchtend, wenn man von internen Eigenschaften und Relationen der Sachverhalte als strukturellen Eigenschaften und Relationen spricht und hinzufügt: »Das Bestehen solcher interner Eigenschaften und Relationen kann aber nicht durch Sätze behauptet werden, sondern es zeigt sich in den Sätzen, welche jene Sachverhalte darstellen und von jenen Gegenständen handeln« (4.122), und zwar »drückt [es] sich in dem sie darstellenden Satz, durch eine interne Eigenschaft dieses Satzes aus« (4.124; vgl. auch 4.123, 4.125).

Es ist keine Lösung dieser Schwierigkeit, sondern nur der Versuch ihrer weiteren Formulierung, zwischen formalen und eigentlichen Begriffen zu unterscheiden (vgl. 4.126) und dann zu sagen, dass in einer logisch-syntaktisch bereinigten Sprache formale Begriffe oder Wörter wie »Gegenstand« nicht vorkämen, sondern nur variable Namen (vgl. 4.1272). Wird dies Wort jedoch als eigentliches Begriffswort gebraucht, entstehen »unsinnige Scheinsätze« (ebd.). Beispielsweise

- kann man sagen »Es gibt Bücher«, aber nicht »Es gibt Gegenstände«;
- ist von der *Anzahl aller Gegenstände* zu reden Unsinn;
- ist »1 ist eine Zahl« Unsinn (vgl. ebd.).

Was für »Gegenstand« gilt, gilt auch für »Komplex«, »Tatsache«, »Funktion«, »Zahl« und viele weitere Begriffe – also mehr oder weniger für alle, die *für die Philosophie* und, soweit die Philosophie uns über das Wesen der Welt aufklärt, *schlechthin* von besonderer Bedeutung sind. Sie sind sozusagen *die* Begriffe, Kategorien.

Aber was heißt es denn, dies zu sagen, und zwar gerade, wenn es richtig ist? Warum soll denn ein Satz wie der über das Gute als mehr oder weniger identisch für die »meisten Sätze und Fragen, welche über philosophische Dinge geschrieben worden sind« (4.003), das *Muster* abgeben? Wie kann man dies darauf zurückführen, »daß wir unsere Sprachlogik nicht verstehen« (4.003), ohne dass man eben ... die Sprachlogik versteht? Wenn man sie aber versteht, warum soll man nicht sagen können, was es mit ihr auf sich hat? Dass, wie es unter der gleichen Nummer heißt, »die tiefsten Probleme eigentlich *keine* Probleme sind«, ist nicht etwa »nicht verwunderlich«, sondern im höchsten Grade erstaunlich. – Und deshalb ist es *nicht* erstaunlich, wenn Wittgenstein schreibt:

6.54 Meine Sätze erläutern dadurch, daß sie der, welcher mich versteht, am Ende als unsinnig erkennt, wenn er durch sie – auf ihnen – über sie hinausgestiegen ist. (Er muß sozusagen die Leiter wegwerfen, nachdem er auf ihr hinaufgestiegen ist.)
Er muß diese Sätze überwinden, dann sieht er die Welt richtig.

Wenn, wie zu Beginn des *Vorworts* gesagt wird, Wittgensteins Buch tatsächlich »nur der verstchen [wird], der die Gedanken, die darin ausgedrückt sind – oder doch ähnliche Gedanken – schon selbst einmal gedacht hat«, wird der Leser auf sich zurückgeworfen. Im besten Fall wäre das Buch also eine Art Geburtshilfe.

Eine verbreitete, radikale Reaktion auf Bemerkungen wie diese besteht darin, sie einfach beiseitezulassen. Mehr Treue zum Text verspricht es, die Bedeutung dieser Bemerkungen, wie Russell in seiner Einleitung, herunterzuspielen – als einen Zusatz. Zur Not spricht man von verschiedenen Arten von Unsinn: z.B. tiefem und aufschlussreichem, flachem und belanglosem, die es ja auch wirklich gibt.

Natürlich braucht man angesichts des Wortes »unsinnig« nicht in Ehrfurcht zu erstarren. Die Erkenntnis der Unsinnigkeit stellt sich »am Ende« und »nachdem« ein. Insofern haben also jene Sätze, selbst wenn sie unsinnig sind, eine gewisse *Funktion*, sie dienen einem *Zweck*. Damit haben sie aber auch einen Sinn, sind also gerade nicht unsinnig, denn eine Bedeutung, die wir dem

Wort »Sinn« gegeben haben, gleicht der Bedeutung, die wir dem Wort »Funktion« verliehen haben. Und wenn ein Muster des Unsinnigen die Wortkette »Sokrates ist identisch« (5.473) ist, und das »darum nichts [heißt], weil es keine Eigenschaft gibt, die ›identisch‹ heißt«, dann ist auch »Sokrates ist nicht identisch« unsinnig. Wenn aber alles, worauf es im Fall von unsinnigen Sätzen in der Philosophie ankommt, die Tatsache ist, dass sie unsinnig sind, könnte der Satz 1 der *Abhandlung* dann ebenso gut lauten: »Die Welt ist nicht alles, was der Fall ist« oder auch »Die Welt ist identisch«?[70]

Freilich ist dies nicht die Bedeutung, die Wittgenstein dem Wort »Sinn« gibt, wenn er die sinnvollen von den sinnlosen und unsinnigen Sätzen scheidet. Gemessen an diesen Bedeutungen sind dann auch Sätze wie 6.54 selbst oder 4.112, wonach die Philosophie keine Lehre ist, sondern eine Tätigkeit, deren Resultat nicht ›philosophische Sätze‹ seien, sondern das Klarwerden von Sätzen, nicht einfach sinnvolle Sätze, die man, im Unterschied zu den unsinnigen Sätzen der *Abhandlung*, nehmen kann, wie sie dastehen. Dass Wittgensteins Sätze dadurch erläutern, dass sie der, welcher ihn versteht, am Ende als unsinnig erkennt, ist etwas, das man selbst erst am Ende erkennt. Weshalb es eben auch am Ende steht. (Man muss Russells Verdienst, »gezeigt zu haben, daß die scheinbare logische Form des Satzes nicht seine wirkliche sein muß« [4.0031], auf Russells Sätze selbst anwenden – nachdem man durch die Anwendung von Russells Idee auf andere Sätze gelernt hat, was man von ihr lernen kann. Es ist nicht klar, dass dies dann nicht wiederum ein Licht auf jene ersten Anwendungen wirft.) Man ist nicht resolut genug, nimmt man Sätze wie 4.112 und 6.54 für bare Münze.[71]

An dieser Stelle lohnt ein Blick auf die Bemerkung, wonach der »ganzen modernen Weltanschauung [...] die Täuschung zugrunde [liegt], daß die sogenannten Naturgesetze die Erklärungen der Naturerscheinungen seien« (6.371). Die Modernen haben mit den Alten gemeinsam, dass sie bei etwas stehen bleiben: die Modernen »bei den Naturgesetzen als bei etwas Unantastbarem [...], wie die älteren bei Gott und dem Schicksal. (/) Und sie haben ja beide Recht, und Unrecht. Die Alten sind allerdings insofern klarer, als sie einen klaren Abschluß anerkennen, während es bei dem neuen System scheinen soll, als sei *alles* erklärt.« (6.372) Indem die Modernen bei den Naturgesetzen stehen bleiben und zugleich meinen, mit ihnen sei alles erklärt, verpassen sie gerade das Philosophische. Man muss tatsächlich bei den Naturgesetzen stehen bleiben. Aber damit ist eben *nicht alles* erklärt. Weil man bei den Naturgesetzen stehen bleiben muss, ist jedoch der klare Abschluss durch Gott oder das Schicksal zugleich der Abschluss der Klarheit. Was nicht erklärt werden kann, ist das, bei dem man stehen bleiben muss, wenn man überhaupt irgendetwas erklären will. Insofern erklären auch »die Alten« *nichts*. Der Punkt, an den ihre Erklärungen angeblich führen, ist mit Erklärungen nicht zu erreichen. Denn die Erklärung muss, sozusagen, *logisch homogen* sein. Man erklärt nicht, warum jemand unvernünftig ist, wenn man sagt, er befasse sich ständig mit irrationalen Zahlen, kein Wunder, dass es abfärbt. Darum sind »die Alten« auch nur »insofern klarer« – und nicht einfach klarer. Umgekehrt sind sie wiederum insofern unklarer, als sie es so aussehen lassen, als führe eine wissenschaftliche Erklärung notwendig zu Gott. Aber eine Erklärung der Form »Dieses Ereignis fand statt, weil Gott (das Schicksal) es so wollte (vorherbestimmt hatte)« ist *gar keine* Erklärung. (Wie genau hat Gott es denn angestellt?) Anders gesagt:

6.432 *Wie* die Welt ist, ist für das Höhere vollkommen gleichgültig. Gott offenbart sich nicht *in* der Welt.

Die Gleichgültigkeit in Bezug auf das Wie der Welt geht einher mit einem Interesse an ihrem Dass. Die Sache ist mit jener Gleichgültigkeit nur für die Wissenschaft erledigt. Für dieses Interesse ist die Wissenschaft nichts. Dennoch, indem sie sagt, wie die Welt ist, verweist sie gewissermaßen auf das, wovon sie nicht handeln kann. Wertvoll an der Ansicht der Alten ist also die Erinnerung an diesen Verweischarakter allen Erklärens, den die Modernen vergessen, obwohl (oder weil) sie ihn ständig vor Augen haben.

Das wirft ein Licht auf die alte Frage, ob Gott durch die Logik gebunden ist, also die Ansicht,

3.031 [...] daß Gott alles schaffen könne, nur nichts, was den logischen Gesetzen zuwider wäre. – Wir könnten nämlich von einer »unlogischen« Welt nicht *sagen*, wie sie aussähe.

Scheinbar stimmt Wittgenstein ihr zu und versieht sie mit einer negativen Begründung, deren positiver Teil hier folgt.

5.123 Wenn ein Gott eine Welt erschafft, worin gewisse Sätze wahr sind, so schafft er damit auch schon eine Welt, in welcher alle ihre Folgesätze stimmen. Und ähnlich könnte er keine Welt schaffen, worin der Satz »p« wahr ist, ohne seine sämtlichen Gegenstände zu schaffen.

Aber diese Lesart wäre zu einfach. Der Satz:

> Gott kann alles schaffen, nur nichts, was den logischen Gesetzen zuwider wäre.

unterscheidet sich seiner Form nach sowohl von dem Satz:

> Müller kann alles schaffen, nur nichts, was den Gesetzen der Logik zuwiderliefe.

als auch von dem Satz:

> Müller kann alles schaffen, nur nichts den Gesetzen der Physik Widersprechendes.

Was den Gesetzen der Physik widerspricht, kann dennoch *beschrieben* werden. Müller mag es nicht zustande bringen können, aber bei Gott sieht die Sache anders aus. Wenn man aber gar nicht sagen kann, wie das aussähe, was man, die logischen Gesetze beiseitelassend, erschaffen hätte, spricht man mit jenem Satz auch kein Vermögen ab, wie man Müller eines mit dem Satz über die physikalischen Gesetze abspricht. Man *sagt* also, wenn man sagt, niemand könne etwas Unlogisches erschaffen, eigentlich ... *nichts* – auch wenn man es zu tun meint. Das wiederum zeigt, wie wenig belanglos es ist, dass man dies gerade von *Gott* sagt. Dass Gott etwas nicht können soll – und nicht etwa Müller – *das* ist das Unglaubliche. Nur spräche man Gott dann auch nichts *zu*, wenn man ihm jenes Vermögen attestierte. Wie vorher die Frage wäre »*Was* spricht man ihm denn ab, wenn man nicht sagen kann, wie es aussähe, was zu schaffen er nicht kann?«, so wäre jetzt die entsprechende Frage, was man ihm eigentlich zugestehen würden, wenn man ... Was einem wie eine Selbstverständlichkeit vorkommt – dass man Müller nicht zusprechen kann, was man Gott zusprechen kann –, weshalb es wie eine einem ursprünglich widerstrebende, tiefe Erkenntnis aussieht, wenn man sagt, selbst Gott könne in seiner Allmacht nichts Unlogisches schaffen, ist in Wirklichkeit nicht weniger paradox als jener Einspruch selbst.

Zu Wittgensteins Kommentar in 3.031 schreibt Elizabeth Anscombe: »Der mittelalterliche Philosoph sagt, daß Gott, für den kein ›Wort‹ unmöglich ist, dennoch die Vergangenheit nicht ändern könne, denn ›die Vergangenheit ändern‹ ist kein ›Wort‹.«[72] Tatsächlich behauptet man nichts Falsches, wenn man sagt, jemand habe die Vergangenheit geändert, sondern man sagt gar nichts. (Ebenso wenig sagt man dann natürlich, wenn man sagt, die Vergangenheit stehe fest.) Dass die Sprache kein »Wort« wie »Änderung der Vergangenheit« hat, bedeutet in diesem Zusammenhang allerdings weniger, als man vielleicht glauben möchte. Denn »ändert die Vergangenheit« ist in erster Linie kein »Wort«, wenn man jenen Ausdruck durch Ausdrücke wie »Müller« oder »der Ingenieur« zu (scheinbaren) Sätzen vervollständigt. Aber »Gott« ist kein Personenname und auch keine Gattungsbezeichnung. Gott ist nicht »jemand« – wie es Müller oder der Ingenieur sind. Dass es kein »Wort« wie »Änderung der Vergangenheit« gibt, könnte diesen Ausdruck also gerade dann interessant machen, wenn es um *Gott* geht. Es könnte gerade das Unsinnige sein, was diesen Ausdruck geeignet macht, wenn man »über Gott reden« will. Denn Gott kann nicht einfach das, was wir nicht können, aber vielleicht könnten, wenn wir etwas anders gestrickt wären, als wir es nun einmal sind. Sondern Gott ist von *ganz anderer Art* – aber eben auch wieder nicht einfach auf die Weise, auf die Öfen oder Katzen von anderer Art sind als wir. Also, selbst wenn es Unsinn ist, von Müller zu sagen, er könne die Vergangenheit nicht ändern, es von Gott zu sagen ist, und zwar auch dann, wenn es ebenfalls einfach nur Unsinn ist, dadurch noch nicht *dasselbe*. Und in einer Hinsicht wissen wir das auch: Die Frage, ob man zu Gott betet oder zu Müller, einer Katze oder was auch immer, muss nicht belanglos sein. Im Gegenteil, sie kann von größter Bedeutung sein – auch wenn dies die Rede von Gottes Allmacht, der sich nicht einmal die Vergangenheit verschließen kann, nicht zu einer sinnvollen Rede macht.

Dass alles, was überhaupt gedacht werden kann, klar gedacht werden kann, und sich alles, was sich aussprechen lässt, klar aussprechen lässt, wie es in 4.116 heißt, bedeutet darum nicht, dass es außer dem Sag- und Denkbaren nichts mehr gäbe. Manches *fühlt* man. Hierzu gehört beispielsweise, »daß wir im Besitze einer richtigen logischen Auffassung seien, wenn nur einmal alles in unserer Zeichensprache stimmt« (4.1213), oder dass »die ›logischen Wahrheiten‹ von uns zu ›*fordern*‹ [wären]« (6.1223; vgl. 6.1232). Soweit es von dem, was man hier jeweils fühlt, Erklärungen geben kann, braucht das Fühlen freilich nur der erste Schritt zu sein. Das aber gilt nicht für alle Fragen.

6.52 Wir fühlen, daß, selbst wenn alle *möglichen* wissenschaftlichen Fragen beantwortet sind, unsere Lebensprobleme noch gar nicht berührt sind. Freilich bleibt dann eben keine Frage mehr; und eben dies ist die Antwort. (Vgl. auch 4.003)

Wie es in der Tagebuchnotiz vom 25. Mai 1915 heißt, auf welche 6.52 zeitlich zurückgeht, resultiert die »Unbefriedigtheit unserer Wünsche durch die Wissenschaft« in dem »Trieb zum Mystischen«[73]. Das wirft ein Licht auf den Satz nach 6.52:

6.53 Die richtige Methode der Philosophie wäre eigentlich die: Nichts zu sagen, als was sich sagen läßt, also Sätze der Naturwissenschaft – also etwas, was mit Philosophie nichts zu tun hat –, und dann immer, wenn ein anderer etwas Metaphysisches sagen wollte, ihm nachzuweisen, daß er gewissen Zeichen in seinen Sätzen keine Bedeutung gegeben hat. Diese Methode wäre für den anderen unbefriedigend – er hätte nicht das Gefühl, daß wir ihn Philosophie lehrten – aber *sie* wäre die einzig streng richtige.

Das Gefühl des Schülers *ist* das Gefühl, dass die Beantwortung aller möglichen wissenschaftlichen Fragen unsere Lebensprobleme noch gar nicht berührt. Dieses Gefühl gehört insofern zur Lösung unserer Lebensprobleme, als es deren Natur *spürbar* macht, oder, vielleicht genauer, als es uns von dem befreit, was uns daran hindert, jenem Gefühl sein wahres Gewicht, seine wirkliche Bedeutung zuzugestehen. Diese liegt eben nicht in einer Suche nach Antworten, sondern sie besteht in einer Änderung unseres Lebens, die dieses weniger problematisch macht – und so fühlt oder »merkt man am Verschwinden dieses Problems«, dass es gelöst ist. (6.521) Wer dieses Problem nie hatte, kann an seinem Verschwinden freilich auch seine Lösung nicht spüren. Aber es kann nicht nur der sinnvoll leben, der durch das Problem sozusagen »hindurchgegangen« ist. Denn wenn das Problem gelöst wird, indem es verschwindet, ist es nicht etwa doch noch da, wenn auch nur auf eine quasi ätherische Weise. Was verschwunden ist, ist weg. Wer sich fragt, was denn eigentlich der Sinn oder der Zweck seines Lebens sei, der zeigt eben durch dieses Fragen, dass er nicht so lebt, dass sein Leben Sinn oder Zweck hat. Denn »der erfüllt den Zweck des Daseins, der keinen Zweck außer dem Leben mehr braucht« (TB, 6. 7. 1916). Oder wie es zuvor unter Berufung auf Dostojewski heißt, »der, welcher glücklich ist, [der erfüllt] den Zweck des Daseins«.

Für uns jedoch, denen das Leben problematisch ist, gilt: Indem das Problematische am Leben wegfällt, fällt das weg, was uns dazu bringt, etwas zu sagen, was sich nicht sagen lässt. Jenes Gefühl kann helfen, das Problem zum Verschwinden zu bringen, indem es zur *Überwindung* dessen führt, was sich als Alternative zu einer Änderung des Lebens aufdrängt: die Suche nach Antworten auf metaphysische Fragen. Das Problem hierbei ist nicht, dass wir diese Fragen zwar stellen, aber (als endliche Wesen, wie es manchmal heißt) nicht beantworten können. Es gibt schon die Fragen nicht.[74] Darum wäre, nichts zu sagen, als was sich sagen lässt, eigentlich die richtige Methode, und nicht einfach: die richtige Methode. So bleibt nur die Dekonstruktion dessen, was als Metaphysisches erscheint.

4.112 Der Zweck der Philosophie ist die logische Klärung der Gedanken.

Die Philosophie ist keine Lehre, sondern eine Tätigkeit. Ein philosophisches Werk besteht wesentlich aus Erläuterungen.

Das Resultat der Philosophie sind nicht »philosophische Sätze«, sondern das Klarwerden von Sätzen.

Die Philosophie soll die Gedanken, die sonst, gleichsam, trübe und verschwommen sind, klar machen und scharf abgrenzen.

Zur Erinnerung: Die Umgangssprache ist so kompliziert, dass es »menschenunmöglich« ist, »die Sprachlogik aus ihr unmittelbar zu entnehmen« (4.002). Die Gedanken sind insofern gleichsam trübe und verschwommen, als ihre tatsächliche Klarheit und Schärfe durch die Sprachlogik bestimmt ist. Weil die tatsächliche Klarheit und Schärfe der Gedanken diesen aber nicht anzusehen ist, ist es nicht erstaunlich, dass wir glauben, unsere Lebensprobleme auf wissenschaftliche Weise lösen zu können. Nichts ist natürlicher. Wendungen wie »Was ist der Sinn des Lebens?« oder »Warum ist überhaupt etwas?« sieht man den Mangel an Echtheit unmittelbar so wenig an, wie man jedem Gedanken unmittelbar seine Klarheit und Bestimmtheit ansieht. Dass also die »Philosophie [...] keine der Naturwissenschaften« ist, dass das »Wort ›Philosophie‹ [...] etwas bedeuten [muß], was über oder unter, aber nicht neben den Naturwissenschaften steht« (4.111), sagt noch nicht, dass es keine philosophischen Sätze geben kann. Erst indem klar wird, dass nur Sätze von der Art der naturwissenschaftlichen Sätze wirkliche Sätze sind, wird auch deutlich, dass Philosophie keine Lehre, sondern nur eine Tätigkeit sein kann. Als Klärungswerk bleibt sie bezogen auf das, was den Anstoß gibt für Unklarheit. Dies ist das Sagbare selbst, insofern es nicht von sich aus seine Grenzen aufzeigt. Diese Grenzen machen sich erst in ihrer Überschreitung bemerkbar. Insofern ist Philosophie ein Klären dessen, was sich sagen lässt. Man könnte beinahe sagen, dieses Klären erfolge von einer Position aus, die über jener der anderen steht, ihr gegenüber erhaben ist.

Dies führt zu dem, was Wittgenstein in dem oben erwähnten Brief an Ludwig von Ficker schreibt: Das Ethische wird durch das Buch »gleichsam *von Innen her begrenzt*«. Denn es ergibt, dass der »Sinn der Welt [...] außerhalb ihrer liegen [muß]. In der Welt [...] geschieht alles wie es geschieht; es gibt *in* ihr keinen Wert – und wenn es ihn gäbe, so hätte er keinen Wert. [...] Darum kann es auch keine Sätze der Ethik geben. Sätze können nichts Höheres ausdrücken.« (6.41, 6.42) Nur, gerade wenn Sätze nichts Höheres ausdrücken können, heißt es auch nichts, dass sie nichts Höheres ausdrücken können. Was können Sätze denn nicht ausdrücken? »Sätze können nichts Höheres ausdrücken« ist von ganz anderer Art als »Sätze mit so und so vielen Wörtern können von uns nicht verstanden werden«.

Dennoch ist die »These« von der Unsinnigkeit bestimmter Sätze nicht einfach eine »Konsequenz« der *Abhandlung*. (Die Notwendigkeit, hier Anführungszeichen zu verwenden, dieses »philosophische Auskunftsmittel«, zeigt schon an, dass hier etwas schief ist.) Eine Konsequenzrelation besteht zwischen Sinnvollem. Man kann nicht, um es traditionell auszudrücken, bei irgendetwas *Andersartigem* ankommen, indem man den Gebrauch der Vernunft über gewisse Grenzen hinweg ausdehnt. Es ist der Gebrauch, der die Grenze bestimmt; was jenseits derselben liegt, ist der Vernunft nicht zugänglich. Die Vernunft oder, wenn man so will, die Logik, kann so wenig über sich hinausführen, wie man sich am eigenen Schopf aus dem Sumpf ziehen kann. Wenn die Welt aber meine Welt ist, die Sprache meine Sprache, wie anders könnte ich dann aus dem Sumpf herauskommen?

Wittgensteins Bemerkung, wonach der, welcher ihn versteht, am Ende seine Sätze als unsinnig erkennt, wodurch sie dann erläutern (vgl. 6.54), ist andererseits aber auch kein Zauberschlüssel für das Verständnis der *Abhandlung*. (Genauer gesagt: Wenn sie ein Schlüssel wäre, müsste sie ein Zauberschlüssel sein.) Und wenn die Sätze unsinnig sind, was heißt es dann, durch sie ... hinaufzusteigen? Wenn man aber durch sie ... hinaufsteigt, was kann es dann heißen, dass die Sätze unsinnig sind? Wie Frank Plumpton Ramsey einmal gesagt hat: Was man nicht sagen kann, kann man nicht sagen, und man kann es auch nicht pfeifen[75] – soweit man *das* eben sagen kann; und genau das ist eben das Problem. Wenn man es nicht kann, *was* genau »sagt« Ramsey dann eigentlich? – Man sieht, dass Friedrich Waismann zu Recht betont, dass die Frage nach der Natur der Philosophie selbst eine philosophische Frage ist.[76] Das erinnert zumindest daran, dass alle Sätze der *Abhandlung* auf gleicher Stufe stehen. Es gibt in ihr keine privilegierten Sätze, die man gewissermaßen so hören kann, wie einem das Ohr gewachsen ist, und die jene anderen letztlich erklärten.

Inwiefern kann man dann in der *Abhandlung* eine *Argumentation* sehen? Die Sätze, welche die Unsinnigkeit der *Abhandlung* betreffen, können nicht wörtlich genommen werden, wenn sie richtig und zugleich die Konsequenz der vorhergehenden Sätze sind, man aber aus Unsinn nichts Sinnvolles folgern kann. Es kann höchstens so scheinen, als habe man gefolgert. Wenn sie jedoch nicht die Konsequenz der vorhergehenden Ausführungen sein sollen, was kann es dann heißen, dass der, welcher Wittgenstein versteht, *am Ende* erkennt, dass seine Sätze unsinnig sind? Wieso soll man dies nicht *gleich* erkennen können? Wozu würde es dann aber noch nötig sein, *Wittgenstein* zu verstehen? (In welchem Sinn muss man *Morgenstern* verstehen, um zu erkennen, dass *Fisches Nachtgesang* Unsinn ist?) Wenn es aber einen Sinn gibt, in dem nur der, welcher Wittgenstein versteht, seine Sätze am Ende als unsinnig erkennt, wie können seine Sätze dann *einfach* Unsinn sein? Gerade wenn Philosophie nicht Wissenschaft ist, Wissenschaft in gewöhnlichen Sätzen besteht, diese ebenso die logische Form haben, wie diese durch sie bestimmt ist, kann Philosophie nicht deduktiv sein. Ihr bleibt nur die Klarlegung dessen, was wir alle immer schon wussten. – Was aber könnte es dann noch heißen, einen »Grundgedanken« zu haben? Und dass das wieder eine Deduktion war, lässt das Ende der *Abhandlung* leicht wie eine Befreiung aussehen:

7 Wovon man nicht sprechen kann, darüber muß man schweigen.

4. Wittgensteins Leben nach dem Erscheinen der *Logisch-philosophischen Abhandlung*

Wie bereits erwähnt, hatte Wittgenstein sich zur Zeit der Veröffentlichung der *Abhandlung* bereits von der Philosophie zurückgezogen, seine Erbschaft weggegeben und, wie die Ironie es will, war auch das Imperium der Habsburger zerbrochen. Wien war die zu große Hauptstadt eines zu kleinen Landes. Die Not war groß, sowohl in materieller wie auch in geistig-kultureller Hinsicht. Es war eine Zeit des Neubeginns.

Wittgenstein ließ sich zum Volksschullehrer ausbilden und war ab 1920 als Lehrer tätig, zuerst in Trattenbach und Haßbach, später in Puchberg und in Otterthal. Alle diese Orte waren abgelegen und von Land- und Forstwirtschaft geprägt. Wittgenstein lebte in sehr schlichten Verhältnissen, gewissermaßen eine Fortsetzung dessen, was er aus Krieg und nachfolgender Gefangenschaft, aber auch aus seinen Vorkriegsaufenthalten in Norwegen kannte. Während er vor allem in seinen frühen Jahren häufig in komfortableren Verhältnissen gelebt hatte, nahm sein späteres Leben oft asketische Züge an.

Allerdings hatte sich Wittgenstein, im Vergleich zu seiner Zeit in Wien und Cambridge, nicht einfach vom sozialen Leben zurückgezogen, sondern die Form seines Engagements verändert. Er nahm seine Aufgabe als Lehrer nicht weniger ernst als alles, was er vorher angepackt hatte.[77] Sein Verständnis von Schuldbildung wich von reformpädagogischen Konzepten ab, aber entsprach wohl noch weniger dem, was die Eltern seiner Schüler und Schülerinnen vom Dorflehrer erwarteten. Auch waren viele Familien zu bestimmten Zeiten des Jahres auf die Hilfe ihrer Kinder in der Landwirtschaft angewiesen. Reibereien blieben jedenfalls nicht aus. Wie sollte es zu dieser Zeit und an diesen Orten auch anders sein, bei einem Lehrer, der mit seinen Schülern Tierskelette präparierte, Modelle baute, mit den Kindern (auf seine Kosten) Bildungsausflüge nach Wien unternahm, mit ihrer Hilfe ein *Wörterbuch für Volksschulen* verfasste, mit seinen Schülern in Algebra weiter kam, als gefordert war, und überhaupt das Mögliche an Fähigkeiten in den Kindern zu wecken und zu entwickeln suchte?

Auch sonst war die Zeit als Volksschullehrer, die immerhin fast sechs Jahre umfasste, nicht ohne Reiz für Wittgenstein. Seine Beziehung zu David Pinsent hatte gezeigt, was Wittgenstein Freundschaften bedeuteten. Jetzt schloss er neue Freundschaften und pflegte alte wie die zu Paul Engelmann. Aber trotzdem fand Wittgenstein nicht den ersehnten inneren Frieden. Er hatte sein Leben geändert, aber dessen neue Form hatte keinen Bestand. Wittgenstein war nach wie vor häufig mit sich im Unreinen, oft ungeduldig mit anderen, und die Strenge, die er in erster Linie gegen sich selbst übte, richtete sich immer wieder auch nach außen. Bei einer Gelegenheit soll Wittgenstein eine Schülerin geschlagen haben, ein Vorfall, der bei der Schulbehörde zur Anzeige gebracht wurde. Bevor es zu einer Verurteilung kam, verließ Wittgenstein den Schuldienst.

Nach einem Intermezzo von einem knappen halben Jahr als Gärtnergehilfe im Kloster der Barmherzigen Brüder zu Hüttelsdorf ließ sich Wittgenstein von Engelmann, der ein Schüler von Adolf Loos war, in den Bau eines Hauses für Wittgensteins Schwester Gretl einbinden. Bald hatte er die Sache an sich gezogen. Von seiner Arbeit sind verschiedene aufschlussreiche Anekdoten überliefert; die meisten schildern die außerordentliche Genauigkeit und Kompromisslosigkeit in Planung und Ausführung des Baus. Dies sind natürlich Züge Wittgensteins, denen wir schon begegnet sind. Aber wichtiger scheint doch, dass er hier eine Aufgabe gefunden hatte, die zwar an seine Ausbildung und Arbeit als Ingenieur anknüpfte, aber zugleich auch ausdrücklich ästhetische Ansprüche stellte. So wird u.a. berichtet, wie Wittgenstein zwei Arbeiter für sehr lange Zeit Stäbe vor einem Fenster halten und immer wieder verschieben ließ, bis er meinte, das richtige Maß für Höhe und Abstand der horizontalen Stäbe vor einem Wohnzimmerfenster gefunden zu haben. Bemerkenswert ist auch, dass Wittgenstein sich von anderen Bauten anregen ließ, nicht zuletzt von dem alten Haus der Familie in der Alleegasse.[78]

Wie fest Wittgensteins Überzeugung war, in der Philosophie gesagt zu haben, was er zu sagen hatte, lässt sich vielleicht am ehesten daran ermessen, dass selbst ausführliche Erläuterungen der *Abhandlung*, wie sie Frank P. Ramsey in den Jahren 1923 und 1924 zuteil wurden, und Gespräche mit Moritz Schlick, Friedrich Waismann und schließlich auch anderen Mitgliedern des Wiener Kreises Wittgenstein nicht gleich zum Philosophieren zurückbrachten. Darüber, was genau Wittgensteins Interesse dann doch wieder weckte, gibt es verschiedene Berichte (vgl. Einleitung). Jedenfalls führte ein ursprünglich als Ferienaufenthalt geplanter Besuch in Cambridge im Jahre 1929 dazu, dass Wittgenstein sich wieder auf das Philosophieren einließ.

Wittgenstein wird zunächst Forschungsstudent am Trinity College. Er reicht seine *Abhandlung* als Doktorarbeit ein. Ramsey spielt den Doktorvater, Wittgenstein lässt Russell und Moore eine Weile so tun, als ob sie die zugehörige Prüfung abnehmen würden. Nach dem Erwerb des Doktorgrades im Sommer 1929 erhält Wittgenstein zunächst ein Stipendium und wird 1930 für fünf Jahre Research Fellow am Trinity College.

Zu dieser Zeit hatte Wittgenstein die Arbeit bereits wieder voll aufgenommen. Als Grundlage seiner Bewerbung um das Research Fellowship diente ein Text, den wir heute unter dem Titel *Philosophische Bemerkungen* kennen. Bereits im Juli 1929 hatte Wittgenstein für eine Tagung einen Vortrag mit dem Titel »Some Remarks on Logical Form« erarbeitet, zog diesen in der Zwischenzeit bereits gedruckten Text aber vor Beginn der Tagung zurück und sprach anstelle dessen über das Unendliche in der Mathematik – das einzige Mal, dass Wittgenstein aktiv an einer wissenschaftlichen Tagung teilnahm. Gilbert Ryles späterer Versuch, Wittgenstein die Gifford Lectures halten zu lassen, in deren Rahmen u. a. der von Wittgenstein sehr geschätzte William James über *Die Vielfalt der religiösen Erfahrung* gesprochen hatte, kam ebenfalls nicht zustande, obwohl Wittgenstein der Sache nicht ablehnend gegenüberstand, sondern nur die Möglichkeit zur Diskussion eingeräumt sehen wollte. Dass Wittgenstein keine Scheu vor Diskussionen hatte, zeigte sich bei seinen Treffen mit Schlick, Waismann und anderen Mitgliedern des Wiener Kreises, wird aber vielleicht am deutlichsten an seinem Verhältnis zum Moral Sciences Club in Cambridge: Wittgenstein besuchte den Club längere Zeit nicht, weil ihm vorgeworfen worden war, ihn zuvor zu sehr dominiert zu haben. Abgesehen von seiner Lehre konzentrierte sich Wittgenstein jedoch auf das Schreiben und auf Gespräche mit Freunden wie Ramsey und vor allem Sraffa sowie mit Schülern.

Die Geschlossenheit der *Abhandlung* kommt u.a. auch darin zum Ausdruck, dass Wittgensteins Kritik an derselben sich relativ bald zur Arbeit an einem neuen, seinem zweiten Buch ausdehnte. Eine Änderung des Ganzen stand an; eine neue Denkweise war zu schaffen! Diese konnte freilich nur Gedanke für Gedanke entwickelt werden, ausgehend von dem, was an der *Abhandlung* unmittelbar Anlass zu Nachfragen und genauerem Hinsehen bot. Anhand der nun relativ schnell aufeinanderfolgenden Manuskripte lässt sich sehr gut nachvollziehen, wie Wittgenstein sich mehr und mehr von der *Abhandlung* löste und neue, gegenüber der frühen Philosophie selbständige Gedanken entwickelte. Aus der Sicht der *Philosophischen Untersuchungen* ist dabei spätestens 1933, mit dem sogenannten *Big Typescript*, die neue Philosophie deutlich erkennbar. Trotz der vielen Wiederholungen und Variationen in den aufeinanderfolgenden Notizbüchern, Manuskripten und Typoskripten ist dabei Wittgensteins Ideenreichtum beeindruckend. Seine Überlegungen erstrecken sich über viele verschiedene Bereiche, die er früher nur gestreift hatte.

Es war aber nicht nur das (vorübergehende) Versiegen der Quelle, das Wittgenstein von der Philosophie hatte Abschied nehmen lassen. Das akademische Leben selbst, insbesondere das eines Philosophen in Cambridge, blieb ihm immer fremd. Dass er Konferenzen mied, war nur *ein* sichtbares Zeichen mangelnder Identifizierung mit seinem bürgerlichen Leben. Stattdessen fasste Wittgenstein 1935 den Plan, entweder nach Russland überzusiedeln, um dort irgendeine einfache Anstellung zu finden, oder in England Medizin zu studieren und sich dann in Russland als Arzt niederzulassen. Vermittelt über Keynes und nachdem er in erstaunlichem Tempo Russisch gelernt hatte, trifft er den sowjetischen Botschafter in England, Iwan Maiski, und reist dann als Tourist in die Sowjetunion.[79] Allerdings findet er nicht, was er sucht; alles, was ihm geboten wird, sind Lehrstühle für Philosophie. Mindestens bis ins Jahr 1937 hinein trägt er sich jedoch mit dem Gedanken, doch noch nach Russland zu fahren. Irgendwann gibt er den Gedanken dann auf.

Nach Auslaufen seines Research Fellowships geht Wittgenstein für mehr als ein Jahr nach Norwegen und arbeitet dort an dem, was wir heute als Vorstufen zu den *Philosophischen Untersuchungen* kennen. 1938 nimmt er Kontakt mit Cambridge University Press auf. Der Verlag will das Buch veröffentlichen, auch zusammen mit der *Abhandlung*, aber Wittgenstein schafft es nicht, dem Verlag einen fertigen Text zu übergeben. Es scheint fast, als hätte er dies seinen Nachlassverwaltern überlassen, denen er zugesteht, mit den an sie übergegangenen Texten im Wesentlichen nach ihrem Gutdünken zu verfahren.[80]

Ebenfalls 1938, nach der Annexion Österreichs durch Nazideutschland, bewirbt sich Wittgenstein mit Erfolg um die britische Staatsbürgerschaft. Die Idee, deutscher Staatsbürger zu sein, kommt ihm entsetzlich vor.[81] Allerdings waren noch zwei seiner Schwestern in Wien. Im Sommer 1939 reiste Wittgenstein nach Wien, Berlin und New York, um eine Regelung herbeizuführen, die einem Freikauf gleichkam, es aber seinen Schwestern ermöglichte, die Nazizeit weitgehend ungeschoren zu überstehen.

Trotz seiner Bedenken gegenüber dem akademischen Leben bewirbt Wittgenstein sich 1939 auf den Cambridger Lehrstuhl für Philosophie und wird schließlich Nachfolger von Moore. Diesen Erfolg verdankt er unter anderem dem ihm eigentlich nicht besonders wohlgesonnenen C. D. Broad, der meint, Wittgenstein den Lehrstuhl vorzuenthalten käme dem gleich, Einstein einen Lehrstuhl für Physik zu verweigern.[82] Wittgenstein ist von dieser Geste beeindruckt, selbst aber skeptisch, was seine Eignung betrifft. Einen Teil seiner Sorgen nimmt ihm dann der Lauf der Welt ab.

Während des im Herbst 1939 ausbrechenden Krieges arbeitet Wittgenstein in einem Londoner Krankenhaus und in einem medizinischen Labor in Newcastle, wo er mit Forschungen im Zusammenhang mit Kriegsverwundungen befasst ist. Während dieser Zeit unterrichtet er zunächst in eingeschränktem Umfang, später gar nicht mehr. 1944 nimmt er seine Lehre wieder auf, legt die Professur aber zum Jahresende 1947 nieder.

Wittgenstein hatte, mit verschiedenen Unterbrechungen, seit seiner Rückkehr zur Philosophie Seminare und Vorlesungen gegeben und Studenten betreut. Seine Lehrveranstaltungen wurden nicht nur von Studenten besucht; so nahm etwa Moore für eine Weile an ihnen teil. Der Unterschied zwischen den Seminaren und den Vorlesungen muss oft ziemlich gering gewesen sein, beide hatten zum Teil Gesprächscharakter. Obwohl Wittgensteins Lehrveranstaltungen keine ausgearbeiteten Manuskripte zugrunde lagen, waren seine Vorlesungen doch äußerst gründlich vorbereitet. Aus den Berichten von Teilnehmern gewinnt man aber auch den Eindruck, dass er diese Vorbereitung gewissermaßen in Vorlesungen und Seminaren fortsetzte, indem er seine Zuhörer Zeuge und manchmal auch Teilnehmer einer gerade stattfindenden Gedankenentwicklung werden ließ. Wo sich diese im Dialog vollzog, war sie dem Stil der *Philosophischen Untersuchungen* vielleicht nicht ganz unähnlich. Dabei ist die dialogische Form für Wittgenstein nicht einfach ein stilistisches Mittel. Sondern die Form ist der Sache so wesentlich, wie es Wittgenstein um Therapie statt Theorie ging. Norman Malcolm schreibt: »Die Lösung eines Problems führte ihn zum nächsten. Wittgenstein war zu keinem Kompromiss bereit, er musste *völlig* verstehen. Er bemühte sich heiß. Sein ganzes Wesen war angespannt. Niemand, der diesen Vorlesungen beiwohnte, konnte übersehen, dass Wittgenstein seinen Willen und seinen Verstand zum äußersten antrieb.«[83]

Trotzdem war Wittgenstein mit seinen Lehrveranstaltungen oft unzufrieden. Seine Stärke als Lehrer war in gewisser Weise zugleich seine Schwäche. Der ungeheure Eindruck, den er auf andere machte, erschwerte es diesen zuweilen, eigene Gedanken zu entwickeln. Stattdessen ahmten sie ihn nach und redeten Jargon. (In einer Lehrveranstaltung Malcolms, bei der Wittgenstein während seines Besuchs in Ithaca hospitierte, wunderten sich die Studenten, wer wohl der alte Mann in der letzten Reihe sei, der immer Malcolm nachmache.) Einem Schüler soll Wittgenstein gesagt haben, er fürchte, dass er seine Schüler nur in seiner Anwesenheit auf ein höheres Niveau heben könne, so dass sie, nach seinem Verschwinden, wieder zurückfallen müssten. Zum Teil lag es aber auch an der Sache selbst. Zwei Teilnehmer einiger seiner Lehrveranstaltungen referieren eine Selbsteinschätzung Wittgensteins:

> Beim Lehren der Philosophie bin ich wie ein Stadtführer, der euch zeigt, wie ihr euch zurechtfinden könnt. Ich muss euch von Nord nach Süd, von Ost nach West durch die Stadt führen, von Euston zu Embankment, von Piccadilly zu Marble Arch. Nachdem ich euch oft, in alle Richtungen, durch die Stadt geführt habe, werden wir viele Straßen mehrmals durchlaufen haben – jedes Mal als Teil einer anderen Tour. Am Ende des Ganzen werdet ihr London kennen; ihr werdet euch auskennen wie ein Londoner. Allerdings, ein guter Führer wird euch öfter durch die wichtigeren Straßen als durch Nebenstraßen führen; ein schlechter Führer wird das Gegenteilige tun. In der Philosophie bin ich eher ein schlechter Führer.

Prosaischer ausgedrückt:

> Ein Beispiel folgte dem andern. Manchmal waren die Beispiele wundersam, so wenn man eingeladen wurde, eine sehr eigenartige sprachliche oder andere Verhaltensweise eines imaginären Stammes zu betrachten. [...] Manchmal waren die Beispiele einfach eine Erinnerung an altbekannte, hausbackene Tatsachen. Die Fälle wurden dabei stets detailliert ausgeführt, in ganz gewöhnlicher Sprache beschrieben. Nahezu jedem einzelnen Schritt war leicht zu folgen, und er stand gewöhnlich außer Zweifel. [...] Schwer war es dagegen, zu sehen, wohin diese ›sich periodisch wiederholenden anschaulichen Beispiele‹ führten. Zuweilen brach Wittgenstein ab und sagte »Nur einen Moment, lasst mich nachdenken!« [...] oder er rief aus »Das ist verdammt schwer.«[84]

Damit lag er richtig.

Auch nach seinem Ausscheiden aus dem Universitätsdienst führte Wittgenstein Diskussionen mit Freunden und (deren) Kollegen. Gelegenheiten dazu boten sich nicht zuletzt deshalb, weil er ab 1947 bei verschiedenen Freunden, Verwandten und Bekannten lebte. Zunächst verbrachte er jedoch einige Zeit in Dublin – in sehr schlichten Verhältnissen in einem Häuschen an der Küste, bis sich sein Gesundheitszustand verschlechterte. Auch fehlte ihm hin und wieder ein freundliches Gesicht. Von den Gesprächen, die Wittgenstein bei seinem Besuch in Ithaca führte, ließ er sich zu seinen Bemerkungen in *Über Gewissheit* anregen. An diesem Text arbeitete er bis wenige Tage vor seinem Tod, in einer letzten Phase außerordentlicher Produktivität. Davor musste er auch längere Perioden durchstehen, in denen er gar nicht oder nicht richtig arbeiten konnte. Trotzdem entstanden 1947 u.a. auch der sogenannte Teil II der *Philosophischen Untersuchungen* und die *Bemerkungen über die Farben*, die u.a. auf die Lektüre von Goethes Farbenlehre zurückgehen.

Wittgenstein besucht noch einmal seine Verwandten in Wien und reist ein letztes Mal nach Norwegen. Er zieht bei seinem Arzt, Dr. Bevan, in Cambridge ein, um nicht im Krankenhaus zu sterben.

Die letzten Eintragungen in *Über Gewissheit* datieren vom 27. April 1951. Zwei Tage später stirbt Wittgenstein.

Zu Beginn des zweiten Kapitels wurden bereits Wittgensteins letzte Worte zitiert: »Ich habe ein wunderbares Leben gehabt.« Nach allem, was wir über die beinahe 62 Jahren seines Lebens berichtet haben, wird man vielleicht sagen wollen, dass, selbst wenn er ein wunderbares Leben hatte, Wittgensteins Leben kein glückliches Leben gewesen sein kann. – Wäre das richtig?

Nun, er hatte sicher nicht immerzu Spaß, es ging ihm nicht permanent gut. Oft war er todunglücklich: unausgeglichen, aufbrausend, in tiefen Selbstzweifeln gefangen und sich bewusst, weit hinter dem zurückzubleiben, was er von sich erwartete.

Aber da war auch die Musik! Sollen wir glauben, dass Wittgenstein, selbst wenn er auch hier mit aller geistigen Kraft dabei war, in der Musik nicht glücklich war? Dann gab es das Kino – in dem er neben neuen Ideen vor allem Entspannung fand wie sonst fast nirgends. Er schätzte zudem den Witz in vielen Formen, Sprachspiele im unmittelbarsten Sinn dieses Wortes, Karikaturen u.ä. Wittgenstein hatte eine Sammlung von Witzen, und er muss ungeheuer viel zu lachen gehabt haben. Er liebte die Natur und hatte, da er viel herumgekommen ist, auch zahlreiche Gelegenheiten, dieser Liebe zu frönen. Sein Interesse an Architektur war substanziell. Wie sehr muss ihn da Wien erfreut haben, auch wenn ihn zugleich vieles abgestoßen haben wird? Er hat den Abschluss des Baus seines Hauses aufgehalten, um sozusagen nachträglich eine Decke um wenige Zentimeter in der Höhe zu verändern. Wird er nicht zufrieden gewesen sein, als dies dann endlich geschehen war? Von der Basiliuskathedrale auf dem Roten Platz in Moskau soll er gesagt haben, es sei das schönste Gebäude, dass er je gesehen habe. War er also nicht glücklich, sie sehen zu können? Hat er sich an ihr nicht erfreut?

Als junger Mann war Wittgenstein wohl auch dem einen oder anderen Rausch, wie ihn der Alkohol herbeiführen kann, nicht ganz abgeneigt. Er hat also etwas nicht verpasst, von dem manche stolz sind, dass sie nicht wissen, wovon sie reden, wenn sie ihn verurteilen. Mehr noch und vielleicht vor allem, Wittgenstein hat die Liebe zu anderen Menschen erlebt, und wie glücklich ihn das gemacht haben muss, kann man daran erkennen, wie sehr er an ihrer Abwesenheit litt. Wittgenstein hatte richtig gute Freunde, wurde von anständigen Leuten geachtet, und dass ihn dieser oder jener nicht mochte, gereicht ihm nicht immer zur Unehre. Sollen wir annehmen, dass er das nicht wusste? Es ist ihm gelungen (oder er hat jedenfalls dazu beigetragen), einige Mitglieder seiner Familie, die ihm immer wichtig war, aus großer Gefahr zu retten. Dass es nötig war, hat ihn bedrückt; aber dass es ihm gelungen ist, muss ihn auch zufrieden gemacht haben. Und nicht zuletzt: Wittgenstein hatte Probleme (und manchmal auch deren Lösungen), von denen vor ihm kaum jemand auch nur ahnte, dass es sie überhaupt gibt. Und dann die zahllosen Gleichnisse, die ihm einfielen! Die können nicht einfach nur anderer Leute Geist erfrischt haben.

So setzte er fort, was manche Großen unter den Philosophen vorher umgetrieben hatte. Zu wissen, dass er ihre Arbeit fortsetzen konnte bzw. dies in einer Weise zu können, in der es nur wenige können, war ihm sicher eine schwere Last. Aber gerade weil er es konnte, sah er auch die Besonderheit der Gabe, die ihm nun einmal verliehen war. Neue Gedankenbewegungen, wie anstrengend und frustrierend sie auch immer gewesen sein mögen, müssen ihm ein unglaublicher Genuss gewesen sein – zu erleben, wie nach langer, oft hoffnungslos scheinender Arbeit sich das Dunkel langsam lichtet. Ja, auch mit sich kämpfen zu können gehört zu dem, was einem gegeben ist, oder eben nicht. Und es mildert die Last! Die Freude, die Wittgenstein bei seiner Arbeit hatte, den Genuss, den sie ihm bereitet haben muss, kann man sich vielleicht nur richtig ausmalen, wenn man zu ähnlicher Arbeit in der Lage ist. Aber eine Ahnung von dieser Freude, also eine gewisse Form derselben, haben wir alle. Man kann sie Kindern ansehen, wenn sie etwas verstanden haben, was zu verstehen ihnen Mühe bereitete. Diese Freude aber ist ansteckend; und Wittgenstein war immerhin etliche Jahre Schul- und Universitätslehrer. Wenn er schließlich über jemanden, der ihn stets sicher und kraftvoll kritisierte, notiert, dass ihn dessen Unfähigkeit zur Begeisterung stark abgestoßen habe, soll man dann annehmen, er selbst habe an der gleichen Sache gelitten oder er wäre in seiner Begeisterung nicht glücklich gewesen?

Gegen Ende seines Lebens war Wittgenstein lange krank. Das hat ihn besonders bedrückt, weil es ihn daran hinderte zu arbeiten, wie er es für richtig hielt. Aber das heißt eben auch, dass so zu arbeiten ihm zu anderen Zeiten möglich war, und welches Glück ihm dies bereitete, belegen die Botschaften, die er verschickte, als er kurz vor seinem Tod wieder absolut klar denken konnte. Wittgenstein tat vieles, was er tat, mit voller Hingabe. Aber soll man deshalb annehmen, dass er gänzlich unfähig war, auch einmal alle Fünfe gerade sein zu lassen? Selbst wenn ihm das hinterher Gewissensbisse verursacht haben sollte – während er sich etwas gehen ließ, muss es ihm, auch nach weniger anspruchsvollen Kriterien, gut gegangen sein, denn das gehört zum Begriff dieser Sache.

Wie kompliziert die Beziehungen zwischen Wohlgefallen und Pflicht, Genuss und Anstrengung, Glück und Kampf mit sich selbst sein können, zeigt eine Notiz, die folgendermaßen beginnt:

> Heute nacht gegen Morgen fiel mir ein, daß ich heute den alten Sweater herschenken sollte, den ich mir schon lange vorgenommen hatte zu verschenken. Dabei aber kam mir auch, gleichsam als Befehl, der Gedanke, ich solle zugleich auch den neuen herschenken den ich mir – übrigens ohne eigentliches Bedürfnis – neulich in Bergen gekauft habe (er gefällt mir sehr). Ich war nun über diesen ›Befehl‹ sogleich in einer Art Bestürzung und Empörung, [...] es ist aber nicht, daß ich so sehr an diesem Sweater hänge (obwohl das irgendwie mitspielt), sondern was mich ›empört‹ ist, daß so etwas, und also alles von mir verlangt werden kann; und zwar verlangt, – nicht, daß es als gut oder erstrebenswert empfohlen wird. Die Idee,

daß ich verloren sein kann, wenn ich es nicht tue. – Nun könnte man einfach sagen: ›Nun, gib ihn nicht her! was weiter?‹ – Aber wenn ich nun dadurch unglücklich werde? Was heißt dann aber die Empörung? Ist sie nicht eine Empörung gegen Tatsachen? – Du sagst: ›Es kann sein, daß von mir das furchtbar Schwerste verlangt wird.‹ Was heißt das? Es heißt doch: Es kann sein, daß ich morgen fühle, daß ich meine Manuskripte (z.B.) verbrennen muß; d.h., daß, wenn ich sie nicht verbrenne, mein Leben (dadurch) zu einer Flucht wird. Daß ich damit von dem Guten, von der Quelle des Lebens abgeschnitten bin. Und mich eventuell durch allerlei Possen über die Erkenntnis betäube, daß ich es bin. Und wenn ich sterbe, dann würde diese Selbstbeschwindelung ein Ende nehmen. (/) Es ist nun ferner wahr, daß ich nicht durch Überlegungen etwas zu etwas Rechtem machen kann, was mir in meinem Herzen als Possen erscheint. Keine Gründe der Welt könnten z.B. beweisen, daß meine Arbeit wichtig und etwas ist, was ich tun darf und soll, wenn mein Herz – ohne einen Grund – sagt, ich habe sie zu lassen.[85]

Hatte Wittgenstein also nur deshalb oder insoweit ein wunderbares Leben, weil oder als er um den Preis seines Glücks für das kämpfte, was er für richtig oder seine Pflicht hielt? Eher könnte man wohl sagen, Wittgensteins Leben sei insofern wundervoll gewesen, als es ein leidenschaftlich geführtes, reiches menschliches Leben war, natürlich auch voller Konflikte und Verluste. Auf mehr aber kann niemand hoffen. Und wer sollte das besser wissen als Wittgenstein? Und wie sollte er, es wissend, wirklich unglücklich gewesen sein können?

5. Ein Übergang: »Gut« und die Welt

In diesem Kapitel wird das Entstehen der neuen Denkweise umrissen. Dies geschieht, den Ausführungen über den Geist der *Abhandlung* folgend, mit Blick auf die Ethik. Im Mittelpunkt stehen zwei Zwischenglieder und ein kleiner Ausschnitt aus den *Untersuchungen*. Die Zwischenglieder sind der »Vortrag über Ethik« (1929/30) und Auszüge aus einer Vorlesung von 1932/33; jener trägt noch den Stempel der *Abhandlung*, diese ähneln schon den *Untersuchungen*.

5.1 Der »Vortrag über Ethik«

1903 hatte G.E. Moore mit seinen *Principia Ethica* die Tradition der Ethik als allgemeine Untersuchung dessen, was gut ist, fortgeführt. Wittgenstein schließt sich diesem Verständnis der Ethik an, möchte aber auch weitere Bestimmungen zulassen, nämlich die Ethik als Untersuchung dessen,

- was Wert hat,
- was wirklich wichtig ist,
- was der Sinn des Lebens sei,
- was das Leben lebenswert macht oder
- wie man auf die rechte Weise lebt. (VüE, 10 f.)

Diese Aufzählung soll »einen Effekt der gleichen Art erzielen wie Galton, als er dieselbe Platte mit den Aufnahmen verschiedener Gesichter belichtete, um so das Bild der typischen, allen gemeinsamen Merkmale zu erhalten. [...] und dies sind eben die charakteristischen Merkmale der Ethik.« (VüE, 10)

Moore suchte die Frage, was gut ist, durch eine Betrachtung der Bedeutung von »gut« zu beantworten. Auch dem folgt Wittgenstein. So soll sich zeigen, dass die Ausdrücke, mit denen sich die Ethik befasst, »in zwei ganz verschiedenen Bedeutungen verwendet« werden: einerseits in einem »hausbackenen oder relativen Sinn, andererseits im ethischen oder absoluten Sinn« (VüE, 11).

Für den relativen Sinn von »gut« gibt Wittgenstein so etwas wie eine Definition: »einem vorher festgelegten Maßstab gerecht werden« (VüE, 11). In diesem Sinne reden wir von guten Tennisspielern, gutem Werkzeug usw. Dieses Gute durchzieht die ganze Welt. – »Du bist ein schlechter Tennisspieler« ist nun kein *moralischer* Vorwurf, denn der Adressat könnte erwidern, er wisse dies, wolle aber gar nicht besser spielen; und wir müssten dies akzeptieren. Dagegen ist aberwitziges Lügen in einem nicht-relativen Sinne abscheulich und führt zur Forderung, man *solle* sich besser benehmen wollen.[86] »Du benimmst dich abscheulich!« ist ein absolutes Werturteil. Diese Redeweise hat die gleiche logische Multiplizität wie die Rede vom Wert der Werte in Satz 6.41 der *Abhandlung*. Der Wert, den ein Wert nicht hätte, wenn es ihn gäbe, ist kein Wert im *selben* Sinn.

Gerade weil die Hinsicht, in der oben von einem Maßstab die Rede ist, unbestimmt bleibt, ist der Kontrast hier besonders stark. Selbst wenn in jenem relativen Sinn alles gut wäre, würde damit noch nichts darüber gesagt sein, ob irgendetwas absolut gut ist. Ja, wir wüssten nicht einmal, wie man dies entscheiden könnte, denn wir haben hierfür keinen Maßstab. Selbst wenn alles, was es gibt, irgendwo auf der Skala der Formen des relativ Guten[87] angesiedelt wäre, wäre damit nichts über seine absolute Güte gesagt. Die Idee, dass jene Skala der Formen bei einem höchsten Gut endet, zieht jenes höchste Gut hinunter. Gemessen an jenem hausbackenen Guten wäre es gerade *kein* Gutes, eben weil an ihm gemessen. Der Unterschied, wie er in einer solchen Skala repräsentiert ist, ist nicht tief genug. Zugleich ist jenes relativ Gute nicht einfach eine Privation des absolut Guten. Die Güte des relativ Guten wird, so gesehen, auch wieder erhöht. Es ist eine Güte eigener Art, also insofern zugleich gar keine Güte, als nichts verloren geht, wenn man, statt jemanden einen guten Tennisspieler zu nennen, sagt, er entspreche dem und dem Maßstab. Von dem relativ Guten kann man also reden, aber der Ausdruck »gut« spielt dabei keine wesentliche Rolle. Jenseits dessen verliert die Rede auch schon ihren Sinn.

Leider klingt das alles viel klarer, als es wirklich ist. Hier sind noch einmal die beiden Fälle:

(1) Wer schlecht Tennis spielt, handelt nicht moralisch verwerflich, denn er muss nicht besser spielen wollen.

(2) Wer aberwitzig lügt, handelt moralisch verwerflich und sollte besser handeln wollen.

Was genau sollen die beiden Fälle veranschaulichen? Hier gibt es mehrere Kandidaten:

(A) Es gibt Handlungen, die moralisch relevant sind, wie aberwitziges Lügen, und Handlungen, die moralisch belanglos sind, wie Tennisspielen.

Aber dann ist es »ungereimt«, dem Tennisspieler sein schlechtes Spiel überhaupt vorzuwerfen. Wie kommt es also zu dem Vorwurf? Man könnte sagen, er entstehe dadurch, dass es hier um *Handlungen* geht, nicht um »die Natur und die Nothwendigkeit« (Nietzsche). Wer einen schlechten Tennisspieler moralisch tadelt, lässt sich, könnte man sagen, von zwei Tatsachen beeindrucken: davon, dass es sich nicht um einen Naturvorgang (wie ein Gewitter) handelt, und davon, dass es Handlungen gibt, die zu loben respektive zu tadeln sind. Der Eindruck der zweiten Tatsache lässt ihn überhaupt tadeln, der Eindruck der ersten Tatsache lässt ihn übersehen, dass es Handlungen gibt, in Bezug auf die Lob und Tadel ebenso ungereimt sind wie in Hinsicht auf reine Naturvorgänge, und dass Tennisspielen eine solche Handlung ist. Aber soweit der Schein des Tadelnswerten des schlechten Tennisspielens auf diese Weise verständlich wird, wird es unverständlich, dass der schlechte Tennisspieler mit der Behauptung davonkommt, nicht besser gespielt haben zu *wollen*. – Geht es Wittgenstein also eher um:

(B) Worauf es in moralischer Hinsicht ankommt, ist, ob Wollen und Tun übereinstimmen.

Dann kommt zwar der schlechte Tennisspieler mit seiner Entgegnung davon, aber es wird erneut zum Rätsel, wieso es überhaupt zum Vorwurf kommt. Wie kann man jemandem einen moralischen Vorwurf machen, wenn man gar nicht weiß, ob er tun will, was er tut, es darauf aber gerade ankommt? Ist dies deshalb so, weil man gewöhnlich *gut* tun will, was man willentlich tut. (Angenommen, jemand sagt mir, Peter spiele Tennis. Es wäre sicher *seltsam*, wenn ich erwiderte: »Und, will er *gut* spielen?« – Aber will Peter immer gut spielen, wenn *man* es immer gut tun will?) Dann wären im Fall des schlechten Spielers Wollen und Tun nicht in Übereinstimmung miteinander; daher der Vorwurf. Da man aber nur im *gewöhnlichen* Fall, nicht mit *Notwendigkeit*, gut tun will, was man willentlich tut, kommt er davon, wenn er sagt, er wolle gar nicht besser spielen. Wie aber kann man jetzt dem aberwitzigen Lügner entgegenhalten, er sollte gefälligst nicht aberwitzig lügen wollen? – Diese Unklarheiten sind *keine* Schwäche der Ausführungen Wittgensteins, sondern deuten an, wieso es einerseits immer wieder versucht wird, andererseits aber nicht von Erfolg beschieden ist zu *sagen*, was es mit der Ethik auf sich hat. Und erst die Versuche lassen einen zu dieser »Einsicht« kommen!

Die Unterscheidung zwischen relativem und absolutem Sinn von »gut« macht dieses Wort nun etwa nicht zweideutig in dem

Sinn, in dem es etwa das Wort »Bank« ist. Stattdessen ist der Unterschied zwischen dem relativen und dem absoluten Sinn von »gut« der zwischen *Sinn* und *Unsinn*. Einen absoluten Sinn von »gut«, »richtig«, »wichtig« usw. gibt es nicht. Die Verwendung von Wörtern wie »gut« und »richtig« im ethischen Sinne ist, paradox gesagt, ein *Missbrauch* dieser Wörter. Solch »ein bestimmter charakteristischer Mißbrauch der Sprache [zieht sich] durch *alle* ethischen und religiösen Ausdrucksformen [hindurch]« (VüE, 16). Der *korrekte* Sprachgebrauch ist der *wissenschaftliche*, im Sinne von Feststellungen, wie es sich (nicht) verhält. Ausdrücke wie »gut« oder »wertvoll« werden also entweder sinnvoll, dann aber nicht in einem ethischen Sinn gebraucht, oder sie werden in einem ethischen Sinne verwendet, sind dann aber unsinnig. Wie aber kommt es zu diesem charakteristischen Missbrauch?

Es kommt zu ihm, erstens, durch ein ganz bestimmtes *Erlebnis*, welches Wittgenstein »mein Erlebnis par excellence« (VüE, 14) nennt, und, zweitens, durch eine bestimmte *scheinbare Ähnlichkeit*. Das Erlebnis par excellence soll sich am ehesten »mit den Worten beschreiben [lassen], daß ich, wenn ich es habe, *über die Existenz der Welt staune*. Dann neige ich dazu, Formulierungen der folgenden Art zu verwenden: ›Wie sonderbar, daß überhaupt etwas existiert‹, oder ›Wie seltsam, daß die Welt existiert‹.«[88] Die scheinbare Ähnlichkeit erklärt in gewissem Sinne, wieso Wittgenstein dazu neigt, gerade *dies* zu sagen. Allgemein gesprochen: Alle ethischen und religiösen Ausdrucksformen »*scheinen* auf den ersten Blick bloß Gleichnisse zu sein. So scheint, [...] daß in der Äußerung ›Er ist ein guter Kerl‹ das Wort ›gut‹ zwar nicht das gleiche bedeutet wie in dem Satz ›Er ist ein guter Fußballspieler‹, aber dennoch eine gewisse Ähnlichkeit damit aufweist.«[89] Immerhin, wir drücken ein solches Erlebnis par excellence nicht mit »Schönes Wetter heute!« aus.

Für welche Tatsachen aber stehen die Gleichnisse? Nun, sobald wir versuchen, dies anzugeben, »merken wir, daß es gar keine derartigen Tatsachen gibt. Und so scheint, was zunächst wie ein Gleichnis wirkte, nichts weiter zu sein als Unsinn.« (VüE, 16 f.) Dann aber ist auch die Ähnlichkeit zwischen dem Relativen und dem Absoluten letztlich nur eine scheinbare. Damit ist es schließlich auch Unsinn, besagten Erlebnissen »einen inneren, absoluten Wert« zuzuschreiben. Als Erlebnisse sind es auch nur Tatsachen, also beschreibbar, also gerade ohne absoluten Wert. Wittgenstein spitzt seine These in folgender Weise zu: »›Das Paradoxe ist, daß ein Erlebnis – ein Faktum – übernatürlichen Wert zu haben scheint.‹« (VüE, 17)

Sieht es jetzt nicht aus, als seien wir in unserer Analyse keinen Schritt vorangekommen? Gewiss, meint Wittgenstein, und das sei der eigentliche Punkt! – Dann aber kann es sich in einem Sinn nicht *herausstellen*, dass jene ethischen Ausdrücke Unsinn sind. Das ist vielmehr zugleich der *Ausgangspunkt*. Also gibt es hier im gewöhnlichen Sinn auch keinen Ausgangspunkt und kein Resultat. Wittgenstein verleiht dem Ganzen nur einen Ausdruck derart, dass es aussieht, als hätten wir ein normales Argument vor uns, ist aber *von vornherein* der »Ansicht«, dass jede Analyse, die den ethischen und religiösen Ausdrucksformen einen hausbackenen Sinn gäbe, gerade *darum* abzulehnen sei. Gewöhnlich analysiert man, um zu erfahren, wie es sich verhält, oder um nachzuweisen, dass es sich so und so verhält – und weiß also nicht, ob oder wie es sich verhält. Aber für Wittgenstein ist durchgehend klar, »daß diese unsinnigen Ausdrücke nicht deshalb unsinnig waren, weil ich die richtigen Ausdrücke noch nicht gefunden hatte, sondern daß ihre Unsinnigkeit ihr eigentliches Wesen ausmacht. [...] Durch das, was sie (die Ethik, R.R.) sagt, wird unser Wissen in keinem Sinne vermehrt. Doch es ist ein Zeugnis eines Drangs im menschlichen Bewußtsein, das ich für mein Teil nicht anders als hochachten kann und um keinen Preis lächerlich machen würde.« (VüE, 18f.; Wittgensteins Vortrag ist selbst ein Ausdruck dieser Hochachtung.) Dabei ist es für Wittgenstein »etwas ganz Wesentliches«, dass er in seinem Vortrag »zum Schluß in der ersten Person gesprochen« hat. Denn: »Hier läßt sich nichts mehr konstatieren, ich kann nur als Persönlichkeit hervortreten und in der ersten Person sprechen. (/) *Für mich* hat die Theorie keinen Wert. Eine Theorie gibt mir nichts.«[90]

Die Übereinstimmung zwischen *Abhandlung* und »Vortrag« ist offensichtlich. Aber die *Art* der Argumentation im »Vortrag« lässt einige Probleme leichter erkennen. Wieso etwa soll gerade ein Satz wie »Er ist ein guter Tennisspieler« das Maß für die sinnvolle Verwendung von »gut« abgeben? Wieso soll die ethische Verwendung von »gut« nicht *neben* der »wissenschaftlichen« Verwendung stehen, statt als Missbrauch unter (oder auch über) ihr? Kann es Mehrdeutigkeit nur als Nebeneinander geben? Und gibt es nicht auch einen *Missbrauch der ethischen und religiösen Ausdruckformen*? Was aber könnte der Missbrauch eines Missbrauchs sein? Gibt es schließlich, um das vermeintliche Kontrastbeispiel aufzugreifen, nicht auch moralische Verwendungen von »Du spielst schlecht Tennis«, die man nicht einfach damit zurückweisen kann, dass man sagt, man wisse dies und wolle gar nicht gut spielen? Kommt es nicht auf die *Gelegenheit* an? – Diese Fragen verdeutlichen die *konzeptionelle* Bedeutung des Begriffs der allgemeinen Form des Satzes. Der Gebrauch entscheidet nicht über die Bedeutung, sondern seine Betrachtung (oder auch die Beispiele) diene(n) lediglich der *Illustration* eines *Vorurteils.*

Wieso soll es zudem wesentlich sein, dass Wittgenstein in der ersten Person spricht, wenn doch »die Menschen« (»wir«) etwas fühlen? Ist es nur eine Gnade des Schicksals, oder auch eine Ungnade, wenn den anderen genau dasselbe wichtig ist wie mir? Natürlich gibt es keinen Grund für die Annahme, Wittgenstein sei sich nicht bewusst gewesen, dass man gegen seine Argumentation auch einwenden könnte, er versuche zu beweisen, was er voraussetze. »Richtig«, hätte er entgegnen können, »aber in solchen Fragen gibt es keinen anderen Weg. Man kann hier nicht Unsinn reden – und dann hoffen, wenigstens dann keinen zu reden, wenn man den Unsinn ›Unsinn‹ nennt.« Man kann die ältere Denkweise nicht sozusagen weichspülen.

Der entscheidende Punkt ist jedoch ein anderer. Wie Wittgenstein nicht lange nach der Abfassung seines Vortrags über Ethik feststellen wird, besteht ein Irrtum, der die ganze *Abhandlung* durchzieht, in der »Auffassung, als gäbe es Fragen, auf die man später einmal eine Antwort finden werde. [...] So habe ich z.B. geglaubt, daß es die Aufgabe der logischen Analyse ist, die Elementarsätze aufzufinden. Ich schrieb: Über die Form der Elementarsätze könne man keine Angabe machen, und das war auch ganz richtig. Mir war klar, daß es hier jedenfalls keine Hypothesen gibt. [...] Aber ich meinte doch, daß man später einmal die Elementarsätze würde angeben können.«[91] Diese Herangehens- oder Denkweise, nach der es so aussieht, als könne man in allgemeiner Weise über etwas reden, was sich im Einzelnen dann schon »finden wird«, wie es im ersten Paragraphen der Untersuchungen heißt, wird durch Fragen wie die oben nicht widerlegt. Aber indem Wittgenstein sich einer Anstrengung unterzieht, die derjenigen entspricht, die Elementarsätze anzugeben, und dabei solche Fragen auftauchen, wird jene Herangehensweise auf den Prüfstand gestellt, was § 107 am Beispiel des Vorurteils der Kristallreinheit der Logik so beschreibt:

> Je genauer wir die tatsächliche Sprache betrachten, desto stärker wird der Widerstreit zwischen ihr und unsrer Forderung. (Die Kristallreinheit der Logik hatte sich mir ja nicht *ergeben*; sondern sie war eine Forderung.) Der Widerstreit wird uner-

> träglich; die Forderung droht nun zu etwas Leerem zu werden. – Wir sind aufs Glatteis geraten, wo die Reibung fehlt, also die Bedingungen in gewissem Sinne ideal sind, aber wir eben deshalb auch nicht gehen können. Wir wollen gehen; dann brauchen wir die Reibung. Zurück auf den rauhen Boden! (§ 107)[92]

Zu dieser Forderung gehört die Bereitschaft anzuerkennen, »daß, was wir ›Satz‹, ›Sprache‹, nennen, nicht die formelle Einheit ist, die ich mir vorstellte, sondern die Familie mehr oder weniger mit einander verwandter Gebilde. [...] Das *Vorurteil* der Kristallreinheit kann nur so beseitigt werden, daß wir unsere ganze Betrachtung drehen. (Man könnte sagen: Die Betrachtung muß gedreht werden, aber um unser eigentliches Bedürfnis als Angelpunkt.)« (§ 108)

5.2 Aus einer Vorlesung aus dem Jahre 1932/33

Diese Drehung zeigt sich bereits in der folgenden Ankündigung in den Vorlesungen von 1932/33: »Werfen wir einen Blick auf die Grammatik ethischer Ausdrücke und solcher Ausdrücke wie ›Gott‹.« (V 186) Vorher war der ethische Gebrauch von Ausdrücken wie »gut« ein *Missbrauch*, ihre Grammatik wäre also gewissermaßen eine *Pathologie* nicht-ethischer Ausdrücke. Sie hätte keinen selbständigen Status, und es könnte auch keinen Missbrauch der moralischen Ausdrücke geben. Jetzt dagegen schließt Wittgenstein sich nicht nur ausdrücklich Luthers Bemerkung an, »die Theologie sei die Grammatik des Wortes ›Gott‹« (V 187), sondern meint sogar: »Auch was als lächerlich oder ketzerisch gilt, läßt die Grammatik des Wortes erkennen.« (Ebd.; vgl. auch § 111 und §§ 370-373) So stellt er diese mit anderen Ausdrücken auf eine Stufe und nicht über oder unter sie. Nicht die allgemeine Form des Satzes legt fest, was ein Satz ist, sondern es gilt als solcher, was man gewöhnlich »Satz« nennt. – Also auch: ethische Sätze!

Vorher hieß es, Sätze seien am Ende Verkettungen von Namen, die für Gegenstände stehen. Diese Auffassung wird jetzt zurückgeführt auf die Annahme, »ein Substantiv entspreche einem Ding« (V 186). Aber »das Gute« steht nicht für ein Ding; jedenfalls nicht in dem Sinn, in dem man sagen kann, dass »Blatt« für ein solches steht; es steht nicht einmal für etwas von der Art eines Blattes. Wenn man das Gute sehen will, muss man, soweit man es sehen kann, sich etwas ansehen, das gut ist. Kurz gesagt, für die Wörter »gut« und »böse« gilt etwas Ähnliches wie für die Wörter »schön« und »hässlich«: Sie »sind mit den Wörtern, die sie qualifizieren, verknüpft, und wenn man sie auf ein Gesicht anwendet, dann sind es nicht dieselben Wörter wie bei der Anwendung auf Blumen und Bäume. Im letzteren Fall haben wir es mit einem *ähnlichen* ›Spiel‹ zu tun.« (V 191; vgl. auch VB, 1933, S. 482f.) – Dass »gut« und »Tennisspieler« miteinander verknüpft sind, hätte auch im »Vortrag« stehen können. Dort aber stand von vornherein fest, dass dies für die Ethik unbedeutend sei. Warum also sich damit befassen? – Schon die *Bereitschaft*, es zu tun, zeigt den Wandel in Wittgensteins Denkweise über »Gut« und die Welt.

Diese führt auf eine »wichtige Frage in Bezug auf das Gute: Kann man eine Handlung in allen Einzelheiten kennen und trotzdem nicht wissen, ob sie gut ist?« (V 190) Wenn *nicht*, dann kann, wenn die Folgen einer Handlung *nicht* zur Handlung selbst gehören, die Güte einer Handlung auch nicht von ihren Folgen abhängen. Damit sind die Folgen nicht schon moralisch irrelevant. Oft ist es auch gar nicht so klar, was eigentlich eine Folge und was ein Teil des Handelns ist oder wie man diese Bestimmungen in einem gegebenen Fall anzuwenden hat.

Kann man eine Handlung nicht in allen Einzelheiten kennen, ohne zu wissen, ob sie gut ist, und kennt man eine Handlung in allen Einzelheiten zumindest dann, wenn man sie selbst ausführt, dann kann man kaum im Unklaren über die Güte des eigenen Tuns sein, und es wäre vielleicht schwer, die intellektuellen ohne die moralischen Tugenden zu besitzen. Ja, selbst wenn es keinen Sinn hat, von einem Wissen um das eigene Handeln zu reden – in dem Sinn, in dem man um das Handeln eines anderen wissen kann – bleibt eines erhalten: der Kontrast zwischen dem Fall, in welchem man die Handlung eines anderen bewertet, und dem Fall, in welchem es um das eigene Handeln geht. Das wirft ein Licht auf Scham und Gewissen!

Wenn man eine Handlung nicht in allen Einzelheiten kennen kann, ohne zu wissen, ob sie gut ist, verliert jene Idee an Kredit, wonach es einen Unterschied geben muss zwischen guten und nicht guten Handlungen, den man *entdecken* muss, um sagen zu können, ob die Handlung gut ist oder nicht. Denn wenn man, indem man eine Handlung in allen Einzelheiten kennt, auch schon weiß, ob sie gut ist oder nicht, hat man das angeblich noch zu Entdeckende bereits in der Hand. Auch fällt das Gute in diesem Fall nicht Idiosynkrasien zum Opfer oder wird gar zur Geschmacksangelegenheit. Das Kennen einer Handlung in allen Einzelheiten ist kein Zustand, in dem du auf deine und ich auf meine Weise sein können, wie dies im Fall des Empfindens von Vergnügen, nach Ansicht vieler, der Fall ist.

Schließlich führt die Frage auch zu einer Überlegung, wonach man unter Umständen mit dem moralischen Urteil warten sollte, bis man die Einzelheiten einer Handlung kennt. Wenn dazu aber gehört, wer sie in welchem Zustand bei welcher Gelegenheit ausführt, kann es sein, dass man *de facto* kaum ein Urteil fällen kann, einfach weil man herzlich wenig über anderer Leute Geschichte und Seelenzustand weiß. Das verleiht Romanen, Filmen u.ä. besondere ethische Bedeutung – denn dort bekommt man, der Natur der Sache nach, alles präsentiert, was man wissen muss. Es ist dann nur konsequent, sich, wie Wittgenstein, zu weigern, ein moralisches Urteil zu fällen, wenn man nicht weiß, wie es im Innern eines anderen aussieht.[93]

Diese Überlegungen bestätigen partiell die frühere »Ansicht« Wittgensteins. Denn wenn wir wissen, ob eine Handlung gut ist, wenn wir diese Handlung in allen Einzelheiten kennen, dann gibt es nicht *neben* den, wie Moore sie nennt, natürlichen Eigenschaften weitere Eigenschaften einer Handlung, die ihre Güte ausmachen. Sondern was der Fall sein soll, ist schon inbegriffen in dem, was der Fall ist.

Bernard Williams meint, die Bindung von »gut« an das Trägerwort sei so eng, dass man nicht nur nicht versteht, was »gut« heißt, wenn man nicht weiß, was das Trägerwort bedeutet, sondern dass man auch nicht wissen kann, was dieses bedeutet, wenn man jenes nicht kennt. Am klarsten sei dies bei Artefakten wie einem Büchsenöffner.[94] Wittgenstein beschränkt sich in den Vorlesungen auf Handlungen, auch wenn er Ereignisse zumindest noch nennt. Aber wenn er die Verknüpfung zwischen »gut« und den Wörtern, die durch »gut« qualifiziert werden, mit der Verknüpfung von »dumm« und »Gesichtsausdruck« respektive »Person« usw. vergleicht (vgl. V 190 ff.), dann laden seine Ausführungen zu einer solchen Erweiterung durchaus ein. Und warum soll es, wie es das Naturschöne gibt, nicht auch das Naturgute geben? Reden wir nicht tatsächlich von guten Pferden, guten Aprikosenbäumen usw.? Stellt sich hier nicht die gleiche »wichtige Frage« wie oben? Lautet hier die Antwort nicht auch, das Gute an einem guten Aprikosenbaum bestehe nicht in einem zu den Merkmalen betreffend seines Baus, seiner Früchte usw. hinzukommenden Merkmal? Soweit das alles auch für das moralisch Gute gilt,[95] ist es in einem Sinn auch richtig, dass die Ethik unser Wissen über die Welt in keiner Weise *bereichert*: Sie *steckt* bereits in diesem *drin*. Da sich dies alles sagen lässt, ohne vom Subjekt, von der Unsagbarkeit usw. reden zu müssen, erweist sich die frühe »Ansicht« erneut als verquerer Ausdruck der späten.

Dass die Bedeutung von »gut« an die »Handlung, die es qualifiziert, gefesselt« ist (V 191), macht das Wort »gut« aber nicht mehrdeutig wie das Wort »Bank«. Vielmehr verwenden wir »gut«, »weil es einen Übergang gibt zwischen verschiedenen Dingen, die man ›gut‹ nennt, einen Übergang, der sich womöglich bis hin zu Dingen erstreckt, die keine Ähnlichkeit mit früheren Gliedern der Reihe haben« (V 188). Wenn es einen Übergang geben kann derart, dass nicht alle Glieder der Kette einander ähnlich sein müssen, dann zwingt die Verschiedenheit des Benannten nicht dazu, wenigstens eine Benennung »missbräuchlich« zu nennen. Und das tun wir auch nicht.

So kann man auch folgendem Einwand begegnen: Dass man gut lügen kann, macht Lügen nicht zu etwas Gutem. – Das beweist noch nicht, dass wir es jeweils mit einem Gebrauch und mit einem Missbrauch des Wortes respektive mit zwei Bedeutungen von »gut« zu tun hätten, von denen nur eine moralisch einschlägig ist.[96] Denn erstens ist das Böse des Lügens begrifflich mit der Qualität des Lügens verbunden. Jemand, der so schlecht lügt, dass auf sein Lügen niemand hereinfällt, tut nur dann etwas Böses, wenn ohnehin schon klar ist, dass Lügen böse ist. Aber woran misst man, wenn man sagt, (manche) Lügen für vertretbar zu halten, sei *nur* ein Ausdruck schlechter Gewohnheiten? Zeigt nicht manche Behandlung eines schlechten notorischen Lügners, dass hier Unterschiede bestehen? Manche Behandlung ist viel milder als die übliche eines ziemlich guten notorischen Lügners. Ja, wäre es nicht sogar denkbar, dass man jenen in seinem Lügen mit »Gut!«, im Sinne von »Weiter so!«, ermuntert? Es mag moralisches Glück sein, nur schlecht lügen zu können; aber dann ist es gerade nicht moralisch gleichgültig, wie man lügt.

Um sagen zu können, Lügen sei nichts Gutes, muss Lügen außerdem etwas Gutes sein *können*. Aber dass wir auf manche Lügen nicht reagieren wie auf andere, sie nicht als verwerfliches Tun behandeln, ja dass wir manche Lüge loben, zeigt nicht unbedingt, dass dem auch so ist. Wir bringen einem Kind zuerst bei, dass Lügen böse ist. Dies erfolgt in bestimmten (Arten von) Kontexten. Soweit diese betroffen sind, gilt der Satz kategorisch; in anderen Kontexten nicht. Vielleicht dehnen wir die alte Verwendung auf diese Fälle aus; vielleicht haben wir jetzt zwei Verhaltensweisen; vielleicht entsteht eine neue. So wird der Gebrauch von »gut« außerordentlich komplex, verwachsen mit dem vieler anderer Wörter wie »böse«, »Gesetz«, »Gewissen«, »Schuld«, »Sühne« usw. Insofern schließlich das Leben eines Menschen aus einer Vielzahl verschiedener Seiten besteht, kann eine Seite alle anderen dominieren, also dem Ganzen einen Charakter verleihen, den seine Teile nur als Teile dieses Ganzen haben. Hochmut etwa, meint Wittgenstein, kann wie eine Infektion sein, die nirgendwo sonst lokalisierbar ist als im Ganzen.[97] Das alles zeigt nicht, dass es keinen Unterschied zwischen dem Guten und dem Bösen mehr gibt, sondern nur, dass es keinen Unterschied gibt, der ein für alle Mal feststünde und sich auf eine einfache Formel bringen ließe.

Die Anerkennung einer tatsächlichen (statt nur scheinbaren) Ähnlichkeit zwischen verschiedenem Guten hebt auch die *Dichotomie* von gutem Tennisspieler und guter Person und mit ihr die Annahme des Missbrauchs der Sprache im Fall der ethischen Sätze auf. Der Schein einer Dichotomie entsteht durch ein Übersehen (möglicher) *Zwischenglieder*. Das Gute gehört wieder zur Welt als Ganzes. Wie Emerson auf edle Weise zuspitzt: »Alle Dinge sind moralischer Natur.«[98] Die Idee des Guten als Prädikat des Subjekts statt als einer Eigenschaft der Welt drückt dies metaphysisch verzerrt aus.

5.3 Ethik in den Philosophischen Untersuchungen

In den *Philosophischen Untersuchungen* herrscht, was die Rolle des Wortes »gut« angeht, die reine Not: Von »gut« ist einmal direkt und einmal indirekt die Rede. In beiden Fällen wird jeweils die zuvor skizzierte Gedankenbewegung fortgesetzt, die zudem für die *Untersuchungen* typisch ist.

Indirekt kommt »gut« im zweiten Absatz von § 304 zur Sprache. Dort geht es um die Idee, der zufolge das Paradox, dass es einerseits einen Unterschied zwischen Schmerzbenehmen mit Schmerzen und Schmerzbenehmen ohne Schmerzen gibt, andererseits der Schmerz selbst aber kein Etwas ist, nur verschwindet, »wenn wir radikal mit der Idee brechen, die Sprache funktioniere immer nur auf *eine* Weise, diene immer dem gleichen Zweck: Gedanken zu übertragen – seien diese nun Gedanken über Häuser, Schmerzen, Gut und Böse, oder was immer.« Diese Idee durchzieht, wie gesehen, auch die *Abhandlung*. Gegen sie wird jetzt angedeutet, dass die Verwendung von »gut« nicht immer, falls überhaupt jemals, dem Zweck der Übertragung von Gedanken über Gut und Böse dient. Die nähere Ausführung der in dieser Idee beschlossenen Aufgabe überlässt Wittgenstein dem Leser.

Gleiches gilt für die Idee aus der ersten Bemerkung über »gut«: »Frage dich in dieser Schwierigkeit immer: Wie haben wir denn die Bedeutung dieses Wortes (›gut‹ z.B.) *gelernt*? An was für Beispielen; in welchen Sprachspielen?« (§ 77) In diese »Schwierigkeit« gerät man leicht, wenn man »in der Ästhetik, oder Ethik nach Definitionen sucht, die unseren Begriffen entsprechen« (§ 77):

Eine Definition kann so gut wie eine andere sein. Was aber soll »entsprechen« heißen, wenn man zugleich sagen muss: »›Es stimmt alles – und nichts‹.« (§ 77)? – Hier sollte man sich vor Augen halten, wie die Bedeutung etwa von »gut« *gelernt* wird. – Erneut lässt es Wittgenstein bei der Aufforderung, gibt aber immerhin das allgemeine Ergebnis ihrer Befolgung an: »Du wirst dann leichter sehen, daß das Wort eine Familie von Bedeutungen haben muß.« (Ebd.)

Offensichtlich hängen beide Ideen eng zusammen. Denn wenn man, zuerst jedenfalls, die Sprache so benutzt, wie man gelernt hat, sie zu benutzen – und wie sonst sollte man sie, zumindest anfänglich, benutzen? –, dann erfährt man, indem man der Aufforderung aus § 77 folgt, zu einem gewissen Grade, auf welche Weisen, zu welchen Zwecken usw. man »gut« benutzt.

Im dritten Kapitel wurde das ethische Problem wesentlich mit Kierkegaards Ankündigung des inwendigen Menschen verbunden. Aber die Besorgnis, setzt dieser fort, lässt sich »nicht stillen mit einem näheren oder einem mehr umfassenden Wissen, sie verlangt nach einer anderen Art von Wissen, einem Wissen, welches keinen Augenblick dabei verharrt, ein Wissen zu sein, sondern im Augenblick der Besitzergreifung sich in eine Handlung verwandelt; denn sonst wird es nicht besessen.«[99] Auch wenn der inwendige Mensch nicht (mehr) das Subjekt als Grenze der Welt ist, kann es in der Ethik doch ein *wesentliches* Vorkommen für den Begriff des Individuums geben. Dann aber ist selbst eine übersichtliche Darstellung des Gebrauchs von »gut« und seinen Angehörigen nur begrenzt nützlich, vor allem in destruktiver Hinsicht, also wenn es darum geht, philosophische Antworten auf ihren Gehalt hin zu untersuchen. Wie Wittgenstein gesagt haben soll: »When a man is in deep earnest about what he ought to do then one can see how fantastic what philosophers do, is.«[100] Dem entspricht jene Verweigerung des Urteils ohne Kenntnis des Inneren des Beurteilten. Und wüsste man darum, könnte man, gerade soweit es auf dieses Innere, auf die Besonderheit des Betroffenen ankommt, auch nichts sagen, was von *allgemeiner* Bedeutung wäre. Alles Allgemeine wäre Zufall. – Auch dieser Einsicht entsprechen Wittgensteins frühe »Ansichten« zur Ethik in travestierter Weise. Deshalb spricht auch die Tatsache, dass es von ihm keinen späten *Vortrag über Ethik* gibt, auch nicht dafür, dass Wittgenstein seine Ansichten zur Ethik nicht geändert hätte.

6. Die Philosophischen Untersuchungen

6.1 Das Lernen der Sprache, die Praxis ihres Gebrauchs und »die Methode des § 2«

In § 77 der *Untersuchungen* belässt Wittgenstein es bei der Aufforderung, sich angesichts der Schwierigkeit bei der Suche nach Definitionen in Ethik und Ästhetik zu fragen, wie wir die Bedeutung von »gut« gelernt haben, weil er davor schon an anderen Begriffen gezeigt hat, wie ein Befolgen einer solchen Aufforderung aussieht. Im Zentrum steht dabei zunächst ein Zitat aus Augustinus' *Bekenntnissen* (I/8), mit dem die *Untersuchungen* beginnen:

> Nannten die Erwachsenen irgend einen Gegenstand und wandten sie sich dabei ihm zu, so nahm ich das wahr und ich begriff, daß der Gegenstand durch die Laute, die sie aussprachen, bezeichnet wurde, da sie auf *ihn* hinweisen wollten. Dies aber entnahm ich aus ihren Gebärden, der natürlichen Sprache aller Völker, der Sprache, die durch Mienen- und Augenspiel, durch die Bewegungen der Glieder und den Klang der Stimme die Empfindungen der Seele anzeigt, wenn diese irgend etwas begehrt, oder festhält, oder zurückweist, oder flieht. So lernte ich nach und nach verstehen, welche Dinge die Wörter bezeichneten, die ich wieder und wieder, an ihren bestimmten Stellen in verschiedenen Sätzen, aussprechen hörte. Und

> ich brachte, als nun mein Mund sich an diese Zeichen gewöhnt hatte, durch sie meine Wünsche zum Ausdruck. (§ 1)

Hierzu bemerkt Wittgenstein:

> In diesen Worten erhalten wir, so scheint es mir, ein bestimmtes Bild von dem Wesen der menschlichen Sprache. Nämlich dieses: Die Wörter der Sprache benennen Gegenstände – Sätze sind Verbindungen von solchen Benennungen. – In diesem Bild von der Sprache finden wir die Wurzeln der Idee: Jedes Wort hat eine Bedeutung. Diese Bedeutung ist dem Wort zugeordnet. Sie ist der Gegenstand, für welchen das Wort steht. (§ 1)

Die Ähnlichkeit zur *Abhandlung* ist offensichtlich, nur dass dort eine Betrachtung des Lernens der Sprache fehlt.

Wie die Beschreibung des Lernens jenes Bild in gewisser Weise voraussetzt, so vererbt sich die Plausibilität der Beschreibung auf das Bild und vermittelt darüber auf die Idee der Bedeutung. (Letztere steht also nicht auf derselben Stufe wie Beschreibung und Bild.) Und sicher ist Augustinus' Beschreibung plausibel. Deshalb sind die nächsten beiden Züge in Wittgensteins Eröffnung der *Untersuchungen* wichtig. Der erste besteht in einer Relativierung der Beschreibung: Augustinus spricht nicht von »einem Unterschied der Wortarten«; wer eine solche Beschreibung gibt, denkt wohl in erster Linie an Hauptwörter wie »Tisch«, »Stuhl«, »Brot« und »erst in zweiter Linie an die Namen gewisser Tätigkeiten und Eigenschaften, und an die übrigen Wortarten als etwas, was sich finden wird« (ebd.). Nun soll der Leser an die folgende Verwendung der Sprache denken:

> Ich schicke jemanden einkaufen. Ich gebe ihm einen Zettel, auf diesem stehen die Zeichen: »fünf rote Äpfel«. Er trägt den Zettel zum Kaufmann; der öffnet die Lade, auf welcher das Zeichen »Äpfel« steht; dann sucht er in einer Tabelle das Wort »rot« auf und findet ihm gegenüber ein Farbmuster; nun sagt er die Reihe der Grundzahlwörter – ich nehme an, er weiß sie

> auswendig – bis zum Worte »fünf« und bei jedem Zahlwort nimmt er einen Apfel aus der Lade, der die Farbe des Musters hat. (§ 1)

Diese Beschreibung liefert ein *Beispiel*: »So, und ähnlich, operiert man mit Worten.« (Ebd.) Als Beschreibung steht sie auf einer Stufe mit Augustinus' Worten. Nur ist in Wittgensteins Beschreibung nicht von Gegenständen, Lauten, Gebärden, Intentionen usw. die Rede. Dafür kommt in ihr vor, was in Augustinus' Beschreibung praktisch keine Rolle spielte: Handlungen, im Zuge derer wir die Sprache benutzen. Beschreibt also Augustinus einfach das Lernen der Sprache und Wittgenstein eine Praxis ihres Gebrauchs?

Nun, beide Beschreibungen sind insofern unabhängig voneinander, als die Sprache auch gebraucht werden könnte, ohne dass wir sie zuvor lernen müssten. Sie könnte uns angeboren sein. (Vgl. § 6. Darum *muss* das Fehlen des Lernens in der *Abhandlung* kein Mangel sein.) Trotzdem stehen die Beschreibung des Lernens und die der Praxis des Gebrauchs der Sprache nicht einfach *nebeneinander*. (Insofern hätte es für Wittgenstein aufschlussreich sein können, seine Ausführungen in der *Abhandlung* gegen das Lernen der Sprache zu halten.) Das Lernen der Sprache ist insofern mit der Praxis ihres Gebrauchs verbunden, als diese das *Ziel* von jenem ist. Genau darum stellen sich angesichts von Augustinus' Beschreibung auch die folgenden Fragen: Woher weiß der Kaufmann eigentlich, »wo und wie er das Wort ›rot‹ nachschlagen soll und was er mit dem Wort ›fünf‹ anzufangen hat?« (Ebd.) Denn dass jene Beschreibung in erster Linie für Hauptwörter, zu denen auch das Wort »Apfel« gehört, plausibel ist, bedeutet eben auch, dass sich noch finden muss, was es mit dem Lernen der »Namen gewisser Tätigkeiten und Eigenschaften« und der »übrigen Wortarten« auf sich hat. Aber statt die erste Frage zu beantworten, wischt Wittgenstein sie beiseite: »Nun, ich nehme an, er handelt, wie ich es beschrieben habe. Die Erklärungen haben irgendwo ein Ende.« Und von einer Bedeutung des Wortes »fünf«, fügt er hinzu, »war hier gar nicht die Rede; nur davon, wie das Wort ›fünf‹ gebraucht wird« (ebd.). – Das ist der erste Schritt in der Entwicklung einer Strategie, die inhaltlich wie methodisch den Takt für einen guten Teil der *Untersuchungen* vorgibt.

Der nächste Schritt folgt bereits in § 2. Dort unterscheidet Wittgenstein zwischen, erstens, »einer primitiven Vorstellung von der Art und Weise, wie die Sprache funktioniert« und, zweitens, der »Vorstellung einer primitiveren Sprache, als der unsern« (§ 2). In beiden Vorstellungen findet jener aus Augustinus' Beschreibung »abgeleitete« philosophische Begriff eine Heimat. Eine primitivere Sprache als die unsere ist folgende:

> Denken wir uns eine Sprache, für die die Beschreibung, wie Augustinus sie gegeben hat, stimmt: Die Sprache soll der Verständigung eines Bauenden A mit einem Gehilfen B dienen. A führt einen Bau auf aus Bausteinen; es sind Würfel, Säulen, Platten und Balken vorhanden. B hat ihm die Bausteine zuzureichen, und zwar nach der Reihe, wie A sie braucht. Zu dem Zweck bedienen sie sich einer Sprache, bestehend aus den Wörtern: »Würfel«, »Säule«, »Platte«, »Balken«. A ruft sie aus; – B bringt den Stein, den er gelernt hat, auf diesen Ruf zu bringen. – Fasse dies als vollständige primitive Sprache auf. (§ 2)

Vielleicht ist diese Sprache *zu* primitiv, um wirklich eine Sprache zu sein; aber sie ist jedenfalls *völlig überschaubar*. Damit eignet sie sich für die Zerstreuung jenes Nebels, mit dem »der allgemeine Begriff der Bedeutung der Worte das Funktionieren der Sprache [...] umgibt« (§ 5). Das ist Wittgenstein so wichtig, dass er dieser Methode einen eigenen Namen gibt: »die Methode des § 2«.[101]

Ihre Bedeutung für die *Abhandlung* wird transparent, wenn man sich eine ihrer Anwendungen in den *Untersuchungen* ansieht.

Zur Erinnerung, wegen der Bestimmtheit des Sinns muss die logische Analyse endlich sein. (Das ist *nicht* dasselbe, wie zu sagen, dass Erklärungen irgendwo ein Ende haben.) Am Ende stehen Elementarsätze, deren Bestandteile die nicht weiter zerlegbaren Namen sind. Das Gleiche findet sich entsprechend bei Tatsachen und Gegenständen. – Und hier nun die Anwendung »der Methode des § 2« auf diese Idee:

> Betrachten wir ein Sprachspiel, wofür diese Darstellung wirklich gilt. Die Sprache diene dazu, Kombinationen farbiger Quadrate auf einer Fläche darzustellen. Die Quadrate bilden einen schachbrettförmigen Komplex. Es gibt rote, grüne, weiße und schwarze Quadrate. Die Wörter der Sprache seien (entsprechend): »R«, »G«, »W«, »S«, und ein Satz ist eine Reihe dieser Wörter. Sie beschreiben eine Zusammenstellung von Quadraten in der Reihenfolge

1	2	3
4	5	6
7	8	9

> Der Satz »RRSGGGRWW« beschreibt also z.B. eine Zusammensetzung dieser Art:

R	R	S
G	G	G
R	W	W

> Hier ist der Satz ein Komplex von Namen, dem ein Komplex von Elementen entspricht. [...] »Aber sind diese einfach?« – Ich

> wüsste nicht, was ich in diesem Sprachspiel natürlicher »das Einfache« nennen sollte. (§ 48)

Indem ein Fall konstruiert wird, der *sichtbar* zur *Abhandlung* passt, wird zugleich deutlich, dass diese nicht zu *allem* passt, wozu sie ihrem Anspruch nach passen soll. Die Frage, ob eine gegebene philosophische Darstellung brauchbar oder unbrauchbar ist, stimmt oder nicht, wird nicht in dieser allgemeinen, sondern nur in einer relativierten Form beantwortet: »›Ja, brauchbar; aber nur für dieses eng umschriebene Gebiet, nicht für das Ganze, das du darzustellen vorgabst.‹« (§ 3)

> Unter anderen Umständen aber würde ich ein einfarbiges Quadrat »zusammengesetzt« nennen, etwa aus zwei Rechtecken, oder aus den Elementen Farbe und Form. (§ 48)

Hier tritt das zweite Element »der Methode des § 2« hervor: die Unterscheidung zwischen Einfachem und Komplexem ist bezogen auf bestimmte Zwecke: »Die Sprache *diene* dazu ...«. Aber von einem Zweck, dem die Unterscheidung zwischen Komplexem und Einfachem dienen soll, ist in der *Abhandlung* gar nicht die Rede.

> Aber welches sind die einfachen Bestandteile, aus denen sich die Realität zusammensetzt? – Was sind die einfachen Bestandteile eines Sessels? – Die Stücke Holz, aus denen er zusammengefügt ist? Oder die Moleküle, oder die Atome? – »Einfach« heißt: nicht zusammengesetzt. Und da kommt es darauf an: in welchem Sinne ›zusammengesetzt‹? Es hat gar keinen Sinn von den ›einfachen Bestandteilen des Sessels schlechtweg‹ zu reden. (§ 47)

Sinnvolles Reden von Einfachem und Zusammengesetztem bedeutet *ganz Verschiedenes*. Und dass uns sofort gewisse Beispiele von Zusammengesetztem in den Sinn kommen, bedeutet nicht, dass diese »offenbar und schlechtweg zusammengesetzt« (ebd.) wären. Zwar kann man durchaus sagen, dass ein Schachbrett offenbar und schlechtweg zusammengesetzt ist – solange man eben nicht vergisst, dass das gewöhnlich nicht mehr heißt, als dass es aus 32 schwarzen und 32 weißen Quadraten besteht *und* dass dies nur die Einteilung ist, die einem zuerst in den Sinn kommt, wenn man gefragt wird, ob und wie ein Schachbrett zusammengesetzt ist. Denn wie steht es mit der Zusammensetzung »aus den Farben Weiß, Schwarz und dem Schema des Quadratnetzes« (ebd.)? Man muss sich nur vor Augen halten, wovon und auf welche Weise man sagt, etwas sei zusammengesetzt, um die »Unzahl verschiedener, in verschiedenen Weisen miteinander verwandten, Arten« von Einfachheit und Zusammengesetztheit zu sehen.

> Auf die *philosophische* Frage: »Ist das Gesichtsbild dieses Baumes zusammengesetzt, und welches sind seine Bestandteile?« ist die richtige Antwort: »Das kommt drauf an, was du unter ›zusammengesetzt‹ verstehst.« (Und das ist natürlich keine Beantwortung, sondern eine Zurückweisung der Frage.) (Ebd., vgl. oben das Zitat aus § 3)

So lösen sich Probleme mit dem Zusammengesetztsein der Realität schlechtweg aus schlechthin Einfachem auf. Es hat gar keinen Sinn, von der *Substanz* der Welt als einem absolut Einfachen zu reden, das sich in allem Wandel durchhält und daher nicht entstehen und vergehen kann, von dem wir also auch nicht sagen können, es *sei*, oder auch: es sei nicht, das wir nicht *beschreiben*, sondern nur *benennen* können. Konstruktiv gewendet: Indem man sich mittels der »Methode des § 2« ein klares Bild von dem macht, was einem bei dieser Frage vorschwebt, sieht man zugleich dessen *Besonderheit*, seine *Begrenztheit*; und soweit diese Einsicht dem philosophischen Anspruch zuwiderläuft, ist dieser einfach hohl (vgl. §§ 49ff.).

Man könnte einwenden, man müsse doch »den Zustand beschreiben können, in dem alles, was zerstörbar ist, zerstört ist.

Und in dieser Beschreibung wird es Wörter geben; und was ihnen entspricht, darf dann nicht zerstört sein, denn sonst hätten die Wörter keine Bedeutung.« (§ 55) – Nun, es ist ein Missbrauch, eine Verwechslung, zu sagen, dass ein Name seine *Bedeutung* verliert, wenn das Benannte zerstört wird. »Wenn Herr N.N. stirbt, so sagt man, es sterbe der Träger des Namens, nicht, es sterbe die Bedeutung des Namens. Und es wäre unsinnig, so zu reden, denn hörte der Name auf, Bedeutung zu haben, so hätte es keinen Sinn, zu sagen ›Herr N.N. ist gestorben‹.« (§ 40)

Was wird nun aus der Idee der Analyse? – Ist »Mein Besenstiel mit seiner Bürste daran steht in der Ecke« die *weiter analysierte Form* von »Mein Besen steht in der Ecke«? »Ja, der Besen wird zerlegt, wenn man Stiel und Bürste trennt; aber besteht darum auch der Befehl, den Besen zu bringen, aus entsprechenden Teilen?« (§ 60) Wer sagt, sein Besen stehe in der Ecke, *meint* im Allgemeinen nicht *eigentlich*, sein Besen mit seiner Bürste ... stehe in der Ecke. (Was hieße dann eigentlich »Ecke«?)

Man kann, die Methode des § 2 variierend, sich ein Sprachspiel vorstellen, »in dem jemandem Befehle gegeben werden, gewisse, aus mehreren Teilen zusammengesetzte, Dinge zu bewegen, oder dergleichen. Und zwei Arten, es zu spielen: in der einen (a) haben die zusammengesetzten Dinge (Besen, Stühle, Tische etc.) Namen [...]; in der anderen (b) erhalten nur die Teile Namen und das Ganze wird mit ihrer Hilfe beschrieben.« (Ebd.) In einer offensichtlichen Hinsicht sagen Befehle der Art (a) dasselbe wie solche nach der Art (b). Aber was »dasselbe leisten« heißt, ist nicht unabhängig von den Fällen bestimmt, in denen wir diesen Ausdruck verwenden; und die Fälle sind verschieden. Gleiches gilt für »Zweck«, »Witz« oder »Wesen« einer Sache (vgl. § 62). Der Zweck eines Automobils ist es, seinen Benutzer von A nach B zu bringen? – Ja, nur eben nicht immer, nicht für jeden, nicht für alle Automobile, nicht bei jeder Gelegenheit.

Der Ausdruck aber, ein Satz in (b) sei eine ›analysierte‹ Form eines in (a), verführt uns leicht dazu, zu meinen, jene Form sei die fundamentalere; sie zeige erst, was mit der andern gemeint sei, etc. Wir denken etwa: Wer nur die unanalysierte Form besitzt, dem geht die Analyse ab; wer aber die analysierte Form kennt, der besitze damit alles. – Aber kann ich nicht sagen, daß *diesem* ein Aspekt der Sache verloren geht, so wie jenem? (§ 63)

Geht dem nicht etwas verloren, der eine Nationalflagge nur als aus Farben und Formen bestehend auffasst, aber keinen Sinn hat für den besonderen Charakter ihrer Zusammenstellung? (Vgl. § 64, mit der französischen Trikolore als Beispiel)

Auch wenn die Betrachtung des Gebrauchs von »gut« nicht in allen Punkten derjenigen von »zusammengesetzt« und »einfach« gleicht, liefert diese immerhin einen Ausgangspunkt für jene. Dem korrespondiert dann die Betrachtung des Lernens der Bedeutung von »gut«, denn das Lernen sorgt zumindest zum Teil dafür, dass man dieses Wort auf jene vielfältige Weise verwendet. Es wird also von ähnlicher Mannigfaltigkeit sein. (Zur Mannigfaltigkeit der Sprachspiele vgl. § 23) Die (partielle) Entsprechung der Vielfalt des Lernens und derjenigen der Praxis des Gebrauchs der Sprache ruht darin, dass das Lernen der Bedeutung eines Wortes im Erwerb der Fähigkeit zum Gebrauch des Wortes besteht. Soweit etwa die Sprache des § 2 »die ganze Sprache eines Volksstamms« ist, werden die Kinder »dazu erzogen, *diese* Tätigkeiten zu verrichten, *diese* Wörter dabei zu gebrauchen, und *so* auf die Worte des Anderen zu reagieren« (§ 6). Es wäre *kein* Lernen *dieser* Sprache, wenn es nur darin bestünde, »daß der Lehrende auf die Gegenstände weist, die Aufmerksamkeit des Kindes auf sie lenkt, und dabei ein Wort ausspricht; z.B. das Wort ›Platte‹ beim Vorzeigen dieser Form« (ebd.). Solch »hinweisendes Lehren der Wörter« kann schließlich mit ganz *ver-*

schiedenen Verwendungen eines Wortes einhergehen, auch wenn es natürlich einen *wichtigen* Teil der Abrichtung in Bezug auf die Sprache des § 2 bildet. Aber selbst dort ist solch hinweisendes Lehren nicht ausreichend, denn es geht ja darum, Platten, Balken usw. zu *bringen.*

> »Indem ich die Stange mit dem Hebel verbinde, setze ich die Bremse instand.« – Ja, gegeben den ganzen übrigen Mechanismus. Nur mit diesem ist er der Bremshebel; und losgelöst von seiner Unterstützung ist er nicht einmal Hebel, sondern kann alles Mögliche sein, oder nichts. (§ 6)

Das hinweisende Lehren ist ein *untergeordneter* Teil des Unterrichts.

Freilich kann ein Unterricht auch nur aus hinweisendem Lehren bestehen, also genau das bezwecken, was es bewirkt. Das kann zwar Verschiedenes sein, aber »man denkt wohl zunächst daran, daß dem Kind das Bild des Dings vor die Seele tritt, wenn es das Wort hört. [...] Aber in der Sprache im § 2 ist es *nicht* der Zweck der Wörter, Vorstellungen zu erwecken.« (Ebd.) Das Verstehen der Sprache des § 2 besteht nicht darin, beim Hören eines Wortes diese oder jene Vorstellung zu haben. Und die Sprache des § 2 ist viel eher das, was wir meinen, wenn wir von »Sprache« reden, als jenes »Anschlagen einer Taste auf dem Vorstellungsklavier« (§ 6).

Im Sprachspiel des § 48 kann ein Komplex zwar auch nur aus *einem* Quadrat bestehen, so dass Benennen des Quadrats und Beschreiben des Komplexes zusammenfallen. Aber dass dies ein Grenzfall ist, zeigt eben, dass »Benennen und Beschreiben [...] nicht auf *einer* Ebene [stehen]: Das Benennen ist eine Vorbereitung zur Beschreibung. Das Benennen ist noch gar kein Zug im Sprachspiel, – so wenig, wie das Aufstellen einer Schachfigur ein Zug im Schachspiel. Man kann sagen: Mit dem Benennen eines Dings ist noch *nichts* getan. Es *hat* auch keinen Namen, außer im

Spiel.« (§ 49) Man könnte einwenden, mit dem Benennen eines Dings sei doch *offensichtlich* nicht nichts getan, sondern *etwas*: Dem Ding wurde ein Name gegeben. Aber bin ich dann auch schon dabei, etwas zu tun, wenn ich *angefangen* habe – auch wenn es nichts Bestimmtes ist, womit ich angefangen habe? Kann es zu spät sein, und zwar *einfach zu spät*, also nicht etwa zu spät für das Erreichen des Zuges? Gewiss, im Unterschied zum Anfangen, gibt es ein Sprachspiel des Benennens, ähnlich einem »Umhängen eines Namenstäfelchens« (vgl. §§ 15, 26). Aber das gibt es nur als Verselbständigung eines Tuns wie: Bauen, Beschreiben, Befehlen, Erzählen von Witzen usw. Diese Abhängigkeit übersieht man leicht, und da das Benennen in gewissem Sinne eine Vorbereitung zum Gebrauch der Sprache ist, glaubt man, am Grunde aller Sprache liege das Benennen.

Das überträgt sich auf eine Beschreibung des Lernens wie diejenige von Augustinus: Sie kann *so* nicht stimmen. Frage: Wieso fällt dies dann aber nicht gleich auf? Und was beschreibt Augustinus dann eigentlich? Antwort: Etwas Ähnliches. – »Wer in ein fremdes Land kommt, wird manchmal die Sprache der Einheimischen durch hinweisende Erklärungen lernen, die sie ihm geben; und er wird die Deutung dieser Erklärungen oft *raten* müssen und manchmal richtig, manchmal falsch raten.« (§ 32) Er *kann* sie häufig raten, weil er bereits eine Sprache spricht. Er spricht seine Muttersprache, die zu sprechen er aber gerade nicht so gelernt hat, wie Augustinus das Lernen der Sprache darstellt. »Und nun können wir, glaube ich, sagen: Augustinus beschreibe das Lernen der menschlichen Sprache so, als käme das Kind in ein fremdes Land und verstehe die Sprache des Landes nicht; das heißt: so als habe es bereits eine Sprache, nur nicht diese. Oder auch: als könne das Kind schon *denken*, nur noch nicht sprechen. Und ›denken‹ hieße hier etwas, wie: zu sich selber reden.« (Ebd.)

Hier wird deutlich, warum Wittgenstein vom »hinweisenden Lehren« statt vom »Definieren« oder »hinweisenden Erklären« spricht: »weil ja das Kind noch nicht nach der Benennung *fragen* kann« (§ 6). Dazu müsste es eben schon eine Sprache haben. (Es hilft, als Leser hier den Gedanken zuzulassen: Wem oder wann sagt man so was eigentlich?) – Wie aber kann das Kind die Sprache dann überhaupt lernen? – Das ist die falsche Frage. Die richtige Frage lautet: Wie lernt es sie? Und hier muss man sich nur dessen erinnern, was man schon unzählige Male gesehen hat: Sprechen lernt das Kind zunächst durch *Abrichten.* (Vgl. § 5; für das noch elementarere Vorsagen und Nachsprechen ist dies manchen Leser abschreckende Wort *offensichtlich* am Platz; vgl. § 7.) Abrichtung setzt das Kind in den Stand, nach Erklärungen zu fragen, sie zu verstehen oder den Dingen selbst Namen zu geben usw. Gewiss müssen Kinder sozusagen fähig sein, ihre Aufmerksamkeit auf etwas richten zu lassen, auf bestimmte Gesten in gewisser Weise zu reagieren, sich manches zu merken, für Lohn und Strafe zugänglich zu sein usw., wenn sie die Sprachspiele lernen sollen, die wir nun einmal haben (vgl. § 57). Diese Bedingungen erfüllen Menschen von Natur aus. In *diesem* Sinn ist »die Umgangssprache [tatsächlich] ein Teil des menschlichen Organismus« (4.002).

> Man sagt manchmal: die Tiere sprechen nicht, weil ihnen die geistigen Fähigkeiten fehlen. Und das heißt: »sie denken nicht, darum sprechen sie nicht«. Aber: sie sprechen eben nicht. Oder besser: sie verwenden die Sprache nicht – wenn wir von den primitivsten Sprachformen absehen. – Befehlen, fragen, erzählen, plauschen gehören zu unserer Naturgeschichte so, wie gehen, essen, trinken, spielen. (§ 25)[102]

6.2 Verwandtschaft, Familienähnlichkeit, Exaktheit

Ergebnis der Betrachtung des Lernens der Bedeutung von »gut« soll also sein, dass das Wort »eine Familie von Bedeutungen haben muß« (§ 77). Auch diese Idee haben wir bereits verschiedentlich gestreift, etwa als es um die »Unzahl verschiedener, in verschiedenen Weisen miteinander verwandten, Arten« von Einfachheit und Zusammengesetztheit ging. Ebenso entstehen durch die schrittweise Erweiterung einfacher Sprachspiele um neue Wortarten neue, mit den ursprünglichen verwandte Sprachspiele (vgl. §§ 8 ff., 64).

Die Klarheit, mit welcher hierbei die Unterschiede der Wortarten hervortreten, verhindert jenen Nebel, in den der allgemeine Begriff der Bedeutung der Worte aus § 1 das Funktionieren der Sprache hüllt (vgl. § 5). Zwar spricht auch Wittgenstein in ähnlich allgemeiner Weise, wenn er schreibt, man könne »für eine *große* Klasse von Fällen der Benützung des Wortes ›Bedeutung‹ – wenn auch nicht für *alle* Fälle seiner Benützung – dieses Wort so erklären: Die Bedeutung eines Wortes ist sein Gebrauch in der Sprache. (/) Und die *Bedeutung* eines Namens erklärt man manchmal dadurch, daß man auf seinen *Träger* zeigt.« (§ 43) Aber der Witz jenes allgemeinen Bedeutungsbegriffs ist ja, dass es auf die *Verschiedenheit* des Sprachgebrauchs gerade *nicht* ankommt. Dagegen wird der Begriff des Sprachspiels sozusagen *lose* bestimmt: als eines jener Spiele, »mittels welcher Kinder ihre Muttersprache erlernen« (§ 7), als Vorgang wie das Benennen von Bausteinen oder das Nachsprechen vorgesagter Wörter und schließlich auch als »das Ganze: der Sprache und der Tätigkeiten, mit denen sie verwoben« sind (§ 7), wobei das Wort »Sprach*spiel*« hervorheben soll, »daß das *Sprechen* der Sprache ein Teil ist einer Tätigkeit, oder einer Lebensform« (§ 23).

Man kann natürlich die *Sprechweise* aus § 1 für die Beschreibung der Sprachspiele übernehmen. Man kann etwa sagen, das Wort »Platte« bezeichne den und den Gegenstand. Wenn sonst alles klar ist, kann dies dem Missverständnis vorbeugen, das Wort bezeichne etwa einen Würfel. »Aber dadurch, daß man so die Beschreibungen des Gebrauchs der Wörter einander anähnelt, kann doch dieser Gebrauch nicht ähnlicher werden! Denn, wie wir sehen, ist er ganz und gar ungleichartig.« (§ 10) Deshalb sagt man zunächst einmal *gar* nichts, wenn man *nur* sagt: »jedes Wort der Sprache bezeichnet etwas« (vgl. § 13). Das ist, als würde man sagen: »*Alle* Werkzeuge dienen dazu, etwas zu modifizieren.« Aber »[w]äre mit dieser Assimilation des Ausdrucks etwas gewonnen?« (§ 14) In Wirklichkeit ist

> diesen Erscheinungen gar nicht Eines gemeinsam, weswegen wir für alle das gleiche Wort verwenden, – sondern sie sind mit einander in vielen verschiedenen Weisen *verwandt*. Und dieser Verwandtschaft, oder dieser Verwandtschaften wegen nennen wir sie alle »Sprachen«. (§ 65)

Oder auch »Spiele«: Es gibt Gewinnspiele, aber nicht in allen Spielen geht es um den Sieg; neben Brett-, Ball-, und Kartenspiele gibt es weitere Spiele; zuweilen kommt es auf das Geschick der Spieler an, manchmal wieder nicht; Mannschaftsspielen stehen solche mit einzelnen Spielern gegenüber, manche Spiele spielt man ganz allein; nur einige dienen der Unterhaltung usw. So zeigt sich uns »ein kompliziertes Netz von Ähnlichkeiten, die einander übergreifen und kreuzen. Ähnlichkeiten im Großen und Kleinen.« (§ 66)

Dieses Netz charakterisiert Wittgenstein durch den Ausdruck »Familienähnlichkeiten«: »denn so übergreifen und kreuzen sich die verschiedenen Ähnlichkeiten, die zwischen den Gliedern einer Familie bestehen: Wuchs, Gesichtszüge, Augenfarbe, Gang, Temperament, etc. etc. – Und ich werde sagen: die ›Spiele‹ bilden eine Familie« (§ 67), oder die Zahlenarten und vieles weitere. Deren Verwandtschaften sind unsere Gründe, sie »Zahl« oder »Spiel« zu nennen. Aus alten Spielen machen wir neue, und so dehnen wir den Begriff des Spiels aus, »wie wir beim Spinnen eines Fadens Faser an Faser drehen. Und die Stärke des Fadens liegt nicht darin, dass irgend eine Faser durch seine ganze Länge läuft, sondern darin, daß viele Fasern einander übergreifen.«[103] Man kann dies in folgender Weise übersichtlich darstellen:

Selbst wenn eine Faser durch den ganzen Faden liefe, würde diese nicht seine Stärke ausmachen.

Ein Begriff muss auch nicht die logische Summe aller seiner Teilbegriffe sein. Man *kann* einen Begriff so bestimmen, aber zahllose Begriff *sind* nicht so bestimmt. (Der Begriff des Begriffs ist selbst ein Familienähnlichkeitsbegriff; siehe auch §§ 164, 172ff.) Nicht für jeden denkbaren Fall steht fest, was eine Zahl respektive ein Spiel ist und was nicht. Manches ist ein Spiel, manches nicht, und dazwischen liegt eine Grauzone. Ja, wie sollte denn ein völlig von Regeln begrenztes Spiel ausschauen, eines, »dessen Regeln keinen Zweifel eindringen lassen; ihm alle Löcher verstopfen«? (§ 84, siehe auch §§ 85f.) Kann es denn keinen Zweifel über die *Anwendung* der Regel geben – und dann wieder einen auf der nächsten Stufe usw.? »Es kann leicht so scheinen, als *zeigte* jeder Zweifel nur eine vorhandene Lücke im Fundament; so daß ein sicheres Verständnis nur dann möglich ist, wenn wir zuerst an allem zweifeln, woran gezweifelt werden *kann*, und dann alle diese Zweifel beheben.« (§ 87) Aber wir zweifeln eben nicht. Dass manches ungeregelt ist, stört uns im Allgemeinen nicht (vgl. § 68). »Der Wegweiser ist in Ordnung, – wenn er, unter normalen Verhältnissen, seinen Zweck erfüllt.« (§ 87) Und nicht einmal für alles Normale haben wir eine Regel (vgl. §§ 82f.). Warum auch sollten wir stets Grenzen ziehen? Auch ein undefinierter, unexakter Begriff könnte zu gebrauchen sein. Das bedeutet nicht, dass *alles* erlaubt ist, sondern:

> *Ein* Ideal der Genauigkeit ist nicht vorgesehen; wir wissen nicht, was wir uns darunter vorstellen sollen – es sei denn, du selbst setzt fest, was so genannt werden soll. Aber es wird dir schwer werden, so eine Festsetzung zu treffen; eine, die dich befriedigt. (§ 88)

So wie wir »exakt« gewöhnlich verwenden, hat dieses Wort einfach nicht die Bedeutung, die es haben müsste, damit es ein Einwand schlechthin gegen einen Begriff sein kann, dass er nicht exakt ist.[104] Soweit sich ein Ideal der Genauigkeit bestimmen lässt, macht es unsere gewöhnlichen Begriffe nicht unbrauchbar. Treffen wir eine solche Festsetzung – »läuft sie nicht leer?« (Ebd.)

Sollten wir jemandem erklären, was ein Spiel ist, würden wir Spiele *beschreiben* und hinzufügen: »das, *und Ähnliches*, nennt man ›Spiele‹«. (§ 69; vgl. § 71 ff.) Das Wort »Ähnliches« gibt, erstens, der Erklärung die nötige *Allgemeinheit* und steht, zweitens, für die *Unabgeschlossenheit* des Begriffs »Spiel«. Diese Form der Erklärung ist nicht die sozusagen *zweitbeste*, verglichen mit der Angabe notwendiger und hinreichender Bedingungen; sie ist *vollkommen* in Ordnung.

Ein weiterer Einwand besagt, dass wir gar nicht wissen, was wir mit »Spiel« meinen, wenn dieser Begriff »unbegrenzt« ist.

> – Wenn ich die Beschreibung gebe: »Der Boden war ganz mit Pflanzen bedeckt«, – willst du sagen, ich weiß nicht, wovon ich rede, ehe ich nicht eine Definition der Pflanze geben kann? (§ 70)

Wenn man erklärt, was man meint, indem man zum Beispiel eine Zeichnung macht und hinzufügt, so ungefähr habe der Boden ausgesehen, heißt dies gerade nicht, dass dort »genau *diese* Gräser und Blätter, in diesen Lagen« (ebd.) waren. Ja, selbst eine Fotografie des Bodens zu dem fraglichen Zeitpunkt würde *nicht* zeigen, was man meinte, sondern wäre vielleicht sogar ein schlechteres Mittel der Erklärung.

> – Ist eine unscharfe Photographie überhaupt ein Bild eines Menschen? Ja, kann man ein unscharfes Bild immer mit Vorteil durch ein scharfes ersetzen? Ist das unscharfe nicht oft gerade das, was wir brauchen? (§ 71; vgl. auch §§ 76f.)

Wenn der Zweck bestimmt, was als Bild gilt, dann ist die folgende Frage genau so berechtigt wie die, welche Wittgenstein tatsächlich stellt:

> – Ist eine scharfe Photographie überhaupt ein Bild eines Menschen?

»Was, wenn nicht das?«, möchte man vielleicht entgegnen. – Als unmittelbare Reaktion ist das auch ganz in Ordnung. Nur zeigt uns die Besinnung darauf, dass man manchmal eben gerade *kein* scharfes Bild braucht, dass beide Fragen auf *einer* Stufe stehen. Das wiederum erinnert uns an unser eigentliches Problem: Wir denken beim Ausdruck »Bild eines Menschen« leicht an *bestimmte* Bilder, etwa ein Pass- oder Familienfoto, ohne uns deren Zweckgebundenheit bewusst zu sein (vgl. § 1). Mit der gleichen Natürlichkeit, mit der wir den Ausdruck »Bild eines Menschen« sonst verwenden, verwenden wir ihn auch beim Philosophieren. Nur dass es dabei gar nicht darum geht, ein Passbild zu bestellen, sich damit auszuweisen usw. Was geht zum Beispiel in der Malerei nicht alles als Bild eines Menschen durch! Wir benennen also *ganz Verschiedenes* mit diesem Ausdruck wie auch mit den Wörtern »Spiel«, »Begriff«, »Satz«, »Wort« und vielen weiteren. Sie alle lassen sich mittels Beispielen erklären, die in gewisser Weise verstanden, das heißt: verwendet, werden sollen. Dazu ist es nicht nötig, etwas Gemeinsames in allen Beispielen zu seehen, was immer das im Einzelnen bedeuten mag.[105] Ja, selbst wenn es ein gemeinsames Merkmal gäbe, wäre dies nicht der Punkt. Denn indem wir Beispiele geben, schließen wir ja nicht aus, dass jemand diesen etwas hinzufügt, was jenes Merkmal nicht hat. Man hat eine Erklärung auch nicht dann verstanden, wenn man »einen Begriff des Erklärten im Geiste« (§ 73) hat, sondern wenn man so und so nach ihr handelt: wenn man Spiele von anderen Aktivitäten unterscheiden kann, weiß, wovon in einem Gespräch die Rede ist, auch wenn dabei das Wort »Spiel« nicht fällt, neue Spiele erfinden kann, andere korrigiert, wenn sie vom Brückenbau als einem Spiel sprechen usw.

Dass man keine Definition geben kann, bedeutet nicht, dass man zwar *weiß*, aber nicht *sagen* kann, was etwas ist. Soweit unser Wissen sich in den Erklärungen ausdrückt, die wir geben könnten, drückt es sich dort *ohne Rest* aus. Soweit dieser Ausdruck unscharf ist, gibt es auch nicht *ein* scharfes Bild, das dem Ausgedrückten entspräche, sondern *viele* oder *gar keine* (vgl. § 75ff.).

> Denn denk dir, du solltest zu einem verschwommenen Bild ein ihm ›entsprechendes‹ scharfes entwerfen. In jenem ist ein unscharfes rotes Rechteck; du setzt dafür ein scharfes. Freilich – es ließen sich ja mehrere solche scharfe Rechtecke ziehen, die dem unscharfen entsprächen. – Wenn aber im Original die Farben ohne die Spur einer Grenze ineinanderfließen, – wird es dann nicht eine hoffnungslose Aufgabe werden, ein dem ver-

> schwommenen entsprechendes scharfes Bild zu zeichnen? (§ 77)

Hier »stimmt alles – und nichts« (ebd.). – Das ist eben die Lage, in welcher sich Ästhetiker und Ethiker finden, wenn sie nach Definitionen für unsere Begriffen suchen.[106]

Auch dass man einen Namen ohne feste Bedeutung gebraucht, »tut seinem Gebrauch so wenig Eintrag, wie dem eines Tisches, daß er auf vier Beinen ruht, statt auf dreien, und daher unter Umständen wackelt« (§ 79). Man kann natürlich in eine Situation geraten, die einen sprachlos macht. Dort steht z.B. ein Sessel, aber er entschwindet dem Blick, wenn man hingehen und ihn holen will. Es war also nur eine Täuschung. Aber jetzt ist der Sessel wieder da. War also sein Verschwinden eine Täuschung? Doch jetzt verschwindet er erneut ... – Was sollen wir hier sagen? Wissen wir nicht, was ein Sessel ist, weil wir nicht für alle Fälle des Gebrauchs von »Sessel« Regeln haben? (Vgl. § 80)

> Sage, was du willst, solange dich das nicht verhindert, zu sehen, wie es sich verhält. (Und wenn du das siehst, wirst du manches nicht sagen.) (§ 79)

6.3 Die Tiefe der Philosophischen Untersuchungen, und ihre Form

Im »Vortrag über Ethik« heißt es, wir verwendeten manche Ausdrücke einerseits in einem »hausbackenen oder relativen Sinn, andererseits im ethischen oder absoluten Sinn«, wobei mit dem hausbackenen Sinn »keine schwierigen oder tiefen Probleme« einhergehen (VüE, 11 f.) – Die Idee der Familienähnlichkeit ist *absolut* hausbacken. Sind die *Untersuchungen* also ohne *Tiefe*?

> Hier stoßen wir auf die große Frage, die hinter allen diesen Betrachtungen steht. – Denn man könnte mir nun einwenden:

»Du machst dir's leicht! Du redest von allen möglichen Sprachspielen, hast aber nirgends gesagt, was denn das Wesentliche des Sprachspiels, und also der Sprache, ist. Was allen diesen Vorgängen gemeinsam ist und sie zur Sprache, oder zu Teilen der Sprache macht. Du schenkst dir also gerade den Teil der Untersuchung, der dir selbst seinerzeit das meiste Kopfzerbrechen gemacht hat, nämlich den, die *allgemeine Form des Satzes* und der Sprache betreffend.« (§ 65)

Hierauf erwidert Wittgenstein: »Und das ist wahr. – Statt etwas anzugeben, was allem, was wir Sprache nennen, gemeinsam ist, sage ich, es ist diesen Erscheinungen gar nicht Eines gemeinsam [...].« Die *Form* dieser Antwort kennen wir inzwischen: Im Vergleich zur *Abhandlung* macht Wittgenstein es sich leicht; aber was er dort erreichen wollte, ist, wie sich zeigte, nicht zu haben. – In diesem Sinne geht es nach wie vor um Folgendes:

Meine ganze Aufgabe besteht darin, das Wesen des Satzes zu erklären.

Das heißt, das Wesen aller Tatsachen anzugeben, deren Bild der Satz ist.

Das Wesen allen Seins angeben. (TB, 22.1.1915)

In dem Maße, in welchem die Idee der Familienähnlichkeit die Alternative zur Idee der allgemeinen Form des Satzes ist, vererbt sich die *Bedeutung* dieser Idee auf jene. Das sollte gerade wegen des hausbackenen Charakters der Ausführungen zur Familienähnlichkeit ein *Fortschritt* sein. Der jedoch wird als solcher nur erkennbar, soweit klar ist, was an der frühen Auffassung vom Wesen der Sprache, und damit an der frühen *Denkweise* selbst, schief ist. Wäre dies aber so offensichtlich, wie es die Familienähnlichkeiten sind, wäre es gerade *nicht* angebracht, sich jene »große Frage« vorzuhalten.

Andererseits geht es mit dieser Frage auch um das, was vielen Lesern der *Abhandlung* die größten Probleme bereitet: dass ihre

Sätze Unsinn sein sollen. Denn wird nicht in der *Abhandlung* das Wesen der Sprache offengelegt? So bedroht die »große Frage« alles in den *Untersuchungen* Errungene in gleichem Maße, in dem die Einsicht in die Unsinnigkeit der *Abhandlung* schwerfällt.

Das Problem selbst ist darum schon vor § 65 virulent. Nehmen wir die Fragen nach den einfachen Bestandteilen, »aus denen sich die Realität zusammensetzt« (§ 47). Wittgensteins Ergebnis ist, dass es gar keinen Sinn hat, von den »einfachen Bestandteilen ...« schlechtweg zu reden. So aber implodiert die *Abhandlung*. – Aber warum soll, was für einen Sessel gilt, auch für die Realität gelten? Ja, wie kann etwas so Profanes wie ein *Sessel* Muster für so etwas Bedeutsames wie die *Realität* sein?

Auch gibt Wittgenstein im § 14 gar keine Antwort auf die von ihm selbst aufgeworfene Frage, was mit einer Assimilation des Ausdrucks gewonnen wäre, die darin bestünde, die Beschreibung der Sprache auf die Form »Dieses Wort bezeichnet ...« zu bringen. Das aber ist doch gerade der Punkt des alten Bildes vom Wesen der Sprache: dass jedes Wort etwas bezeichnet (oder benennt, wie es in § 1 heißt)! – Natürlich macht dies die Sprachspiele einander nicht ähnlicher, aber nur an der Oberfläche! Und soll man wirklich glauben, das Wesen der Sprache und mit ihr des Denkens und der Welt zeige sich an einer Sprache wie der des § 2? Welcher Unterschied könnte größer sein als der zwischen diesen mit Würfel, Säule, Platte und Balken Bauenden und uns, die wir fähig sind, vom gestirnten Himmel über uns und dem moralischen Gesetz in uns ergriffen zu werden?

Hier kommt die im fünften Kapitel berührte Absicht Wittgensteins ins Spiel, den Anschein von *Wichtigkeit*, der bestimmte Wörter umgibt, zu zerstören (vgl. V 160). Der Verlust seiner Aura ist für das Wort »Realität« der Verlust seiner Immunität gegenüber Fragen wie: »In welchem Sinn zusammengesetzt?« – Wenn aber alles auf einer Stufe steht, wenn es keine *Kategorien*, im Unterschied zu (einfachen) Begriffen, mehr gibt, wo bleibt dann das *Erhabene* an der Philosophie, ihre *Tiefe*, ihr *Grundsätzliches, Letztinstanzliches*? Und soweit die Philosophie durch ihre Erhabenheit – über den Alltag, die Wissenschaften usw. – gekennzeichnet ist, wo bleibt sie selbst? Verschwindet denn mit dem *Zurückweisen* philosophischer Fragen wie in den §§ 3, 14, 47 auch schon das *Problem*?

Wenn es keine Wörter von besonderer Wichtigkeit gibt, sind wir einfach »in der Täuschung, das Besondere, Tiefe, das uns Wesentliche unserer Untersuchung liege darin, daß sie das unvergleichliche Wesen der Sprache zu begreifen trachtet. D.i., die Ordnung, die zwischen den Begriffen des Satzes, Wortes, Schließens, der Wahrheit, der Erfahrung, u.s.w. besteht. Diese Ordnung ist eine *Über*-Ordnung zwischen – sozusagen – *Über*-Begriffen.« (§ 97; vgl. auch § 192) Die Tiefe liegt andernorts!

Unter einen Über-Begriff muss nicht alles, unter Umständen auch gar nichts von dem fallen, was unter den gewöhnlichen Begriff fällt. Nehmen wir den Begriff des Namens. Man ist leicht »versucht, gegen das, was gewöhnlich ›Name‹ heißt, einen Einwand zu machen; und den kann man so ausdrücken: *daß der Name eigentlich Einfaches bezeichnen soll*« (§ 39). Einfaches kann nicht zerstört werden, z.B. nicht in seine Bestandteile zerlegt werden. (Es hat keine; hätte es welche, wäre es nicht einfach, sondern zusammengesetzt, egal wie fest.) Wenn es aber, begrifflich gesehen, nicht zerstört werden kann, muss das durch den Namen Benannte existieren. Also hat der Name immer Bedeutung. Was wir gewöhnlich »Name« nennen – »Cäsar«, »Nothung«, »Eiffelturm« usw. – benennt dagegen nichts Einfaches, sondern steht für einen Komplex, dessen *letzte* Bestandteile von *wirklichen* Namen benannt werden. Gewöhnliche Namen sind Komplexe aus, letztlich, eigentlichen Namen. Nun scheint das Wort »dieses« *nie* ohne einen Träger sein zu können. Es wäre also »der *eigentliche* Name«, und alles, was gewöhnlich »Name« genannt wird, wäre dies »nur in einem ungenauen, angenäherten Sinn« (§ 38). Etwas, das wir gewöhnlich gerade *nicht* »Name« nennen, erweist sich als der *eigentliche* Name. So wird aus einer Ordnung zwischen Begriffen eine Über-Ordnung zwischen Über-Begriffen. Diese rührt von einer Tendenz her, »die Logik unserer Sprache zu sublimieren – wie man es nennen könnte« (§ 38; vgl. auch §§ 89, 94).

Mit der Verwendung des Wortes »sublimieren« spielt Wittgenstein mit einer Doppeldeutigkeit: Es steht sowohl für »reinigen« wie auch für »erheben«. In der Philosophie nehmen beide Wörter einen absoluten Sinn an und fallen so in gewisser Weise zusammen. Das Reine ist zugleich das Erhabene. Der eigentliche Name ist etwas derart Reines. Ebenso der wirkliche Satz, das wahre Denken, die Welt und anderes mehr. »Es verhält sich so und so« ist die allgemeine Form des Satzes ungeachtet dessen, dass wir im Alltag Gebilde mit allen möglichen Formen »Satz« nennen, wie auch »Gegenstand«, »Tatsache«, »Substanz«, »Erfahrung« usw.

Man *könnte* jene Tendenz eine zur Sublimierung nennen, nennt sie also nicht einfach so, weil ja das Wort »sublimieren« bereits eine Bedeutung hat, genauer sogar mehrere. In Bezug auf das Reinigen steht seine chemische Bedeutung Pate für die Idee der logischen Analyse. Wenn Wittgenstein jetzt von sich sagt, er führe »die Wörter von ihrer metaphysischen, wieder auf ihre alltägliche Verwendung zurück« (§ 116), dann nimmt er auch diese Sublimierung der Logik unserer Sprache zurück. Damit eröffnet sich am Ende die Aussicht auf die »eigentliche Entdeckung«, welche »die Philosophie zur Ruhe bringt, so daß sie nicht mehr von Fragen gepeitscht wird, die *sie selbst* in Frage stellen« (§ 133), wie es etwa am Ende der *Abhandlung* geschieht.

Entsprechend der zweifachen Bedeutung von »sublimieren« geschieht die Rückführung der Wörter im Zuge der – und nicht etwa zusätzlich zur – Befolgung der Forderung »Zurück auf den rauhen Boden!« (§ 107), also durch eine Drehung der Betrachtung »um unser eigentliches Bedürfnis als Angelpunkt« (§ 108). Aber auch wenn wir »von dem räumlichen und zeitlichen Phänomen der Sprache [reden]; nicht von einem unräumlichen und unzeitlichen Unding« (ebd.), bleibt es dabei: »Die Philosophie ist keine der Naturwissenschaften.« (4.111; vgl. auch 6.53). Denn wir reden jetzt von der Sprache »so, wie von den Figuren des Schachspiels, indem wir Spielregeln für sie angeben, nicht ihre physikalischen Eigenschaften beschreiben. (/) Die Frage ›Was ist eigentlich ein Wort?‹ ist analog der ›Was ist eine Schachfigur?‹« (§ 108; vgl. §§ 81ff., 89ff., 109)

Die Zurückführung der Wörter von ihrer metaphysischen auf ihre alltägliche Verwendung rechtfertigt sich eben dadurch, dass »die Worte ›Sprache‹, ›Erfahrung‹, ›Welt‹, wenn sie eine Verwendung haben, eine so niedrige haben müssen, wie die Worte ›Tisch‹, ›Lampe‹, ›Tür‹.« (§ 97) Haben aber *alle* Wörter eine gleich »niedrige« Verwendung, dann hat *kein Wort* eine niedrige Verwendung, denn es fehlt der notwendige Gegensatz, das Hohe (oder eben Tiefe). – Hier wird nicht einfach Satz 6.4 wiederholt, wonach alle Sätze gleichwertig sind. Denn wenn alle Verwendungen *als solche* auf gleicher Stufe stehen, kann es gerade deshalb *tatsächlich* Hohes und Tiefes, Niedriges und Flaches geben! Das Hohe ist hoch, das Tiefe tief usw. in genau dem Sinn, in dem wir *diese* Wörter gewöhnlich verwenden. Die frühe Unterscheidung zwischen Sinn und Unsinn ist nicht einfach *falsch*. Es *verzerrt* die Dinge, etwas deshalb »Unsinn« zu nennen, weil es nicht zu einer vorgefassten Ansicht dessen passt, was den Satzsinn auszeichnet. Man kann auch zwischen einer relativen und einer absoluten Bedeutung von »gut« unterscheiden und das moralisch vom technisch Guten trennen. Nur ist dieser echte Unterschied kein *an sich* wichtiger, der die (vorläufige) Redeweise vom Relativen und Absoluten rechtfertigen würde. Aber er ist auch nicht nur *für uns* wichtig. Der Unterschied zwischen dem, was an sich wichtig ist, und dem, was es für uns ist, ist selbst nicht absolut – könnte man sagen, wenn man sagen könnte, was ein absoluter Unterschied in jenem selbst absoluten, weil angeblich philosophischen Sinn ist. (Was ist denn, genau genommen, eine Über-Ordnung? Was sind eigentlich Über-Begriffe? – dies zeigt die Wichtigkeit des »sozusagen« in § 97.) – So nimmt jene »große Frage« aus § 64 folgende Form an:

> Woher nimmt die Betrachtung ihre Wichtigkeit, da sie doch nur alles Interessante, d. h. alles Große und Wichtige, zu zerstören scheint? (Gleichsam alle Bauwerke; indem sie nur Steinbrocken und Schutt übrig läßt.) Aber es sind nur Luftgebäude, die wir zerstören, und wir legen den Grund der Sprache frei, auf dem sie standen. (§ 118)

Die Schwierigkeit ist hier: Was heißt bei *Luft*gebäuden »ihren *Grund* freilegen«? – Nun, die »Ergebnisse der Philosophie«, wie sie Wittgenstein jetzt betreibt, sind zwar »die Entdeckung irgend eines schlichten Unsinns«, aber es sind eben »Beulen, die sich der Verstand beim Anrennen an die Grenze der Sprache geholt hat« (§ 119). So lassen uns die Beulen »den Wert jener Entdeckung erkennen« (ebd.). Das wirft ein Licht auf den Versuch, das Wesen der Welt aufzudecken. Beulen holt man sich, wenn man eine bestimmte Vorstellung vom Wesen einer Sache hat, dem, was diese *an sich ist*, oder auch: der Form der Definition ihres Begriffs (vgl. 3.25-3.263). Auch das Wort »Wesen« steht nicht für einen Über-Begriff (und auch nicht das Wort »Unsinn«).

Zwar führt auch für die *Abhandlung* der Weg zur Erkenntnis des Wesens über die Umgangssprache. Aber dass logische Konstanten nicht vertreten und darum auch »die *Logik* der Tatsachen sich nicht vertreten« lässt, sondern zeigt, sich ausdrückt, geht als Grundgedanke dem Ganzen logisch *voraus*. Was aber besagt er dann? Denn dass es »menschenunmöglich« ist, die Sprachlogik unmittelbar aus der Umgangssprache zu entnehmen (T 4.002, 4.0031), kann Verschiedenes heißen:

> daß sie nichts *Sichtbares* ist, sondern unter der Oberfläche der Phänomene liegt,

oder auch,

> daß es (uns) an einer Übersicht über dieselben mangelt.

Die erste Deutung ist, alles in allem, die der *Abhandlung*. Sie führt zu dem Bild, dass die Sprache den Gedanken *verkleidet*, und »zwar so, daß man nach der äußeren Form des Kleides, nicht auf die Form des bekleideten Gedankens schließen kann; weil die äußere Form des Kleides nach ganz anderen Zwecken gebildet ist als danach, die Form des Körpers erkennen zu lassen« (4.002). Zugleich aber ist der Gedanke der sinnvolle Satz (4) und ist die Sprache die »Gesamtheit der Sätze«. Der Widerspruch löst sich scheinbar auf, wenn die Sprache, die den Gedanken verkleidet, die »Umgangssprache« (4.002) ist – und Umgangssprache und Sprache so zueinander in Beziehung stehen wie Name und »eigentlicher Name« (§ 38). Indem wir von der äußeren Form des Kleides absehen, sehen wir in gewisser Weise vom Gebrauch der Sprache selbst ab, genauer von dem, was diesen *als Gebrauch* auszeichnet: Wir sublimieren die Sprachlogik. Der Grundgedanke soll uns unter die Oberfläche, durch die Phänomene sehen lassen. Dieses Sehen ist also eigentlich ein Denken.

5.551 Unser Grundsatz ist, daß jede Frage, die sich überhaupt durch die Logik entscheiden läßt, sich ohne weiteres entscheiden lassen muß.

(Und wenn wir in die Lage kommen, ein solches Problem durch Ansehen der Welt beantworten zu müssen, so zeigt dies, daß wir auf grundfalscher Fährte sind.)

Wenn dagegen die neue Devise lautet: »denk nicht, sondern schau!« (§ 66, vgl. auch § 143), muss das Wesen etwas sein, »was schon offen zutage liegt und was durch Ordnen *übersichtlich* wird«; es kann nicht »*unter* der Oberfläche« liegen; nichts »im Innern [...], was wir sehen, wenn wir die Sache durchschauen, und was eine Analyse hervorgraben soll« (§ 92).

> Der Begriff der übersichtlichen Darstellung ist für uns von grundlegender Bedeutung. Er bezeichnet unsere Darstellungsform, die Art, wie wir die Dinge sehen. (Ist dies eine ›Weltanschauung‹?) (§ 122)

Die Unmöglichkeit der unmittelbaren Entnahme der Sprachlogik aus der Umgangssprache ist nicht einfach das Gegenteil der Sichtbarkeit der Logik, sondern ihres verengten Verständnisses.

Auch wenn es der Grammatik unserer gewöhnlichen Sprache an Übersichtlichkeit fehlt, wissen wir, wie wir im Alltag zu reden haben. (Ausnahmen stützen kein Gegenargument, siehe unten.) Wir können die Grammatik unserer Sprache nur häufig nicht gleich angeben, wenn wir nach ihr gefragt werden. (Das ist keine Folge oder Wirkung jenes Mangels; dieser liegt auch im Auge des Betrachters.) Insofern kann man sowohl im Rahmen der *Abhandlung* als auch der *Untersuchungen* sagen, dass wir wissen, wie es um die Grammatik steht, und es zugleich nicht wissen: Wir wissen es, sozusagen, »wenn uns niemand fragt«, wissen es aber nicht mehr, »wenn wir es erklären sollen« (§ 89). Insofern hat ein philosophisches Problem »die Form: ›Ich kenne mich nicht aus.‹« (§ 123; vgl. auch § 203) Wir haben gesehen, was dies in der *Abhandlung* heißt. Für die *Untersuchungen* gilt:

> Die fundamentale Tatsache ist hier: daß wir Regeln, eine Technik, für ein Spiel festlegen, und daß es dann, wenn wir den Regeln folgen, nicht so geht, wie wir angenommen hatten. Daß wir uns also gleichsam in unsern eigenen Regeln verfangen. (/) [...] Die bürgerliche Stellung des Widerspruchs, oder seine

Stellung in der bürgerlichen Welt: das ist das philosophische Problem. (§ 125, vgl. auch § 97)

Diese Regeln sind nicht jene enorm komplizierten stillschweigenden Abmachungen (vgl. 4.002). Die Regeln können einfach, die Abmachungen müssen nicht stillschweigend sein, es muss nicht einmal immer eine Abmachung vorliegen. – Das ist der Grund der Luftgebäude, den Wittgenstein freilegen will, so dass man sieht, dass es nur Luftgebäude sind.

Die Tatsache, dass wir uns in den selbst festgelegten Regeln verfangen, ist fundamental in dem Sinn, dass im Rahmen *philosophischer* Untersuchungen nicht hinter sie zurückgegangen werden kann. Was etwa hinter ihr liegt, geht die Philosophie nichts an. Es hat nichts mit dem *philosophischen* Problem zu tun. Dieses wird nicht mittels einer *Erklärung* behoben, sondern durch jene *übersichtliche Darstellung*. Die *Abhandlung* bietet darum nicht einfach eine falsche Lösung philosophischer Probleme an, sondern eher eine verzerrte. In der Tat sind »[a]lle Sätze unserer Umgangssprache [...], so wie sie sind, logisch vollkommen geordnet«. Nur liegt das schlicht daran, dass sie selbst das Maß der Ordnung abgeben. Man suche, wie Goethe sagt, »nur nichts hinter den Phänomenen: sie selbst sind die Lehre«[107]. Und soll sich jene fundamentale Tatsache nicht ebenso beschreiben lassen wie jede andere Tatsache auch? Wenn doch »Beschreibung einer Tatsache« nicht mehr den Nimbus eines Höheren Unternehmens hat!

Soweit das philosophische Problem aus (den Versuchen) der Befolgung von Regeln des Sprachgebrauchs erwächst, darf die Philosophie »den tatsächlichen Gebrauch der Sprache in keiner Weise antasten, sie kann ihn am Ende also nur beschreiben« (§ 124). Wenn jedoch, in Form einer Übersicht, Klarheit darüber besteht, wie es zum Problem kommt, bedarf es jener Änderung schon nicht mehr. Denn dann kennen wir uns ja aus. Die Philosophie kann den Gebrauch aber auch nicht begründen, denn entweder hält sie sich an das, was man gewöhnlich »begründen« nennt – und dann kann sie als Grund wieder nur etwas bereits Anerkanntes anführen, ist also keine Philosophie mehr –, oder sie hält sich nicht daran – und dann begründet sie auch nichts. (Auch hier besteht *Ähnlichkeit* zur *Abhandlung*.) Es braucht auch keine Begründung, denn die Sprache ist nicht in dem Sinne begründet, in dem sie es sein müsste, sollte die Philosophie diese Begründung antasten können. Anders gesagt, die Sprache ruht nicht auf *vorgängiger Einsicht in das Wesen der Dinge*, die, wie viele Einsichten, verbessert werden könnte. Die Philosophie expliziert nicht etwas, was implizit schon da ist – *und* wesentlich wahr oder falsch sein kann. Sonst könnte man von ihr nicht sagen, sie läge *»vor* aller Erfahrung« (§ 97), sei *»vor* allen neuen Entdeckungen und Erfindungen möglich« (§ 126). Also lässt die Philosophie alles, wie es ist (vgl. § 124). Indem sie dies aber in übersichtlicher Weise tut, verschwindet, in vielen Fällen, auch das philosophische Problem.

Wenn wir Regeln festlegen und es dann nicht so geht, wie wir gedacht haben, führt dies natürlich häufig dazu, dass wir die Regeln aufgeben, ändern oder gänzlich neue Regeln aufstellen. (Lebensformen verändern sich.) Die Philosophie kann hier praktisch nützlich sein, indem sie die Verwirrung, welche der alte Zustand mit sich bringt, durch das Erlangen einer Übersicht behebt. Eine Regeländerung kann auch dann sinnvoll sein, wenn das philosophische Problem schon verschwunden ist. – Lichtenberg etwa hat einmal gefordert, man solle nicht mehr sagen »ich denke« oder »du denkst«, sondern »es denkt«, wie man auch sagt »es regnet«. Diese neue Sprechweise schickt einen nicht so leicht auf die Suche nach etwas Denkendem. Aber um diesen Vorschlag vorbringen zu können, muss man das Irreführende an der alten Sprechweise schon kennen. Dann aber ist es nicht mehr irreführend, sondern wie ein offenbartes Geheimnis.

Indem das Sich-Verfangen in den eigenen Regeln eine *fundamentale* Tatsache ist, haben die philosophischen Probleme zugleich »den Charakter der Tiefe«: »Es sind tiefe Beunruhigungen; sie wurzeln so tief in uns, wie die Formen unserer Sprache, und ihre Bedeutung ist so groß, wie die Wichtigkeit unserer Sprache.« (§ 111) *Wie* tief wurzeln die Formen unserer Sprache in uns? Wie *groß* ist ihre Bedeutung? – Sie wurzeln so tief ins uns, dass man sie nicht ausreißen kann, ohne das, worin sie wurzeln, wesentlich zu verändern: unsere *Lebensform*. Denn »eine Sprache vorstellen heißt, sich eine Lebensform vorstellen«[108]. »Das Hinzunehmende, Gegebene – könnte man sagen – seien *Lebensformen.*«

Dies wirft ein Licht auf das Mystische. Der Verweis auf den *Gebrauch* der Sprache ist *kein* auszeichnendes Merkmal des späten Wittgenstein. Der Unterschied liegt vielmehr in der *Art* des Verweises, in seiner *Rolle*. Der Witz der Rückführung der »Wörter von ihrer metaphysischen [...] auf ihre alltägliche Verwendung« (§ 116) besteht darin, das Studium des normalen Sprachgebrauchs nicht mehr als *wertvoll* zu betrachten (vgl. 6.211) – denn hierzu braucht man ja ein vom Gebrauch selbst *unabhängiges Kriterium*, an welchem man den (größeren oder geringeren) Wert dieses Studiums messen kann. Das Mystische liefert uns kein solches Kriterium, aber die Gewissheit, dass es eines geben muss, dass es also mit dem, was hier und jetzt geschieht, nicht getan ist. (Und das ist richtig – nur eben nicht im Sinn der *Abhandlung*.) Stattdessen ist die Betrachtung des Gebrauchs jetzt *selbst das Kriterium*! Das Wesen ist nichts Unvergleichliches; es so zu sehen ist vielmehr einer der »schweren Irrtümer« (PU, S. 743), die in Wittgensteins erstem Buch niedergelegt sind.

Die Änderung der Auffassung die Tiefe oder Erhabenheit der Philosophie betreffend zeigt sich auch an deren Gegenteil: »Warum empfinden wir einen grammatischen Witz als *tief*? (Und das ist ja die philosophische Tiefe.)« (§ 111)[109] Die Philosophie ist wahrhaftig durch ihre Tiefe – oder eben auch Erhabenheit – gekennzeichnet. Nur ist diese Tiefe von anderer Art, als Wittgenstein ursprünglich gedacht hat. Sie ist derart, dass § 111 auf einen Weg hinweist, auf dem sich dieses Tiefe offenbart. Die *Untersuchungen* sind, entsprechend der hier skizzierten Deutung, voller verkappter Komik und somit umgekrempelter Mystik.

Zur Form der Untersuchungen

Auch so sind die *Philosophischen Untersuchungen* ein ungewöhnliches Buch. Sie bestehen aus 693 nummerierten und einigen Randbemerkungen. Die Bemerkungen sind von verschiedener Länge, manche bestehen aus nur einem Satz, andere reichen über mehrere Seiten. Häufig bilden mehrere aufeinanderfolgende Bemerkungen einen Gedankengang. Aber immer wieder gibt es auch thematische Sprünge, Einschübe, ein Wiederaufgreifen früherer Ausführungen bzw. einen Verweis auf spätere. Es wird eine Vielzahl von Themen berührt, und nicht immer ist klar, wie deren Behandlung jeweils zusammenhängt. Wittgenstein schreibt im Vorwort, es sei von Anfang an seine Absicht gewesen, »alles dies einmal in einem Buche zusammenzufassen, von dessen Form ich mir zu verschiedenen Zeiten verschiedene Vorstellungen machte. Wesentlich aber schien es mir, daß darin die Gedanken von einem Gegenstand zum andern in einer natürlichen und lückenlosen Folge fortschreiten sollten. (/) Nach manchen mißglückten Versuchen, meine Ergebnisse zu einem solchen Ganzen zusammenzuschweißen, sah ich ein, daß mir dies nie gelingen würde. Daß das Beste, was ich schreiben konnte, immer nur philosophische Bemerkungen bleiben würden; daß meine Gedanken bald erlahmten, wenn ich versuchte, sie, gegen ihre natürliche Neigung, in *einer* Richtung weiterzuzwingen.« Die natürliche Neigung von *Wittgensteins* Gedanken steht jedoch der Form einer lückenlosen Folge der Gedanken nicht einfach entgegen. Sondern dies »hing freilich mit der Natur der Untersuchung selbst zusammen. Sie nämlich zwingt uns, ein weites Gedankengebiet, kreuz und quer, nach allen Richtungen hin zu durchreisen.« (PU, S. 741 f.) Also drückt die natürliche Neigung von Wittgensteins Gedanken zu einem gewissen Grade die Natur der Untersuchung aus und muss jene ideale Form, wie wir sie von vielen philosophischen Werken kennen, der Natur der Untersuchung partiell auch zuwiderlaufen. Je enger die natürliche Neigung von Wittgensteins Gedanken mit der Natur der Untersuchung verbunden ist, umso weniger wird man sagen können, Wittgensteins Art der Darstellung sei einfach ein Ausdruck seines Temperaments oder gar eine Geschmacksfrage. (Eher schon handelt es sich um eine ästhetische Frage.) Und in dem Maße, in dem Wittgenstein »gern ein gutes Buch hervorgebracht [hätte]«, es aber seinem eigenen Urteil nach »nicht so ausgefallen [ist]« (PU, S. 744), war ihm die Art, in der es nun einmal ausgefallen ist, eben auch nicht recht. Es wäre übertrieben, würde man sagen, die Form der *Untersuchungen* sei die allein für Wittgensteins Untersuchungen angemessene Form. Aber es hieße, Wittgensteins Fähigkeiten zu unterschätzen, hielte man jene Form einfach nur für eine Idiosynkrasie.

Das häufige Springen zwischen »Themen« in den *Untersuchungen* hängt auch zusammen mit der Familienähnlichkeit der Dinge und verbindet die vom Philosophen geforderte *Allgemeinheit* (oder *Abstraktheit*) mit Gerechtigkeit für das Einzelne. Wenn eine Erklärung mittels Angabe von Beispielen und der Klausel »und ähnliches« völlig in Ordnung sein kann, dann ist die richtige Methode der Philosophie eben nicht die allgemeiner Ausführungen. Wenn die Beschreibung ihr Licht von den philosophischen Problemen empfängt (vgl. § 109), die Probleme aber allgemein formuliert werden, lässt dies den Text als sprunghafter erscheinen, als er wirklich ist.

Etwas Ähnliches gilt für die Mehrstimmigkeit der *Untersuchungen*, wobei nicht immer klar ist, wie viele Stimmen gerade im Spiel sind und welche gewissermaßen das letzte Wort hat. Zu einem guten Teil spiegelt sich in diesem stilistischen Merkmal des Textes die Idee, dass es unserer Sprache an Übersichtlichkeit mangelt. Dieser Mangel geht einher mit Übereinstimmung in der philosophischen Verwirrung. »Die Sprache hat für Alle die gleichen Fallen bereit; das ungeheure Netz gangbarer Irrwege.« (WN 112/116 v) Da sie gangbar sind, erscheinen sie nicht so schnell als Irrwege. So läuft man sie wieder und wieder ab. Es bedarf sozusagen eines Anstoßes von außen – eines »Erlebnisses par excellence« oder eben einer Kritik wie der Sraffas – um gegen das Laufen selbst misstrauisch zu werden. Um aber jemanden von einem Irrweg abzubringen, auf dem er sich gar nicht gehen sieht, muss man das Bild aufgreifen, das *er* sich von seiner Situation macht. Man muss ihn gewissermaßen besser verstehen, als er sich selbst versteht. Wittgenstein: »Was ist dein Ziel in der Philosophie? – Der Fliege den Ausweg aus dem Fliegenglas zeigen.«[110] Frage: Wie zeigt man einer Fliege den Ausweg aus dem Fliegenglas? Antwort: Indem man das Glas so dreht, dass die Fliege, ihrem natürlichen Impuls folgend, den Weg hinaus findet. »Die Sprache ist ein Labyrinth von Wegen. Du kommst von *einer* Stelle und kennst dich aus; du kommst von einer andern zur selben Stelle, und kennst dich nicht mehr aus.« (§ 203; vgl. § 182) Man sieht nicht, wie man, von *dieser* Stelle kommend, an der gleichen Stelle ankommen *kann* wie von *jener* Stelle kommend. Sieht man, wie man, von verschiedenen Seiten kommend, an der gleichen Stelle ankommen kann, kennt man sich aus, ist wieder frei. Hierfür muss man den Blick vom Weg lösen.

6.4 »Die allgemeine Form des Satzes«. Zusammenfassung des Bisherigen

Die allgemeine Form des Satzes und der Sprache hatte dem frühen Wittgenstein am meisten Schwierigkeiten bereitet, und zwar

1. weil den Erscheinungen der Sprache »gar nicht Eines gemeinsam [ist], weswegen wir für alle das gleiche Wort verwenden« (§ 65, vgl. 6.2),

es jedoch

2. zugleich so aussieht, als müsse es etwas derart Gemeinsames geben (vgl. 6.3).

»›Es ist doch nicht *so*!‹ – sagen wir. ›Aber es muß doch *so sein*!‹« (§ 112) – Wie kommt es dann zur Idee, die allgemeine Form des Satzes sei: »Es verhält sich so und so«? Zunächst einmal ist dies selbst ein Satz, mit Subjekt und Prädikat. Zudem wird er oft als ein Satzschema benutzt, wie eine Variable in der Logik. »Wir sagen z. B.: ›Er erklärte mir seine Lage, sagte, es verhalte sich so und so und er brauche daher einen Vorschuß.‹« (§ 134) Die Verwendung als Schema sichert die Allgemeinheit.

Von einer Variablen würden wir jedoch nicht sagen, sie sei ein *Bild der Tatsachen*. Variablen vertreten Sätze. Insofern bildet »Es verhält sich so und so« nicht die Wirklichkeit ab. Warum also »Es verhält sich so und so«? Nun, dieser Satz illustriert, »daß *ein* Merkmal unseres Satzbegriffes der *Satzklang* ist« (§ 134; vgl. auch §§ 165, 167 für das Wort). Der Satzklang ist kein allgemeines, sondern ein *typisches* Merkmal.

Aber ist ein Satz, was immer er sonst sein mag, nicht wahr (oder falsch)? »Was zum Begriff ›wahr‹ paßt, oder, worauf der Begriff ›wahr‹ paßt, das ist ein Satz. Es ist also so, als hätten wir einen Begriff von wahr und falsch, mit dessen Hilfe wir nun bestimmen können, was ein Satz ist und was keiner. Was in den Begriff der Wahrheit *eingreift* (wie in ein Zahnrad), das ist ein

Satz.« (§ 136) – Aber passt »Schach!« nicht zum König? Nun, wir bieten nur dem König Schach. Und gewöhnlich sagen wir nur vom Satz, nicht vom Namen, dass er wahr oder fasch sei. »Und was ein Satz ist, ist in *einem* Sinne bestimmt durch die Regeln des Satzbaus (der deutschen Sprache z. B.), in einem andern Sinne durch den Gebrauch des Zeichens im Sprachspiel.« (§ 136) Zu diesem Gebrauch kann auch die Verwendung der Wörter »wahr« und »falsch« *gehören*. Dass diese dazu passen, heißt etwa dies: »man könnte ein Kind lehren, Sätze von andern Ausdrücken zu unterscheiden, indem man ihm sagt: ›Frag dich, ob du danach sagen kannst ist 'wahr'. Wenn diese Worte passen, so ist es ein Satz.‹« (§ 137)

Bis ungefähr zu dieser Stelle setzt sich Wittgenstein mehr oder weniger direkt mit der *Abhandlung* auseinander. Von hier an geht es hauptsächlich um Themen, die dort (als unproblematisch) vorausgesetzt wurden oder gar keine Rolle spielten. Soweit bisher etwas im Zentrum stand, war es die Frage nach der allgemeinen Form des Satzes und der Sprache. Die Methode des § 2 sorgte dabei für Transparenz, gemäß der Losung »Denk nicht, sondern schau!«. Das Ergebnis war: Unser Gebrauch der Wörter »Satz« oder »Sprache« ruht nicht auf einem Allgemeinen.

Dass Wittgenstein mit der Akzeptanz dieses Ergebnisses der eigentlichen Schwierigkeit ausweicht, ist insofern *richtig*, als der Frage ein bestimmtes Verständnis des Wesens einer Sache zugrunde liegt. Dieses korrespondiert mit einer Sublimierung der Logik unserer Sprache. Wenn das Wesen etwas Allgemeines ist, muss der Philosoph die Phänomene durchdringen, die unserem Blick nur Ähnlichkeiten zeigen. Diese Wesensauffassung weist Wittgenstein zurück und mit ihr vor allem die *Denkweise* der *Abhandlung*. *Insofern* weicht Wittgenstein keiner Schwierigkeit aus.

Die *Untersuchungen* entwerfen darum weder ein neues Bild der Welt, noch sind sie einfach eine bessere Fassung der alten

Idee des Unsinns. Das Wichtige, Bedeutsame, das Wittgenstein zu zerstören scheint, sind zwar nur Luftgebäude, aber selbst diese lassen erkennen, wie tief die Sprache in uns wurzelt. So wird mit den *Untersuchungen* auch nicht der gesunde Menschenverstand gegen die Prätentionen der Philosophie verteidigt. Soweit er aus *Meinungen* besteht, ist er hier irrelevant. »Es darf nichts Hypothetisches in unsern Betrachtungen sein.« (§ 109) Und soweit er die Philosophie für Unsinn hält, stellt er sich außerhalb ihrer auf – während Wittgenstein versucht zu zeigen, wie es zu dem Unsinn kommt. Darum *sind* die *Untersuchungen* Therapie und reden nicht nur über sie. Dies *radikalisiert* das Philosophieren, denn die Therapie kann nur gelingen, wenn auch der traditionelle Ausdruck philosophischer Überlegungen genau getroffen wird. »Alle *Erklärung* muß fort, und nur Beschreibung an ihre Stelle treten. Und diese Beschreibung empfängt ihr Licht, d.i. ihren Zweck, von den philosophischen Problemen. Diese sind freilich keine empirischen, sondern sie werden durch eine Einsicht in das Arbeiten unserer Sprache gelöst, und zwar so, daß dieses erkannt wird: *entgegen* einem Trieb, es mißzuverstehen. Die Probleme werden gelöst, nicht durch Beibringen neuer Erfahrung, sondern durch Zusammenstellung des längst Bekannten. Die Philosophie ist ein Kampf gegen die Verhexung unsres Verstandes durch die Mittel unserer Sprache.« (Ebd.) Diese Verhexung wie auch jenen Trieb erkennt man aber nur als solche, indem man sie *überwindet*, also nicht »von außen«. (Man kann freilich dem gesunden Menschenverstand eine gewisse befreiende Funktion nicht absprechen.) Zwar soll jetzt nichts mehr Gewicht beanspruchen, was nicht jeder zuzugeben bereit ist, aber dies sind eben häufig Dinge, die uns wegen ihrer Alltäglichkeit nicht auffallen und insofern auch nicht wirklich zum gesunden Menschenverstand gehören. Dies betrifft nicht zuletzt ganz allgemeine Naturtatsachen, unter anderem unsere Natur betreffend.

So wird an Beispielen eine Reihe von Methoden vorgeführt, »gleichsam verschiedene Therapien« (§ 133).

Im Folgenden werden wir uns auf einige Fälle beschränken. Auslassen werden wir u.a. die Induktion, die Erwartung und die Negation. Die Auswahl (wie die Einteilung der *Untersuchungen* überhaupt) ist dabei nicht ganz frei von Willkür.

6.5 Verstehen, Regelfolgen und Privatheit

Verstehen

Ein typisches Merkmal eines Satzes ist also der Satzklang. Aber nicht alles, was wie ein Satz klingt, ist auch ein Satz (»Meier bürgelt den Beisein.«) Es bedarf sozusagen sinnvoller Wörter (»Meier streicht die Wurzel aus 4 an«); aber diese müssen auch, ihrer Bedeutung nach, zum Satz oder zueinander passen (»Meier zieht die Wurzel aus 4.«). – Liefert uns das nicht ein Kriterium des Satzes? – Nicht, wenn die Bedeutung des Wortes sein Gebrauch ist. Der Gebrauch ist ja u. a. der Gebrauch im Satz(verband). Auch dass wir die Bedeutung eines Wortes mit einem Schlage erfassen und das, was wir so erfassen, sicher nicht »der in der Zeit ausgedehnte ›Gebrauch‹« (§ 138) ist, führt nicht zum Ziel. Gleiches gilt für die Berufung auf das Phänomen des Suchens nach dem rechten Wort (vgl. PU, S. 823). Man zäumt das Pferd von hinten auf, wenn man dies als Beleg für die Existenz eines Etwas als Bedeutung eines Wortes (im Unterschied zu seinem Gebrauch) nimmt. Im vorherigen Fall mag uns ein Bild vorschweben und eine bestimmte Verwendung nahelegen; aber wir können das Bild ja verschieden anwenden. Die Hinzufügung einer Projektionsmethode wiederholt die Schwierigkeit nur oder führt zur Unterscheidung von normalem und abnormalem Fall. Normal ist diese Anwendung jenes Bildes, andere Anwendungen sind möglich, aber nicht normal (vgl. §§ 141, 84ff.). Das liefert zwar kein vom Gebrauch (im Satz) unabhängiges Kriterium der Bedeutung eines Wortes, weist aber auf etwas anderes hin, das man durchaus als einen Erben der Idee der Übereinstimmung von Sprache und Welt ansehen kann: »Nur in normalen Fällen ist der Gebrauch der Worte uns klar vorgezeichnet; wir wissen, haben keinen Zweifel, was wir in diesem oder jenem Fall zu sagen haben. Je abnormaler der Fall, desto zweifelhafter wird es, was wir nun hier sagen sollen.« (§ 142) Normal ist, dass man etwa seinen Schmerz auf diese Weise ausdrückt. Aber »würde, was Regel ist, Ausnahme und was Ausnahme zur Regel; oder würden beide zu Erscheinungen von ungefähr gleicher Häufigkeit – so verlören unsere normalen Sprachspiele damit ihren Witz.« (Ebd.) Das gilt nicht nur für unsere Natur: »Die Prozedur, ein Stück Käse auf die Waage zu legen und nach dem Ausschlag der Waage den Preis zu bestimmen, verlöre ihren Witz, wenn es häufiger vorkäme, daß solche Stücke ohne offenbare Ursache plötzlich anwüchsen, oder einschrumpften.« (Ebd.) – Derartige »außerordentlich allgemeine Naturtatsachen« fallen wegen ihrer Allgemeinheit nicht auf, gehören jedoch zur »Erklärung der Bedeutung, [...] der Wichtigkeit, eines Begriffs« (PU, S. 826).

Das gilt auch für den Begriff des Verstehens. Sehen wir etwa folgendes Sprachspiel an: Auf den Befehl von A hin soll B nach einem bestimmten Bildungsgesetz Reihen von Zeichen hinschreiben. Sei die erste Reihe die der natürlichen Zahlen im Dezimalsystem. B lernt dies, indem er Zahlenreihen nachschreibt. Dabei führt man ihm vielleicht zuerst die Hand, aber irgendwann muss er selbständig weiterschreiben. Es ist natürlich vorstellbar, dass er nicht so weiterschreibt, wie Schüler es gewöhnlich tun. Er kopiert zwar Ziffern, aber unregelmäßig. *Das* wäre dann das Ende der Verständigung. »Oder aber er macht ›*Fehler*‹ in der Reihenfolge. – Der Unterschied zwischen diesem und dem ersten Fall ist natürlich einer der Häufigkeit. – Oder: er macht einen *systematischen* Fehler, er schreibt z.B. immer nur jede zweite Zahl nach; oder er kopiert die Reihe 0, 1, 2, 3, 4, 5, ... so: 1, 0, 3, 2, 5, 4, ... Hier werden wir beinahe versucht sein zu sagen, er habe uns *falsch* verstanden.« (§ 143, vgl. auch §§ 145, 185, 25) Vielleicht kann man dem Schüler den Fehler abgewöhnen oder die normale Kopierweise als Abart der seinen beibringen. Aber vielleicht endet hier wieder die Lernfähigkeit. – Wer dies als Möglichkeiten anerkennt, wird eher geneigt sein, einen gegebenen Fall anders zu betrachten, als er ihn zunächst betrachten würde. Man ändert seine »*Anschauungsweise*« (§ 144, vgl. auch PU, S. 1070. Man könnte dies »philosophische Entfremdungstechnik« nennen.)

Woran etwa erkennt man nun, dass der Schüler die Reihe richtig fortzusetzen gelernt hat? Wann beherrscht er das System? Wie oft muss er die Reihe richtig fortsetzen? – Hier kann man so wenig eine bestimmte Zahl nennen, wie man sagen kann, wie oft jemand ein Wort richtig verwenden muss, um verstanden zu haben, was es *bedeutet*. – Aber ist dann nicht einfach nur diese Anschauungsweise verfehlt? Denn sie legt doch Antworten auf jene Fragen nahe, die an ihnen vorbeigehen. »Das System innehaben (oder auch, verstehen) kann nicht darin bestehen, daß man die Reihe bis zu *dieser*, oder bis zu *jener* Zahl fortsetzt; das ist nur die Anwendung des Verstehens. Das Verstehen selbst ist ein Zustand, *woraus* die richtige Verwendung entspringt.« (§ 146) – »Entspringt«? Heißt das etwas wie: eine Zahlenreihe aus einem algebraischen Ausdruck ableiten? Dann bleibt die Anwendung des Ausdrucks ein Kriterium seines Verständnisses, denn es kann verschiedene Ableitungen geben.

Nur, muss ich denn auf *meine* Anwendung des Ausdrucks warten, um zu wissen, ob und wie *ich* sie verstanden habe? Und wie könnte ich es so wissen, wenn die Reihe, welche ein Ausdruck bestimmt, unendlich ist, aber alle meine Ableitungen nur endlich sein können? Weiß ich denn nicht *vor* jeder Erfahrung dieser Art, welche Reihe ich meine? (Vgl. § 147f.) – Die Fragen stellen heißt sie beantworten; aber es heißt nicht, dass man Fragen und Antworten nicht missverstehen könnte. Denn in welchem Sinn weiß man die Anwendung einer Reihe? (Wittgenstein macht hier sprachliche Zugeständnisse.) Wie man das ABC weiß oder im Sinne eines Bewusstseinszustands oder -vorgangs (wie An-etwas-Denken, Betrübnis, Aufregung, Schmerzen). Im ersten Fall heißt »wissen« so etwas Ähnliches wie »können«, »imstande sein«, »fähig sein«, »vermögen«. Man *meistert* etwas, *beherrscht* eine Technik. (Vgl. §§ 148-150, PU, S. 829f.)

Natürlich kann etwas vorgehen, wenn jemand etwas versteht. Wenn A die Reihe 1, 5, 11, 19 hinschreibt, kann B im Geist die Formel $a_n = n^2 + n - 1$ ausprobieren und die nächste Zahl – 29 – bestätigte seine Vermutung. Ein geistiger Vorgang! Aber vielleicht fällt B keine Formel ein, sondern die Frage nach der Reihe der Differenzen: 4, 6, 8, 10 – und sagt, er könne fortsetzen. Oder er kenne die Reihe. Oder er setzt sie einfach fort, die Sache als leicht empfindend. Diese möglichen Geschehnisse *sind* aber nicht das Verstehen: Zwar fällt ihm die Formel ein, aber er kann nicht fortsetzen. Es sind charakteristische *Begleitvorgänge* des Verstehens. Dieses *besteht* nicht in ihnen, sie zeigen es nur an. (Vgl. §§ 151f., 159ff., 320f.)

Wenn also Verstehen doch ein seelischer Vorgang sein soll, muss er einer von besonderer Art sein. Wenn es keiner jener *augenfälligen* Vorgänge ist, muss er hinter diesen *versteckt* liegen. Aber dann kann ein solcher Vorgang schon nicht mehr der Grund sein, aus dem heraus B sagt, *jetzt* verstehe er (wisse weiter, könne fortsetzen ...). Der Vorgang kann also doch nicht versteckt sein, und selbst »wenn ich sage, er ist versteckt, – wie weiß ich denn, wonach ich zu suchen habe? Ich bin in einem Wirrwarr.« (§ 153)

Das Verwirrende ist die Redeweise von einem seelischen Vorgang. Hinter dem Aussprechen der Formel steht nicht ein anderer, seelischer Vorgang, der das Verstehen ausmacht, sondern wenn überhaupt etwas, dann »sind es *gewisse Umstände*, die mich berechtigen, zu sagen, ich könne fortsetzen, – wenn mir die Formel einfällt« (§ 154; vgl. § 155). Ich habe zum Beispiel gelernt, Ableitungen aus algebraischen Formeln zu machen; ich beherrsche es auch sonst; kann meine oder anderer Leute Fehler korrigieren, richtige Vermutungen anstellen und so weiter. Unter diesen Umständen sagen wir gewöhnlich auch so etwas wie »Jetzt weiß ich weiter«, wenn uns z.B. eine Formel einfällt. Wir sagen es dann aber nicht aus *Erfahrung*; sondern wir haben es für solche Fälle zu sagen gelernt wie ein *Signal* für Kommendes (vgl. §§ 179f.) entsprechend einem »Naturlaut« (§ 323).

Natürlich kann man Verstehen einen »seelischen Vorgang« nennen. Aber wenn jene charakteristischen seelischen Begleitvorgänge das *Muster* für seelische Vorgänge sind, dann ist das Verstehen kein seelischer Vorgang. Solche »Assimilation des Ausdrucks« (§ 14) macht die Dinge einander nicht ähnlicher.

Was es nun mit jenen *Umständen* auf sich hat, erläutert Wittgenstein in einem Zyklus von Betrachtungen des Wortes »lesen« (ohne das Gelesene zu verstehen). Dieser Zyklus, die §§ 156 bis 178, liefert ein weiteres Beispiel für die Bedeutung der übersichtlichen Darstellung und der Idee der Familienähnlichkeit. Das Sprachspiel, in dem wir das Wort »lesen« verwenden, ist, obwohl »uns natürlich ungemein wohl bekannt, [...] schwer auch nur in groben Zügen darzustellen« (§ 156). So macht es zum Beispiel einen Unterschied, ob wir von einem erfahrenen Leser oder einem Anfänger sprechen. Der Anfänger wird die Wörter vielleicht mühsam buchstabieren, manche erraten oder gar den Text schon auswendig wissen und eher rekapitulieren, als dass er liest. Verglichen *damit* wird man Lesen leicht »eine besondere bewußte geistige Tätigkeit« (ebd.) nennen. Aber *muss* im Bewusstsein des Anfängers etwas anderes vorgehen als in dem des Erfahrenen? Geht denn in mir immer etwas vor, wenn ich lese? Etwas, was das (wirkliche) Lesen ausmacht? Zu sagen, es müsse etwas vorgehen, bedeutet, eine Hypothese aufzustellen über einen seelischen Mechanismus. Aber diese Hypothese ist doch nur ein Modell zur Erklärung, zur Zusammenfassung des Wahrgenommenen. Sie sagt uns also gerade nicht, *was* Lesen *ist*.

Es gibt natürlich eine Verbindung zwischen der Idee eines Mechanismus und dem Begriff des Lesens: Man kann sich eine Lesemaschine vorstellen und sagen, welches Wort sie als erstes gelesen hat. Würden aber Menschen zu Lesemaschinen abgerichtet, fiele dieses Merkmal wieder weg (oder es müsste erst ein Kriterium festgelegt werden). Hier ist nicht mehr die Rede von einem Mechanismus, der etwa an der und der Stelle unterbrochen sein kann, sondern von einem *Verhalten* (vgl. § 157). Es würde auch nichts nützen, mehr über das Gehirn zu wissen. Denn was, wenn dort eine Verbindung, von der wir festgestellt haben, dass sie gewöhnlich nur besteht, wenn jemand liest, nicht besteht, er aber alles tut und kann, was man gewöhnlich tut und kann, wenn man liest? Zu sagen, das sei a priori ausgeschlossen, bedeutet nur, »daß es eine uns sehr einleuchtende Darstellungsform ist« (§ 158).

Lesen ist auch kein *Ableiten* einer Reproduktion von der Vorlage (vgl. § 162). Selbst wenn jemand die Reproduktion etwa mittels einer Tabelle ableitet, kann er diese Regel immer noch anders anwenden, als er sollte. Es käme also auf die Art der Anwendung an. Er verwendet eben die Tabelle so und so. »Um die eigentliche Artischocke zu finden, hatten wir sie ihrer Blätter entkleidet.« (§ 164; vgl. auch § 173) So bleibt: nichts. In Wirklichkeit war »das Wesentliche des Ableitens [...] nicht unter dem Äußeren dieses Falls versteckt, sondern dieses ›Äußere‹ war ein Fall aus der Familie der Fälle des Ableitens« (ebd.).

Aber ist Lesen nicht ein ganz bestimmter, uns vertrauter Vorgang? Kommen die Worte nicht in ganz bestimmter Weise, anders etwa, als wenn man sie sich ausdenkt? – Ja, das Lesen ist uns vertraut (siehe oben), und es gibt auch alle möglichen Begleitphänomene (siehe oben), aber keiner von ihnen ist *Lesen*.

»Manchmal fühlen wir beim Lesen eine Verursachung.« – Richtig, es macht einen Unterschied, ob ich einen Satz lesen oder aufsagen soll, indem ich folgender Reihe entlangsehe:

&8§≠ §≠?ß+% 8!§* (vgl. § 169).

Dieser Unterschied ist nicht der eines (fehlenden) Einflusses. Das ist nur das Bild, zu dem wir hier greifen, oder es besagt je nach Fall ganz Verschiedenes, wie auch in diesen Beispielen:

– Man wird mit verbundenen Augen an der Hand geführt.
– Jemand führt einen an der Hand mit Gewalt irgendwohin.
– Man lässt sich beim Tanz vom Partner führen.
– Im Gespräch führt einen jemand einen Weg entlang.
– Man wird von einem Weg geführt.

»Alle diese Situationen sind einander ähnlich; aber was ist allen den Erlebnissen gemeinsam?« (§ 172) – Hier möchte man fast sagen: dass man *geführt* wird. – Aber auf *welche* Weise?

> Wenn ich zu mir selbst sage: »Ich werde doch geführt« – so mache ich eine Handbewegung dazu, die das Führen ausdrückt. – Mach eine solche Handbewegung, gleichsam als leitetest du jemand entlang, und frage dich dann, worin das *Führende* dieser Bewegung besteht. Denn du hast hier ja niemand geführt. Und doch möchtest du die Bewegung eine ›führende‹ nennen. Also war in dieser Bewegung, und Empfindung, nicht das Wesen des Führens enthalten und doch drängte es dich, diese Bezeichnung zu gebrauchen. Es ist eben *eine Erscheinungsform* des Führens, die uns diesen Ausdruck aufdrängt. (§ 178)

Das entgegengesetzte Extrem ist aber ebenso schief. »Er kann gehen« kann u. a. heißen:

– Er hat Zeit.
– Er ist stark genug.
– Sein Bein ist wieder in Ordnung.

Es gibt hier jedoch keine *Gesamtheit* aller Bedingungen (Zeit, Kraft, Gesundheit), so dass er, armer Mensch!, »nicht anders als gehen *könnte*, wenn sie alle erfüllt sind« (§ 183).

Oben wurde daran erinnert, dass die Lernfähigkeit eines Schülers an verschiedenen Stellen abbrechen oder ungewöhnliche Formen aufweisen kann. Angenommen, B lernt Reihen von Kardinalzahlen nach bestimmten Befehlen hinzuschreiben. Dieser Unterricht wird in einem gewissen Zahlenraum stattfinden, sagen wir bis 1000. Wenn nun der Befehl lautet »+2«, der Schüler aber die Reihe über 1000 hinaus fortsetzen soll, kann es geschehen, dass er so fortsetzt: 1000, 1004, 1008, 1012. Er könnte »von Natur aus« jenen Befehl so verstehen »wie wir den Befehl: ›Addiere bis 1000 immer zwei, bis 2000 4, bis 3000 6, etc.‹« (§ 185) Zur Erinnerung: Hier geht es um eine Änderung der *Anschauungsweise*; auch wir verstehen ihn so und so *von Natur aus*. Indem wir uns B vor Augen halten, lernen wir den eigenen Fall neu sehen. Wir reihen ihn anders ein, als wir ihn zunächst einreihen würden. So umgehen wir die Versuchung zu sagen, wenn man jenen Befehl verstanden habe oder ihn meine, habe man im Geist – irgendwie – schon alle zukünftigen Schritte gemacht, bevor man sie leibhaftig ausführe. So dass man sagen kann, wir, als endliche Wesen, könnten das Unendliche meistern, weil wir einen Geist haben. – Das ist auch nicht falsch, nur viel hausbackener, als es klingt. Denn soweit es stimmt, heißt es einfach, dass man, wenn man z. B. gefragt worden wäre, was B nach 1000 schreiben soll, geantwortet hätte: »1002«. Es gibt hier keine »übermäßigen Tatsachen«, die wir nur mittels eines »Über-Ausdrucks« (§ 192) benennen könnten. Soll es dagegen heißen, dass für jede beliebige Zahl feststünde, was als Befolgung des Befehls gilt, wird man daran erinnern müssen, dass dies ja gerade die Frage ist, die das abnormale Verhalten von B aufwirft. Statt zu sagen, die richtige Befolgung des Befehls sei schon in seinem Meinen und Verstehen enthalten, könnte man eher sagen, es bedürfe auf jeder Stufe einer Intuition, oder besser noch, »es sei an jedem Punkt eine neue Entscheidung nötig« (§ 186, auch §§ 187 ff., 213 f.). Man kann aber ebenso gut sagen, das Meinen bestimme die Übergänge in dem Sinne im Voraus, in dem man gelernt hat, eine Formel zu gebrauchen. Denn auf die Frage, wie man eine Formel gemeint hat, verweist man mit der Antwort auf eine der üblichen Verwendungen. Und genau die lernt man ja gewöhnlich.

Insofern ist die künftige Verwendung eines Ausdrucks bereits *gegenwärtig*, wenn wir diesen Ausdruck verstehen oder erfassen. Es ist nur daran nichts *Seltsames*. Das kommt uns nur so vor, weil wir nicht verstehen, wie wir diesen Ausdruck verwenden, und uns stattdessen ein Bild vorschwebt, etwa eine Maschine, die bereits alle Möglichkeiten ihres Arbeitens in sich trägt und diese Arbeit dann auch verrichten wird. So wird die »unverstandene Wendung des Wortes [...] als Ausdruck eines seltsamen *Vorgangs* gedeutet« (§ 196; vgl. auch §§ 38, 197).

> Einer könnte sagen: »Ein Satz, das ist das Alltäglichste von der Welt«, und der Andre: »Ein Satz – das ist etwas sehr Merkwürdiges!« – Und dieser kann nicht: einfach nachschauen, wie Sätze funktionieren. Weil die Formen unserer Ausdrucksweise, die Sätze und das Denken betreffend, ihm im Wege stehen.
>
> Warum sagen wir, der Satz sei etwas Merkwürdiges? Einerseits, wegen der ungeheuren Bedeutung, die ihm zukommt. (Und das ist richtig.) Anderseits verführt uns diese Bedeutung und ein Mißverstehen der Sprachlogik dazu, daß wir meinen, der Satz müsse etwas Außerordentliches, ja Einzigartiges, leisten. – Durch ein *Mißverständnis* erscheint es uns, als *tue* der Satz etwas Seltsames. (§ 93)

Man beachte: *Soweit* es richtig ist zu sagen, der Satz sei etwas Merkwürdiges, soweit ist er *nicht* das Alltäglichste von der Welt! Ist er also das Alltäglichste von der Welt, so dass man die Wörter von ihrer metaphysischen auf ihre alltägliche Verwendung zurückführen muss, kann dies nicht das sein, was man *zuerst* sagen sollte. (»Wir führen die Wörter [...] *wieder* [...] zurück«!) Bleibt man bei dem stehen, was man zuerst sagen sollte, kommt man auch nicht aus dem Wirrwarr heraus (vgl. § 363).

Regelfolgen

Das gilt auch für das Thema »Befolgen einer Regel«. Die erneute Betrachtung[111] beginnt mit der Frage nach der Verbindung zwischen dem Sinn der Worte »Spielen wir eine Partie Schach!« und den Regeln des Schachspiels »im Regelverzeichnis des Spiels, im Schachunterricht, in der täglichen Praxis des Spielens« (§ 197). Wie kann mich eine Regel lehren, was ich an einer bestimmten Stelle zu tun habe, wenn, wie es scheint, was immer ich tue, durch diese oder jene Deutung mit der Regel in Übereinstimmung zu bringen ist? (Vgl. § 198) – Nun, Deutungen können nicht helfen, sondern hängen ebenso in der Luft wie das Gedeutete. Was bestimmt dann die Bedeutung der Regel?

> Laß mich so fragen: Was hat der Ausdruck der Regel – sagen wir, der Wegweiser – mit meinen Handlungen zu tun? Was für eine Verbindung besteht da? – Nun, etwa diese: ich bin zu einem bestimmten Reagieren auf dieses Zeichen abgerichtet worden, und so reagiere ich nun. (§ 198)

Das verweist aber nicht etwa nur auf eine kausale Lerngeschichte, sondern deutet auch noch an, »daß sich Einer nur insofern nach einem Wegweiser richtet, als es einen ständigen Gebrauch, eine Gepflogenheit gibt« (§ 198). Hiermit geht nun eine ganze Reihe weiterer, u.a. grammatischer, Bemerkungen einher:

1. Es ist kein Folgen einer Regel, was »ein einziges Mal nur ein Mensch« tut. »Einen Satz verstehen, heißt, eine Sprache verstehen. Eine Sprache verstehen, heißt eine Technik beherrschen.« (§ 199; vgl. § 200)
2. Dass eine Regel keine Handlungsweise bestimmen kann, weil jede Handlungsweise mit der Regel in Übereinstimmung zu bringen ist, also auch zum Widerspruch, so dass es hier keines von beidem gibt, ist ein Missverständnis, das zeigt, dass die richtige Auffassung einer Regel das ist, was wir eben »der Regel folgen« und »der Regel entgegen handeln« nennen (vgl. § 201) – und hier muss kein Deuten vorkommen.
3. Die Möglichkeit des Zuwiderhandelns lässt es leicht aussehen, als sei jedes Handeln nach der Regel ein Deuten (vgl. ebd.).
4. Einer Regel folgen ist eine Praxis, und *glauben*, der Regel zu folgen, ist kein *Folgen* der Regel. Sonst könnte man der Regel »›privatim‹« folgen. Aber so ... (vgl. § 202)
5. Einer Regel folgen und einen Befehl befolgen sind analog: Man wird abgerichtet und reagiert so. Dabei gibt es einen Spielraum innerhalb einer »gemeinsamen menschlichen Handlungsweise« (§§ 206, 210-212).
6. Hierzu gehört eine gewisse *Regelmäßigkeit* im Verhältnis von Gesprochenem und Handlungen. (Es ist keine Regelmäßigkeit, wenn nur ein Mal, nur ein Mensch ...; vgl. oben und § 207).
7. Regelmäßigkeiten erklären aber nicht, was »Befehl« und »Regel« bedeuten. Man erklärt die Bedeutung von »regelmäßig«, »gleichförmig« oder »gleich« in einem Zuge – indem man auf gleiche Farben, Längen, Figuren zeigt und den Schüler lehrt, bestimmte Ornamente auf Befehl »gleichmäßig« fortzusetzen. Dies enthält alles, was der Lehrer weiß und der Schüler lernt. (So etwas *nennt* man »Erklären der Bedeutung von ›gleichmäßig‹«.) (Vgl. §§ 208-210, 224)

8. Der Schüler braucht keine Gründe für sein selbständiges Fortsetzen jener Reihe, die der Unterricht ihm nur nicht geben kann. Der Unterricht biegt ihm alle unsere Gründe bei – nur sind *diese* schnell erschöpft. Er wird dann »ohne Gründe, handeln« (§ 211), unter Umständen »mit völliger Sicherheit«, und das Fehlen der Gründe stört ihn nicht. (§ 212 »Ohne Grund« heißt nicht »zu Unrecht«; vgl. § 289) – Welchen Grund habe ich denn, diese Farbe »rot« zu nennen? Keinen! »Habe ich die Begründungen erschöpft, so bin ich nun auf dem harten Felsen angelangt, und mein Spaten biegt sich zurück. Ich bin dann geneigt, zu sagen: ›So handle ich eben.‹« (§ 217)
9. Nur weil man eine Reihe *so* oder *anders* fortsetzen kann, *zweifelt* man noch nicht, wie sie fortzusetzen ist. Oft *kann* man nicht einmal zweifeln.
10. Wenn es einer Intuition bedarf, um eine Reihe fortzusetzen, kann sie keine innere Stimme sein, denn dann verschiebt sich das Problem nur um eine Stelle, und es wäre auch eine Intuition für die Reihen nötig, von denen wir gerade sagen würden, bei ihnen bedürfte es *keiner* Intuition (wie bei 2 2 2 2 ...). Wo es wirklich einer Inspiration bedarf, liegt ein anderes, verwandtes Spiel vor (vgl. § 213 f., 222 f., 232 f.).[112]
11. Man folgt der Regel blind; man wählt nicht. Ein symbolischer Ausdruck, »eine mythologische Beschreibung des Gebrauchs einer Regel« (§ 221): »Die Übergänge sind eigentlich alle schon gemacht.« (Vgl. § 219) Die Selbstverständlichkeit, mit der wir der Regel folgen, lässt es aussehen, »als hätte die Regel alle ihre Folgesätze zum Voraus erzeugt« (§ 238, auch § 219 f.).
12. Wie die Begriffe der Regelmäßigkeit und der Regel miteinander verwoben sind, so sind auch die Begriffe der Regel und der Übereinstimmung »miteinander *verwandt*, sie sind Vet-

tern« (§ 224; für »gleich«: § 225; vgl. §§ 136 f.). Aber dafür, was jeweils gleich ist, gibt es verschiedene Kriterien – man tut das Gleiche, wenn man eine Reihe verschiedener Zahlen hinschreibt, insofern man die gleiche Formel anwendet usw. Es hat keinen Sinn zu sagen, wer nicht immer das Gleiche tue, folge keiner Regel, wenn kein Kriterium festgesetzt wurde (vgl. § 227).

13. Man folgt der Regel oft übereinstimmend, d. h., »es bricht kein Streit darüber aus (etwa zwischen Mathematikern), ob der Regel gemäß vorgegangen wurde, oder nicht. Es kommt darüber z.B. nicht zu Tätlichkeiten.« (§ 240)

Die Übereinstimmung unter den Menschen entscheidet freilich nicht über wahr und falsch, also z.B. darüber, dass die Wirklichkeit richtig abgebildet wird (vgl. 2.17). Aber sie entscheidet über die Sprache, in der, was wahr und falsch ist, gesagt wird. »Dies ist keine Übereinstimmung der Meinungen, sondern der Lebensform.« (§ 241) – Allerdings gehört zu dieser Übereinstimmung auch eine in den Urteilen. Das hebt den Unterschied zwischen dem, dass etwas wahr ist, und dem, dass es für wahr gehalten wird, nicht auf. Wäre Nichtübereinstimmung aber das Übliche, gäbe es kein Urteilen mehr. Die Regel lebt in der gemeinsamen Praxis des Gebrauchs.

Privatheit

Die Ausführungen zum Regelfolgen deuten schon an, dass die Idee einer Sprache, die nur ein Mensch gebrauchen und verstehen kann, unsinnig ist. Dass eine private Sprache trotzdem als möglich erscheint, liegt, sehr grob gesprochen, am Zusammentreffen einer bestimmten Vorstellung von der Natur der Sprache mit einer gewissen Auffassung von der Natur seelischer Vorgänge und Zustände. Hier tritt jedoch auch ein Zug besonders stark hervor, der sich vielleicht am ehesten anhand von zwei Reaktionen verdeutlichen lässt, die Wittgensteins Bemerkungen beim Leser leicht hervorrufen. Die erste folgt auf den Hinweis, dass, soweit es Sinn hat, von der Gleichheit meiner und deiner Schmerzen zu reden, wir auch beide den gleichen Schmerz haben können:

> Ich habe gesehen, wie jemand in einer Diskussion über diesen Gegenstand sich an die Brust schlug und sagte: »Aber der Andre kann doch nicht DIESEN Schmerz haben!« (§ 253; vgl. auch §§ 398ff.)

Aber natürlich legt die emphatische Betonung des Wortes »diesen« kein Identitätskriterium für Schmerzen fest (welches erlauben würde zu sagen, der andere könne nicht diesen Schmerz haben). »Die Emphase spiegelt uns vielmehr nur den Fall vor, daß ein solches Kriterium uns geläufig ist, wir aber daran erinnert werden müssen.« (Ebd.) Und das ist richtig. – Aber wieso tritt an die Stelle der Erinnerung gerade die *Emphase*? Sie zeigt die Tiefe der nüchternen, hausbackenen wittgensteinschen Bemerkungen an. (Ein Selbstversuch des Lesers hilft vielleicht zum Verständnis dieser Tiefe.) Sie kommt ebenso im zweiten Fall zum Vorschein. Angenommen, ich möchte ein Tagebuch führen über das Wiederkehren einer bestimmten Empfindung. Ich assoziiere sie mit dem Buchstaben »E« und mache im Tagebuch entsprechende Eintragungen. Eine Definition von »E« ist nicht möglich, da ich ja nicht auf die Empfindung zeigen kann. Man könnte meinen, an die Stelle des Zeigens könne die Konzentration auf die Empfindung treten. Ich »zeige also gleichsam im Innern auf sie« (§ 258). Aber so gelange ich nicht in den Besitz eines Kriteriums, das es erlaubt, zwischen einer richtigen und einer falschen Erinnerung an die (Art der) Empfindung zu unterscheiden. Also gibt es hier auch keine richtige oder falsche Erinnerung und darum, soweit Erinnerungen richtig oder falsch sind, gar keine Erinnerungen, sondern nur den Schein derselben, keinen Glauben, dass dies wieder die Empfindung E ist, sondern höchstens den Glauben, es zu glauben. Habe ich dann, als ich »E« ins Tagebuch eintrug, *gar nichts* notiert? Sich etwas notieren besteht ja nicht einfach darin, Zeichen in ein Buch zu schreiben; ebenso wenig, wie zu sich selber zu reden darin besteht zu reden, »wenn niemand anderer zugegen ist« (§ 260). Also:

> Welchen Grund haben wir, »E« das Zeichen für eine *Empfindung* zu nennen? »Empfindung« ist nämlich ein Wort unserer allgemeinen, nicht mir allein verständlichen, Sprache. Der Gebrauch dieses Worts bedarf also einer Rechtfertigung, die Alle verstehen. – Und es hülfe auch nichts, zu sagen: es müsse keine *Empfindung* sein; wenn er »E« schreibe, habe er *Etwas* – und mehr könnten wir nicht sagen. Aber »haben« und »etwas« gehören auch zur allgemeinen Sprache. – So gelangt man beim Philosophieren am Ende dahin, wo man nur noch einen unartikulierten Laut ausstoßen möchte. (§ 261; vgl. auch § 314)

Man beachte, dass man *nicht* dahin gelangt, dasjenige, was einen in diese Schwierigkeiten bringt, *fallen zu lassen*! Der Stärke, mit der man vielmehr an diesem festhält, korrespondiert das Lakonische von Wittgensteins Kommentar: »Aber ein solcher Laut ist ein Ausdruck nur in einem bestimmten Sprachspiel, das nun zu beschreiben ist.«[113]

Wie kommt man nun auf die Idee einer privaten Sprache? Menschen führen manchmal Selbstgespräche; sie stellen sich selbst Fragen und beantworten sie, tadeln und loben sich usw. Man kann sich auch Menschen vorstellen, die nur zu sich selbst sprechen. Dies wäre insofern eine öffentliche Angelegenheit, als es einem Beobachter möglich sein könnte, das Handeln dieser Leute zu erklären, vorauszusagen usw. Wie aber stünde es um eine eigene Sprache zum Notieren der inneren Erlebnisse?

> – Können wir denn das in unserer gewöhnlichen Sprache nicht tun? – Aber so meine ich's nicht. Die Wörter dieser Sprache sollen sich auf das beziehen, wovon nur der Spre-

chende wissen kann; auf seine unmittelbaren, privaten Empfindungen. Ein Anderer kann diese Sprache also nicht verstehen. (§ 243)

Eine solche Sprache würde, wie es aussieht, zahlreiche Phänomene erklären. – Und zugleich ist doch an der Frage, wie sich Wörter auf Empfindungen beziehen, wie sie mit ihnen verbunden sind, nichts rätselhaft. So werden etwa beim Kind, wenn es die Namen der Empfindungen lernt, »Worte mit dem ursprünglichen, natürlichen, Ausdruck der Empfindung verbunden und an dessen Stelle gesetzt. Ein Kind hat sich verletzt, es schreit; und nun sprechen ihm die Erwachsenen zu und bringen ihm Ausrufe und später Sätze bei. Sie lehren das Kind ein neues Schmerzbenehmen.« (§ 244) – Aber klingt das nicht, als würde man sagen, das Wort »Schmerz« bedeute eigentlich das Schreien? – »Im Gegenteil; der Wortausdruck des Schmerzes ersetzt das Schreien und beschreibt es nicht.« (Ebd.) Aber wie steht dieser Gebrauch des Wortes »Schmerz« zur Privatheit der Schmerzen? – Ein Mensch kann sich zwar verstellen, aber nicht vor sich selbst. *Er* weiß also, ob er Schmerzen hat, wir können es nicht wirklich wissen. – Aber wenn »wir das Wort ›wissen‹ gebrauchen, wie es normalerweise gebraucht wird (und wie sollen wir es denn gebrauchen!) dann wissen es Andre sehr häufig, wenn ich Schmerzen habe. – Ja, aber doch nicht mit der Sicherheit, mit der ich selbst es weiß! – Von mir kann man überhaupt nicht sagen (außer etwa im Spaß) ich *wisse*, daß ich Schmerzen habe. Was soll es denn heißen – außer etwa, daß ich Schmerzen *habe*?« (§ 246, auch § 303) Dass ein anderer im Zweifel darüber sein kann, ob ich Schmerzen habe, ich aber nicht, bedeutet nicht, dass ich mir im eigenen Fall immer sicher wäre. Sondern es heißt, dass man hier nicht von »Zweifel« spricht und damit auch nicht von »Gewissheit«. Dass nur ich wissen kann, ob ich wirklich Schmerzen habe, während ein anderer es nur vermuten kann, ist also »in einer Weise falsch, in einer andern unsinnig« (ebd.). Wir sagen zwar »Ich bezweifle, dass er Schmerzen hat«, aber nicht »Ich bezweifle, dass ich Schmerzen habe«. Und Analoges gilt für den Gebrauch weiterer Wörter, etwa für das Wort »Absicht«. Man könnte zu jemandem sagen, dass nur er wissen könne, ob er die und die Absicht hatte, um ihm zu erklären, dass der Ausdruck der Unsicherheit an dieser Stelle des Spiels mit dem Wort »Absicht« nicht vorgesehen ist (vgl. § 247). »Der Satz ›Empfindungen sind privat‹ ist vergleichbar dem: ›Patience spielt man allein.‹« (§ 248) Wie man Empfindungsausdrücke verwendet, lernt man, indem man zum Beispiel zu lügen lernt, versteht, in welchen Situationen welche Zweifel angebracht sind usw. (vgl. §§ 249f.). Man lernt, *Mit*menschen als beseelt zu behandeln. Die sogenannte Frage nach dem *Fremdpsychischen* stellt sich nicht.

Wie aber sollen andere Zugang zu meinen Schmerzen haben? – Ein Stab, könnte man sagen, habe mit Notwendigkeit eine Länge. Wie sollte man sich auch einen Stab vorstellen, der *keine* Länge *hat*! – Aber stellt man sich denn vor, wie ein Stab eine Länge hat? Man stellt sich einfach einen Stab vor, und nicht etwa einen Stab und wie er seine Länge hat, wie man sich vorstellen kann, wie ein Stab diese oder jene Farbe hat. Was wäre denn das Bild eines Stabes ohne Länge? (Vgl. §§ 251f.) Der Satz »Empfindungen sind privat« betrifft also unseren Sprachgebrauch und ist keine sachliche Aussage. Sie schließt auch nicht aus, dass ein anderer meine Schmerzen hat. »*Soweit* es *Sinn* hat, zu sagen, mein Schmerz sei der gleiche, wie seiner, *soweit* können wir auch beide den gleichen Schmerz haben.« (§ 253; meine Hervorhebung) – Und daran ändert auch jene Emphase oben nichts.

Man kann Schmerzen heucheln und man kann sie verbergen. Heuchelt jemand, gibt es Schmerzbenehmen ohne Schmerzen, verbirgt man sie, gibt es Schmerzen ohne Schmerzbenehmen. Wenn Menschen nur Empfindungen hätten, aber keine Äußerungen derselben, dann könnte man einem Kind diesen Teil der Sprache nicht beibringen. – Aber ist das nicht voreilig? Wir könnten ihn dem Kind nicht *so* beibringen, wie wir es tatsächlich tun. Ginge es nicht auf andere Weise? Ja, könnte das Kind nicht Namen für Empfindungen *erfinden*? Schließlich *hat* es ja die Empfindungen! – Aber mit »dem Benennen eines Dings ist noch *nichts* getan. Es *hat* auch keinen Namen, außer im Spiel« (§ 49). Also muss es für die »Taufe« das Spiel mit den Empfindungswörtern geben (vgl. § 257). Das aber gibt es in dem Fall, den wir gerade betrachten, nicht; also auch kein Kriterium, das es etwa erlauben würde zu entscheiden, ob ich mich richtig erinnere, wenn ich die Wiederkehr einer (privaten) Empfindung in einem Tagebuch festhalten wollte. – Und so enden wir beim Philosophieren erneut da, wo man nur noch einen unartikulierten Laut ausstoßen möchte. Aber ... (siehe oben)

Selbst wenn eine private Worterklärung möglich wäre, was wären ihre Folgen? Sie hätte keine in dem Sinn, in dem es eine Folge meines Schenkens ist, dass du mich nicht mehr um Erlaubnis bitten musst, wenn du mit dem Geschenk dies oder jenes tun willst. Es wäre eher dem vergleichbar, dass meine rechte Hand etwas in meine linke gibt, meine rechte Hand eine Schenkungsurkunde unterschreibt und meine linke eine Quittung (vgl. § 268). Dies wäre nur eine »Zeremonie« (§ 260), der Schein einer Schenkung. »Und eine ›private Sprache‹ könnte man Laute nennen, die kein Andrer versteht, ich aber *›zu verstehen scheine‹*.« (§ 269)

Aber woher wissen wir zum Beispiel, ob die Empfindung, die jemand hat, wenn er etwas Blaues sieht, auch das ist, was ein anderer hat, wenn er etwas Blaues sieht? Es könnte also zwar jeder seines haben, aber das Wesentliche wäre, »daß Keiner weiß, ob der Andere auch *dies* hat« (§ 272). Nur, *bezieht* sich das Wort »blau« denn auf eine Empfindung? Zeige ich nicht auf den *Him-*

mel, wenn ich sage: »Wie blau der Himmel ist!«, oder glaube ich, nur ich hätte diesen Farbeindruck? (§ 275) Meinen wir also einmal das Blau des Himmels, einmal den Sinneseindruck? Natürlich kann mir *dieses* Blau z.B. etwas Bestimmtes bedeuten (siehe die Trikolore). Ich würde es dann anders sehen als du. Aber deshalb bezieht sich das Wort »blau« nicht auf einen Sinneseindruck, von dem nur ich wissen kann, was er ist. Es bedeutet stattdessen, dass ich über die Rolle dieser Farbe in meinem Leben etwas Besonderes erzählen könnte, dass ich beim Sehen dieser Farbe diese oder jene Gedanken und Gefühle habe, dass es mich in besonderer Weise berührt, wenn etwas von dieser Farbe zerstört wird, dass ich eine Wand in meinem Zimmer damit streichen werde ...

> »Aber kommt, was du sagst, nicht darauf hinaus, es gebe, z. B., keinen Schmerz ohne *Schmerzbenehmen*?« – Es kommt darauf hinaus: man könne nur vom lebenden Menschen, und was ihm ähnlich ist, (sich ähnlich benimmt) sagen, es habe Empfindungen; es sähe; sei blind; höre; sei taub; sei bei Bewußtsein, oder bewußtlos. (§ 281)

Dem widerspricht *nicht*,

- dass auch der Topf sehen und eine Zahl Empfindungen haben kann ... aber eben im *Märchen* und bei Wilhelm Busch;
- dass wir von Leblosem (Puppen z. B.) sagen, es habe Schmerzen: denn diese Verwendung ist *sekundär*;
- dass ich mir vorstellen kann, ich erstarrte, während ich fürchterliche Schmerzen hätte, zu einem Stein: Denn wenn ich mir das vorstellen kann, warum dann nicht auch, dass der Schmerz aufhört, einen *Träger* zu haben (vgl. § 282 f.), und in diesem Fall könnte auch der Zweifel wieder Fuß fassen (vgl. §§ 288, 390).

Es ist aber auch nicht die Seele, die den Schmerz hat, so dass ein Stein, wenn er eine Seele hätte, auch Schmerzen haben könnte.

Denn es ist nicht nur unklar, wie ein Stein eine *Seele* haben könnte, sondern schon wie unser Körper eine Seele *haben* könnte.

Schau einen Stein an und denk dir, er hat Empfindungen! – Man sagt sich: Wie konnte man auch nur auf die Idee kommen, einem *Ding* eine *Empfindung* zuzuschreiben? Man könnte sie ebensogut einer Zahl zuschreiben! – Und nun schau auf eine zappelnde Fliege, und sofort ist diese Schwierigkeit verschwunden und der Schmerz scheint hier *angreifen* zu können, wo vorher alles gegen ihn, sozusagen, *glatt* war.

Und so scheint uns auch ein Leichnam dem Schmerz gänzlich unzugänglich. – Unsere Einstellung zum Lebenden ist nicht die zum Toten. Alle unsre Reaktionen sind verschieden. – Sagt Einer: »Das kann nicht einfach daran liegen, daß das Lebendige sich so und so bewegt und das Tote nicht« – so will ich ihm bedeuten, hier liege ein Fall des Übergangs ›von der Quantität zur Qualität‹ vor. (§ 284)

Wer oder was hat Schmerzen? Nicht die Hand, sondern der Mensch, dessen Hand schmerzt; »und man spricht nicht der Hand Trost zu, sondern dem Leidenden; man sieht ihm in die Augen« (§ 286; auch § 302); man leidet mit dem *Menschen* mit, nicht mit seiner Hand.

Wüsste ich nur vom eigenen Fall, was Schmerzen sind, dann sicher auch die anderen nur von ihrem. Aber wie kann ich, wie könnten *sie*, *das* sagen – wenn wir doch, was Schmerzen sind, nur vom *je eigenen* Fall kennen?

Angenommen, es hätte Jeder eine Schachtel, darin wäre etwas, was wir »Käfer« nennen. Niemand kann je in die Schachtel des Andern schaun; und Jeder sagt, er wisse nur vom Anblick *seines* Käfers, was ein Käfer ist. – Da könnte es ja sein, daß Jeder ein anderes Ding in seiner Schachtel hätte. Ja, man könnte sich vorstellen, daß sich ein solches Ding fortwährend veränderte. – Aber wenn nun das Wort »Käfer« dieser Leute doch einen Gebrauch hätte? – So wäre er nicht der der Bezeichnung eines Dings. Das Ding in der Schachtel gehört überhaupt nicht zum Sprachspiel; auch nicht einmal als ein *Etwas*: denn die Schachtel könnte auch leer sein. – Nein, durch dieses Ding in der Schachtel kann ›gekürzt werden‹; es hebt sich weg, was immer es ist. (§ 293)

Wenn man den Ausdruck des Schmerzes »nach dem Muster von ›Gegenstand und Bezeichnung‹ konstruiert, dann fällt der Gegenstand als irrelevant aus der Betrachtung heraus« (ebd.). Damit hebt die Konstruktion sich auf. Nicht, dass es keine Empfindungen gäbe, sondern nur Benehmen (welches man dann auch besser nicht *Schmerz*benehmen nennen sollte). Sondern die Empfindung ist »kein Etwas, aber auch nicht ein Nichts!« (§ 304) Ein Nichts leistete das Gleiche wie ein Etwas, »worüber sich nichts aussagen läßt« (ebd.). – Dass die Empfindung weder ein Etwas ist noch ein Nichts, ist ein Paradox, das nicht verschwindet, ehe man mit der Idee bricht, »die Sprache funktioniere immer nur auf *eine* Weise, diene immer dem gleichen Zweck: Gedanken zu übertragen – seien diese nun Gedanken über Häuser, Schmerzen, Gut und Böse, oder was immer.« (Ebd.) Es geht also nicht darum, die Existenz von Empfindungen, Absichten, vom Erinnern usw. zu leugnen, sondern um die Frage, ob das Bild vom »innern Vorgang uns die richtige Idee von der Verwendung des Wortes ›erinnern‹ gibt« (§ 305). Und *hierauf* lautet die Antwort, dass dieses Bild samt seinen Verästelungen dem Nachsehen, wie das Wort verwendet wird, im Wege steht.

Vor dem Hintergrund dieses Bildes erscheint Wittgenstein als Behaviorist, ist alles, außer dem menschlichen Verhalten, Fiktion. Aber die einzige Fiktion hier ist eine *grammatische* (vgl. § 307). Empfindungen kommen auch nicht einfach zum menschlichen Benehmen hinzu. Ohne sie ist es eben kein *menschliches* Benehmen.[114]

Wie kommt es nur zum philosophischen Problem der seelischen Vorgänge und Zustände und des Behaviourism? – Der erste Schritt ist der ganz unauffällige. Wir reden von Vorgängen und Zuständen, und lassen ihre Natur unentschieden! Wir werden vielleicht einmal mehr über sie wissen – meinen wir. Aber eben dadurch haben wir uns auf eine bestimmte Betrachtungsweise festgelegt. Denn wir haben einen bestimmten Begriff davon, was es heißt: einen Vorgang näher kennen zu lernen. (Der entscheidende Schritt im Taschenspielerkunststück ist getan, und gerade er schien uns unschuldig.) – Und nun zerfällt der Vergleich, der uns unsere Gedanken hätte begreiflich machen sollen. Wir müssen also den noch unverstandenen Prozeß im noch unerforschten Medium leugnen. Und so scheinen wir also die geistigen Vorgänge geleugnet zu haben. Und wollen sie doch natürlich nicht leugnen! (§ 308)

6.6 Denken und Vorstellen, Wollen und Beabsichtigen, Meinen

Denken und Vorstellen

Gefragt, was Empfindungen sind, neigt man dazu, zum Beispiel seinen »gegenwärtigen Zustand der Kopfschmerzen zu betrachten« (§ 314). Aber diese Neigung zeigt nur »ein fundamentales Mißverständnis« an (ebd.; auch § 327). Ähnlich ist es beim Denken. Aber ist der Satz ein sprachlicher Ausdruck des Gedankens wie der Schrei einer des Schmerzes ist (vgl. § 244)? Von meinem Schreien können andere wissen, wie mir zumute ist. Aber wenn sie meinen Satz hören, wissen sie doch nicht, wie es mir, gewissermaßen, »im Denkapparat und nicht im Magen« (§ 317) geht. Klarheit über Empfindungen ist also hilfreich, aber sie liefert keinen *Universal*schlüssel. Wer nicht denkt, sondern schaut (vgl.

§ 66), wird zwar nicht davon *ausgehen*, dass sich einmal Gesehenes überall vollständig wiederholt. Wittgenstein kann es aber immerhin zunehmend bei Andeutungen belassen.

Wir reden von einem denkenden Sprechen und Schreiben, sagen aber auch, ein Gedanke sei uns *blitzartig* durch den Kopf gegangen, wir hätten *plötzlich* verstanden (vgl. § 321 und oben). Dies betont, dass wir in Bezug auf das bedachte Sprechen den Ausdruck (Satz) gewöhnlich *nicht* vom Gedanken lösen. Aber blitzartiges Denken ist nicht einfach der sehr viel schneller erfolgende Vorgang, welcher beim bedachten Sprechen abläuft, so dass »also im ersten Fall das Uhrwerk gleichsam mit einem Ruck abläuft, im zweiten aber, durch die Worte gehemmt, Schritt für Schritt« (§ 318). – Als ob das Denken zu dem Ausdruck des Gedankens *hinzukäme*, so dass man es auch *ablösen* könnte. (Dass es uns nicht so vorkommt, wäre also ein Mangel; dabei zu verharren, ein Fehler.) Aber *muss* es nicht so sein, wenn gedankenloses und nicht gedankenloses Sprechen verschieden sind (vgl. § 330)? Denken wäre dann in dem Sinn ein unkörperlicher, geistiger Vorgang, in dem das Sprechen körperlich ist. Es verliehe den Worten ihre Bedachtheit.

Der Unterschied der Geschwindigkeit von blitzartigem Denken und bedachtem Reden allein kann die Last dieses Arguments jedoch nicht tragen. Denn wir haben ja z.B. die Kurzschrift, die es erlaubt, einen Gedanken wesentlich schneller zu notieren als beim gewöhnlichen Schreiben (vgl. § 319). Und natürlich kann man auch die Kurzschrift gedankenlos und bedacht verwenden, und sie ist auch so und so mit der gewöhnlichen Schreibweise verbunden. Kurzschrift ist nicht in dem Sinn von *anderer Art* als Normalschrift, in dem das Denken vom Sprechen verschieden sein *müsste*, wenn es dieses soll *begleiten* können.

Verhält sich der blitzartige zum gewöhnlichen Gedanken wie die algebraische Formel zur Zahlenreihe? Nun, die Formel begleitet jedenfalls die Zahlenreihe nicht. Mir fällt die Formel ein, und ich bin sicher, fortsetzen zu können, denn das habe ich gelernt (vgl. § 320 ff.). Dass mir eine Formel einfällt, heißt jedoch nicht, dass mir eine durch den Kopf geht. Insofern ist »Jetzt weiß ich weiter!« ein Ausruf, beinahe so etwas wie ein Startschuss, und »entspricht einem Naturlaut, einem freudigen Aufzucken« (§ 323). Dies garantiert nicht, dass ich wirklich werde fortsetzen können. Es ist eine charakteristische psychische Begleiterscheinung des blitzartigen Verstehens (vgl. §§ 321, 151 ff.), nicht das Verstehen selbst. Ob ich wirklich verstanden habe, zeigt die Zukunft; und dass ich sage, ich hätte verstanden, reicht den anderen nicht unbedingt, um es von mir zu sagen. Was *man* sagt, entscheidet die Frage, ob ich verstanden habe; was in mir geschieht, ist kein Kriterium. Die Sicherheit, mit der ich fortsetze (oder den blitzartigen Gedanken ausspinne), kann von jener Art der Sicherheit sein, dass die Flamme mich brennen wird. Sie kann also schon bestehen, bevor ich das erste Mal mit der Hand in die Flamme gerate. Überhaupt, wir »erwarten *dies* und werden von *dem* überrascht; aber die Kette der Gründe hat ein Ende« (§ 326). Ich handle einfach.

Nehmen wir einmal an, ich sähe mir beim Denken zu. Ich führe also einen Gedankengang aus und bemerke, wie ich dabei still vor mich hin spreche. Dann nehme ich im Zuge dieses Gedankengangs eine Messung vor, aber ohne dabei zu mir selbst zu reden. Habe ich da das Denken unterbrochen? Oder etwa die Messung *unbedacht* vorgenommen? Nein, wer mit zusah, könnte sagen, ich hätte »– ohne Worte – gedacht: Sind zwei Größen einer dritten gleich, so sind sie untereinander gleich.« (§ 330) Zudem kann auch stilles Reden *gedankenlos* sein. (Wenn einem eine Melodie nicht aus dem Kopf geht, *trägt* man sie sich dann stets im Stillen *vor*? Achtet man darauf, dass man es *richtig* macht?) Trotzdem ist beim Denken in der Sprache diese selbst »das Vehikel des Denkens« (§ 329); andernfalls sollte man doch nicht nur gedankenlos reden, sondern auch einen Gedanken ohne die Worte denken können (vgl. §§ 330, 332).

Dabei scheint eine Reihe von Redeweisen gerade dafür zu sprechen, dass das Denken das nicht gedankenlose Sprechen begleitet und ihm in gewisser Weise Sinn verleiht:

- »Du wolltest eigentlich sagen ...« – also war das, was du gesagt hast, nicht das, was du gedacht hast.
- »Ich suche nach dem richtigen Ausdruck für diesen Gedanken« – der Gedanke ist da, ohne die richtigen Worte.
- »Die Engländer nennen manchmal zuerst den Monat, dann den Tag« – aber natürlich meinen sie auch nur den 26. April.
- »Ich will sagen ...« – bevor ich es dann sage.
- »Ich erinnere mich, wie ich als Kind, noch bevor ich sprechen konnte, dachte ...«

Näher betrachtet, belegt jedoch *keiner* dieser Fälle, dass Denken ein dem Sprechen Sinn verleihender, es begleitender Vorgang ist:

- Was man eigentlich sagen wollte, kann etwas sein, was sich gar nicht sagen lässt – und wie kann es dann schon präsent gewesen sein? (Vgl. §§ 334, 463)
- Selbst wenn der Gedanke schon da ist, während ich nach dem richtigen Ausdruck suche, legt der gefundene Ausdruck mit fest, *welcher* Gedanke da war.
- Die Deutschen meinen mit »26. April« auch nur »April, 26th«.
- Der Satz kann mir im Geist sein, bevor ich ihn ausspreche – aber eben als Satz einer Sprache, die ich gelernt habe.
- Manchmal glaubt man nur, sich zu erinnern (vgl. §§ 334-343).

Dass jene Redeweisen nicht wirklich das Bild vom Denken stützen, welches sie nahelegen, bedeutet jedoch nicht, dass es einfach oberflächlich sei, es sich von ihnen nahelegen zu lassen. Es ist, könnte man sagen, auf eine tiefe Weise oberflächlich.

> Denken ist kein unkörperlicher Vorgang, der dem Reden Leben und Sinn leiht, und den man vom Reden ablösen könnte, gleichsam wie der Böse den Schatten Schlemihls vom Boden abnimmt. – Aber wie: »kein unkörperlicher Vorgang«? Kenne ich also unkörperliche Vorgänge, das Denken aber ist nicht einer von ihnen? Nein; das Wort »unkörperlicher Vorgang« nahm ich mir zur Hilfe, in meiner Verlegenheit, da ich die Bedeutung des Wortes »denken« auf primitive Weise erklären wollte. (§ 339)

Diese Diagnose schlägt durch auf die Therapie; sie färbt ab auf die Feststellung, Denken sei kein unkörperlicher Vorgang:

> Wie ein Wort funktioniert, kann man nicht erraten. Man muß seine Anwendung *ansehen* und daraus lernen. (/) Die Schwierigkeit aber ist, das Vorurteil zu beseitigen, das diesem Lernen entgegensteht. Es ist kein *dummes* Vorurteil. (§ 340)

Im Gegenteil, es legt weitere Erklärungen nahe:

- Man redet manchmal im Innern zu sich. Also könnte man es auch immer. Dies wäre Denken ohne öffentliche Sprache.
- Könnte Gott nicht einem Papagei Verstand schenken, so dass er (immerhin) im Innern zu sich reden könnte?
- Ich weiß vom eigenen Fall, was der andere tut, wenn er denkt. Deshalb verstehe ich sein nicht gedankenloses Reden.
- Taubstumme können uns verstehen, obwohl sie nicht unsere Sprache sprechen. Innerlich tun sie das Gleiche wie wir.

Hierauf nun die Entgegnungen, in analogen Fällen gegeben:

- Wie sähe es aus, wenn Befehle nicht nur manchmal nicht, sondern *nie* befolgt würden? – Ihr Zweck ginge verloren.
- Ja, *Gott* könnte einem Papagei Verstand schenken.
- Wenn ich nur von mir weiß, was Denken ist, weiß ich es *damit* noch nicht vom anderen.
- Wenn es hier fünf Uhr ist und wenn es auf der Sonne fünf Uhr ist, dann ist es hier so spät wie auf der Sonne. – Aber wie

bestimmt man die Uhrzeit auf der Sonne? – Sich etwa eine Pendeluhr auf der Sonne vorstellen ist keine Technik der vergleichenden Zeitbestimmung (vgl. §§ 344-351).

Muss es denn aber nicht entweder fünf Uhr auf der Sonne oder eben nicht fünf Uhr, sondern etwa vier Uhr, sein? Die Uhrzeit auf der Sonne kann doch nicht davon abhängen, ob wir uns auf ein Verfahren zur Feststellung derselben geeinigt haben. Wittgenstein entgegnet hierauf: »Der Satz vom ausgeschlossenen Dritten sagt hier: Es muß entweder so ausschaun, oder so. Er sagt also eigentlich – und das ist ja selbstverständlich – gar nichts. Und das Problem soll nun sein: ob die Wirklichkeit mit dem Bild übereinstimme, oder nicht. Und dies Bild *scheint* nun, was wir zu tun, wie und wonach wir zu suchen haben, zu bestimmen – tut es aber nicht, weil wir eben nicht wissen, wie es zu applizieren ist.« (§ 352) Denn die Gleichheit von »Entweder der Bleistift ist in der Schublade oder er ist nicht in der Schublade« und »Entweder es ist fünf Uhr auf der Sonne oder nicht« (»ein Papagei hat Verstand oder er hat keinen«, »ein Ofen hat Schmerzen oder nicht«, »ein Sessel denkt bei sich: ..., oder nicht«) überdeckt ja nur, dass wir mit dem zweiten Satz gar keinen Sinn verbinden. Wie könnte man denn feststellen, ob der Sessel bei sich denkt: ...? Man merkt, dass hier etwas nicht stimmt, schon daran, dass sich hier Fragen stellen, die im Fall des Menschen gar kein Gegenstück haben. »Der Sessel denkt bei sich selber: ..... (/) WO? In einem seiner Teile? Oder außerhalb seines Körpers; in der Luft um ihn? Oder gar nicht *irgendwo*?« (§ 361) Dieses *Gefühl* der Ungereimtheit verschwindet, wenn es um Menschen geht und um das, was diesen ähnelt. Dass wir es aber vom Menschen sagen, ist nicht einfach die Anwendung des Begriffs auf einen besonderen Fall. Es *bestimmt* diesen Begriff mit. Zu ihm gehört nicht, dass, wenn jemand zu sich selbst spricht, etwas in seinem Inneren vorgeht. Aber wenn wir die Verwendung dieses Ausdrucks lehren, fehlt auch nicht etwas, so dass der Schüler vom eigenen Fall lernen müsste, was das Wort wirklich bedeutet. Darin liegt vielmehr »unsre Illusion« (§ 362).

Diese Illusion ist gewissermaßen mit dem gewöhnlichen Gebrauch verwoben: »›Während ich zu ihm sprach, wußte ich nicht, was hinter seiner Stirn vorging.‹ Dabei denkt man nicht an Gehirnvorgänge, sondern an Denkvorgänge. Das Bild ist ernst zu nehmen. Wir möchten wirklich hinter diese Stirne schauen. Und doch meinen wir nur das, was wir auch sonst mit den Worten meinen: wir möchten wissen, was er denkt.« (§ 427) Der Anfang von Büchners Drama *Dantons Tod* gibt ein Beispiel für die *Ernsthaftigkeit* des Bildes:

Julie Glaubst du an mich?

Danton Was weiß ich? Wir wissen wenig voneinander. Wir sind Dickhäuter, wir strecken die Hände nacheinander aus, aber es ist vergebliche Mühe, wir reiben nur das grobe Leder aneinander ab, – wir sind sehr einsam.

Julie Du kennst mich Danton.

Danton Ja, was man so kennen heißt. Du hast dunkle Augen und lockiges Haar und einen feinen Teint und sagst immer zu mir: lieb Georg. Aber (*er deutet ihr auf Stirn und Augen*) da, da, was liegt hinter dem? Geh, wir haben grobe Sinne. Einander kennen? Wir müssten die Schädeldecken aufbrechen und die Gedanken einander aus den Hirnfasern zerren.

Aber glaubt Danton etwa, dass er zwischen Julies Hirnfasern ihre Gedanken finden würde? Müssen wir damit rechnen, dass er ihr gleich die Schädeldecke aufbricht? Vielleicht – wenn etwas nicht stimmt mit Danton. Das aber würde gerade *nicht* die Idee vom »Gedanken im Kopf« stützen. Die Erinnerung, dass der Gebrauch festlegt, was ein Satz bedeutet, muss anhand dieses Beispiels also nicht eingeschränkt werden. Hier wird das Bild benutzt, um der Ernsthaftigkeit des Willens zu wissen, was der andere denkt, einen starken (dramatischen) Ausdruck zu verleihen. Aber wenn wir wissen wollen, was Denken ist, wollen wir nicht wissen, was jemand denkt. Jenes Bild aber steht uns dann im Wege. Und nichts ist natürlicher – in der Philosophie, in der es gar nicht um etwas Praktisches geht. Darum hilft es, ein Gebot zu erlassen: »Nicht, was Vorstellungen sind, oder was da geschieht, wenn man sich etwas vorstellt, muß man fragen, sondern: wie das Wort ›Vorstellung‹ gebraucht wird.« (§ 370; vgl. auch § 383) Dieses Gebot ist daran geknüpft, dass man seine Erwartung im Fall der ersten Frage auf eine falsche Antwort lenken lässt. Immerhin, man will ja nicht »nur von Worten reden« (ebd.). Allerdings ist, davon zu reden, wie das Wort »Vorstellung« gebraucht wird, kein Reden nur von Wörtern in dem Sinne, in dem man sagen kann, jemand rede nur von Wörtern, wenn er etwa davon redet, wie viele Buchstaben die verschiedenen Arten der Wörter im Deutschen durchschnittlich haben. In diesem Sinne jedoch redet Wittgenstein gerade nicht von Wörtern, sondern insofern von den *Sachen selbst*, als er von ihrem *Wesen* spricht, von dem, *was* die Dinge sind. Ist dies einmal erkannt, ist auch nichts gegen die Frage in ihrer, wie man jetzt sagen kann, *ursprünglichen Fassung* einzuwenden. (Das Ergebnis einer kurzen therapeutischen Maßnahme.) Irreführend ist es nur anzunehmen, es ginge um die Analyse eines *Phänomens*, des Vorstellens, statt um die seines *Begriffs*, also die Anwendung eines Wortes. Denn Begriffe lernt man mit der Sprache. Diese ist nicht einfach ein Benennen von Phänomenen. Nicht jedes Wort ist ein Name. Wittgenstein ist kein Nominalist (vgl. § 383f.). Das Ganze in Form von Merksätzen:

> Das *Wesen* ist in der Grammatik ausgesprochen. (§ 371)
>
> Welche Art von Gegenstand etwas ist, sagt die Grammatik. (§ 373)[115]

Statt vom Was der Vorstellung von der Verwendung des Wortes »Vorstellungen« zu reden, hilft gegen den Eindruck, es »wäre da wohl ein Gegenstand, von dem ich die Beschreibung abziehe, aber ich wäre nicht im Stande, ihn jemandem zu zeigen« (§ 374). Denn eine Vorstellung, die man hat, könnte man nun einmal niemandem zeigen. Hierzu meint Wittgenstein, es sei wohl das Beste, »daß wir der Versuchung, dies Bild zu gebrauchen, nachgeben: aber nun untersuchen, wie die *Anwendung* dieses Bildes aussieht« (ebd.; vgl. auch § 423 ff.).

Hier ist ein Beispiel für seine Anwendung durch den *Philosophen*: Wenn ich eine Vorstellung habe, geschieht etwas, was ich, indem ich die Vorstellung ausdrücke, einem andern mitteilen kann. – Aber das klingt, »als läge der ganze Witz der Mitteilung darin, daß ein Andrer den Sinn meiner Worte – etwas Seelisches – auffaßt, sozusagen in seinen Geist aufnimmt. Wenn er dann auch noch etwas damit anfängt, so gehört das nicht mehr zum unmittelbaren Zweck der Sprache.« (§ 363) Das nennt man jedoch nicht »Mitteilung«. So führt man etwa Berechnungen im Kopf zusammen mit allen möglichen Tätigkeiten aus, beim Einkaufen, Autofahren, Bauen einer Brücke. Hat nun jemand in der Vorstellung gerechnet und teilt dem anderen das Ergebnis mit, dann nicht, um ihn wissen zu lassen, was in seinem Geist vorging, sondern damit er etwa im Bau fortfahren kann. – Geht das nicht am Problem vorbei? Sieht es jetzt nicht so aus, als käme es auf das Rechnen selber gar nicht an? Das Ergebnis ist ihm doch nicht, »nach einer Art Träumerei, in den Schoß gefallen. [...] Denn er *weiß*, daß, und wie, er gerechnet hat; und das richtige Resultat wäre ohne Rechnung nicht erklärbar.« (§ 364) – Das aber hilft nicht weiter, denn seine entsprechende Äußerung schließt nicht aus, dass es ihm nur so *vorkommt*, als habe er gerechnet. Selbst wenn man sich auf sein Rechnen als Erklärung der Richtigkeit des Ergebnisses berufen kann, ist es »nicht unverständlich genug, daß er ohne ein Wort, oder Schriftzeichen, RECHNEN konnte?« (Ebd.) – Das ist es freilich nur, wenn man das Rechnen in der

Vorstellung als Vorgang von im Grunde gleicher Art wie das Rechnen auf dem Papier auffasst. Dann sieht jenes irgendwie unwirklicher aus als dieses. Aber es »ist das *wirkliche* – Kopfrechnen« (ebd.) und nicht einfach eine *bestimmte* Art von Unwirklichem. Es ist gerechnet worden, er hat *diese* Multiplikation im Kopf ausgeführt. Nur heißt dies nicht, und das ist der Punkt, an dem man irregeht, dass »ein, dem Multiplizieren auf dem Papier *entsprechender*, geistiger Vorgang« (§ 366) stattfand. Es hat keinen Sinn, hier »von einer Methode der Abbildung zu reden, nach welcher die Vorstellung des Zeichens das Zeichen selbst darstellt« (ebd.). Das Denken oder Vorstellen des Satz-Sinnes ist nicht die Projektionsmethode, mittels welcher wir das »sinnlich wahrnehmbare Zeichen (Laut- oder Schriftzeichen etc.) des Satzes als Projektion der möglichen Sachlage« benutzen. (3.11; vgl. auch 5.631) Denken, Vorstellen, Sprache sind nicht jenes »einzigartige Korrelat, Bild, der Welt«, und die Begriffe des Denkens und Vorstellens, des Satzes und der Sprache sowie der Welt stehen nicht »in einer Reihe hintereinander, jeder dem andern äquivalent« (§ 96). Sondern das »Vorstellungsbild ist das Bild, das beschrieben wird, wenn Einer seine Vorstellung beschreibt« (§ 367). Das aber kann ganz verschieden aussehen – was man z.B. beim Vergleich impressionistischer Bilder mit Beschreibungen ihrer Motive lernen kann (vgl. § 368). Zu sagen, dass das, was in meinem Kopf vorging, als ich rechnete, war: Ich addierte erst 17 und 18, dann zog ich 39 ab ... – erklärt nicht, *was* Kopfrechnen ist oder wie wir *die Wörter* »Kopfrechnen« oder »Vorstellung« *verwenden.*

Wie werden sie also verwendet? Hier sind einige Beispiele:

- »Rechne im Kopf 17 x 25!« – Wir haben etwa jemandem das laute oder schriftliche Rechnen beigebracht, und er führt die Aufforderung aus, wenn er häufig genug das richtige Ergebnis angibt, sich korrigiert usw. (siehe oben). Ob etwas in ihm vorgeht, und ggf. was, spielt keine wesentliche Rolle. Man kann auch im Kopf rechnen lernen, indem man andere beim Rechnen beobachtet (vgl. §§ 82, 233f.).

– »Die Leute dieses Stammes kennen nur das Kopfrechnen.« – Hier gibt es also kein Lehren und keine Möglichkeit des Zusehens. Dies, meint Wittgenstein, muss man sich wohl als einen Grenzfall vorstellen, also einen Fall, der »nun zu einem andern Vorbild hin gravitier[t]« (§ 385; auch §§ 206, 282).
– »Er berechnet im Kopf, wie stark das Metallband sein muss.« – So beschreibt man einen Teil dessen, was jemand tut, der mit dem Bau einer Maschine befasst ist. Sein Tun gehört zu dieser Form des Handelns, in dieser Situation war die Rechnung nötig, er beherrscht die Rechenmethode usw.
– »Stell Dir vor, Müller war gerade am Gewinnen, da musste er auf einmal weg.« – Das kann ein Ausdruck des Mitleids sein oder eine Charakterisierung der Situation. Hier kommt es auf »Stell dir vor« gar nicht an. (Ähnlich kann man häufig »Ich glaube« oder »Es ist wahr« weglassen.)
– Sollen Kinder sich vorstellen, wie die Erde vom All aus aussieht, findet man heraus, welche Vorstellungen sie sich machen, wenn man sie malen lässt, wie die Erde wohl aus dem All ausschaut. Wie man sich eine Sache vorstellt, steht dabei häufig in erkennbarer Verbindung dazu, wie man sie sieht. Zu sehen, was oder wie etwas ist, hat man im Zuge von Tätigkeiten aller Art gelernt, in welche auch das Sprechen verwoben ist. »Wie erkenne ich, daß diese Farbe rot ist? – Eine Antwort wäre: ›Ich habe Deutsch gelernt.‹« (§ 381)

Apropos »gelernt haben«: Wieso soll man eigentlich nicht recht haben damit, dass man in der Vorstellung etwas Rotes sieht, wenn man es sagt? Wenn man doch gelernt hat, was »rot« heißt? – Aber die Frage ist hier, wie ich dann zeigen kann, was ich mir *vorstelle*, indem ich z. B. auf etwas *Rotes* zeige. Man kann eine rote Blume vor eine rote Bluse halten, um zu sehen, ob beider Rot identisch ist oder nicht. Aber das Vorstellungsrot kann ich ja nicht neben das Rot halten, auf das ich zeige. Wieso zeige ich dann zur Erklärung meiner Vorstellung ohne Zögern auf einen roten Gegenstand? Zu sagen, dass sie sich zum Verwechseln ähnlich sehen, würde nicht helfen, solange nicht klar ist, was es heißt, dass eine (richtige) Vorstellung von diesem Rot so und so aussieht. Das Problem ist also nicht, dass jemand sicher ist, sich dieses oder jenes vorgestellt zu haben, sondern, dass er meint, einfach so zeigen oder beschreiben zu können, was er sich vorgestellt hat. Als ob der Übergang von der, wie man sagen könnte, Farbe da draußen zur Farbe hier drinnen kein Problem wäre. »Der *tiefe* Aspekt entschlüpft leicht.« (§ 387) Das schützt davor, jenes Ende des Philosophierens zu erreichen, »wo man nur noch einen unartikulierten Laut ausstoßen möchte« (§ 261), weshalb man wiederum nur schwer auf die Idee kommt, von Anfang an in einer Sackgasse gewesen zu sein. Eher schon lässt man sich zu der Idee verleiten, die Vorstellung sei ein »Über-Bildnis«, denn als Vorstellung gerade *dieses* Gegenstandes muss sie diesem ähnlicher als jedes Bild sein, da ein auch noch so ähnliches Bild immer noch das Bild von etwas anderem sein kann. (§ 389; vgl. §§ 97, 373ff., und oben).

Kann man sich denn nicht auch Dinge vorstellen, die dem Gelernten entgegenstehen wie: dass ein Stein Bewusstsein hat? Aber »warum soll das nicht bloß beweisen, daß diese Vorstellerei (sic!) für uns kein Interesse hat?«[116] Und sich vorzustellen, jemand hätte furchtbare Schmerzen, verberge sie aber kunstvoll, verbindet das Gewöhnliche eben durch das Wort »kunstvoll« mit dem Üblichen. Wir verbinden also nicht einfach den Schmerz mit der Seele, die den Körper nichts angehen muss, so dass es auch ganz leicht ist, sich jene Vorstellung zu bilden. Das Verhalten, zu dem diese Vorstellung gehört, gliche dann etwa jenem, dass man eine

Rolle spielt. Hierfür kann die Aufforderung, sich jenes vorzustellen, als Regieanweisung dienen. Sie bedürfte dabei nicht der Ergänzung um die Angabe dessen, »was er *eigentlich* tun soll« (§ 393; vgl. auch §§ 420, 450). Das aber liegt nicht daran, dass dies oder jenes in ihm vorgeht, wenn er sich vorstellt, der, den er darstellen soll, habe furchtbare Schmerzen. Es kann etwas vorgehen, muss aber nicht. Diese »Analyse schillert zwischen einer naturwissenschaftlichen und einer grammatischen«[117]. An den Begriff einer Sache kommt man naturwissenschaftlich nicht heran.

Wie steht es dann um das Schaffen von Begriffen? Angenommen, ich sitze im Zimmer und sehe mich um. Ich habe dann eine bestimmte Sicht vom Zimmer. Die kann außer mir niemand haben. – Aber dann *habe* ich sie eben auch nicht, denn dass jemand etwas hat, heißt gewöhnlich, dass es auch ein anderer haben *könnte*. Ist das aber logisch ausgeschlossen, dann auch, dass ich es habe. (Ich bin auch nur einer unter anderen.) Dann jedoch ist hier gar nicht von einem Subjekt die Rede, oder: diese Rede ist sinnlos. Das heißt aber nicht, dass da einfach nichts wäre. »Du redest (wenn du z.B. im Zimmer sitzt) vom ›visuellen Zimmer‹. Das, was keinen Besitzer hat, ist das ›visuelle Zimmer‹. Ich kann es so wenig besitzen, als ich darin umhergehen, oder es anschaun, oder darauf zeigen kann. Es gehört insofern nicht mir an, als es niemand anderm angehören kann. Oder: es gehört insofern nicht mir an, als ich ja darauf die gleiche Ausdrucksform anwenden will, wie auf das materielle Zimmer selbst, in dem ich sitze. Die Beschreibung des letztern braucht keinen Besitzer zu erwähnen, es muß ja auch keinen Besitzer haben. [...] ›Denn es hat keinen Herrn außer sich und keinen in sich‹ – könnte man sagen.« (§ 398) – Aber das, was sich hier als Entdeckung darstellt, für die ein Begriff zu finden ist wie ein Name für ein Neugeborenes, ist eher die Erfindung einer neuen Sprechweise, eines Vergleichs, einer neuen Empfindung oder Auffassung, ähnlich der

Erfindung einer Malweise, wie sie etwa der Impressionismus darstellt.

Die Verwechslung von Erfindungen und Entdeckungen geht oft mit einer Unzufriedenheit mit der gewöhnlichen Sprechweise einher. Diese treffe gewissermaßen die Tatsachen nicht. So stellen dann jene, welche die »neue Sprechweise« nicht verwenden, in den Augen der anderen ständig falsche Behauptungen auf. Dagegen setzen diese sich zur Wehr, indem sie ihre Sprechweise als Konstatierung von Tatsachen hinstellen, die jeder Mensch mit gesundem Menschenverstand anerkennen müsse. So, meint Wittgenstein, sähen tatsächlich die Streitereien zwischen Idealisten, Solipsisten und Realisten aus. Aber wenn ich etwa das Wort »Schmerz« nur noch im Sinn von »mein Schmerz« oder »Schmerz des R. R.« verwende, geschieht den anderen kein Unrecht, soweit nur entsprechende Vorkehrungen in der Notation für »ihr Schmerz« oder »Schmerz des N.N.« getroffen werden. Das aber ändert nicht das Sprachspiel, zu dem gehört, dass man andere bedauert, behandelt usw. (vgl. §§ 398ff.)

Es ändert auch nichts an der Frage, inwiefern man jemanden benennt, indem man von ihm sagt, er habe Schmerzen. Denn wenn ich es von mir sage, benenne ich insofern keine Person, als ich gar nicht *weiß*, wer Schmerzen hat, wenn ich sie habe. Man könnte dem einen Sinn verleihen, indem man etwa den Wortausdruck des Schmerzes zu »Jetzt *weiß* ich, wer Schmerzen hat: *ich*« ändert. Aber wenn ich Schmerzen auch spüren könnte, wenn andere sie hätten, sie also auch hätte, wäre diese Wendung nicht mehr angebracht. Im normalen Fall kann man sagen, dass der, welcher vor Schmerzen stöhnt, nicht die Aufmerksamkeit der anderen auf eine bestimmte Person lenken will, sondern auf *sich*. Selbst wenn er stöhnend sagen würde, dass jemand Schmerzen hat, er aber nicht wisse, wer, würde man nicht dennoch dem Stöhnenden zu Hilfe eilen? Also:

»Ich« benennt keine Person, »hier« keinen Ort, »dieses« ist kein Name. Aber sie stehen mit Namen in Zusammenhang. Namen werden mittels ihrer erklärt. Es ist auch wahr, daß die Physik dadurch charakterisiert ist, daß sie diese Wörter nicht verwendet.[118]

Natürlich möchte man zunächst entgegnen, dass »Ich« eine Person benennt, nämlich *mich*. Aber kann ich mich darin irren, dass ich ich bin, wie ich mich darin irren kann, dass der in der Ecke dort N.N. ist oder der im Spiegel R.R.?

Wollen und Beabsichtigen

Mein Arm hebt sich, weil
- er von jemandem angehoben wird;
- in ihm gewisse physiologische Vorgänge ablaufen;
- ich ihn anheben *will*.

In den ersten beiden Fällen kann ich überrascht sein. Aber wenn ich meinen Arm hebe, bin ich nicht überrascht. Man könnte meinen, ich sollte es doch sein. Denn auch wenn mein Arm sich hebt, weil ich es will, so kann ich doch das Wollen selbst nicht herbeiführen. Der Wille »kommt, wenn er kommt«, er ist »auch nur eine Erfahrung« (§ 611). – Aber das ist nicht ganz richtig. Denn ich kann durchaus das Wollen herbeiführen. Ich springe ins Wasser ... und schon will ich schwimmen. – Nur ist dieses Herbeiführen nicht von der Art des Herbeiführens des Hebens des Arms, indem ich ihn heben will. So bleibt ein Unterschied zwischen den ersten beiden und dem dritten der Fälle oben bestehen. »Ich wollte wohl sagen: ich könnte das Wollen nicht wollen; d.h., es hat keinen Sinn, vom Wollen-Wollen zu sprechen. ›Wollen‹ ist nicht der Name für eine Handlung und daher also auch für keine willkürliche. Und mein falscher Ausdruck kam daher, daß man sich das Wollen als ein unmittelbares, nichtkausales, Herbeiführen denken will.« (§ 613) Was ich so ausschließe, soll so etwas wie ein Mechanismus sein, der zwei Maschinenteile verbindet, soweit er nicht gestört wird. Hierbei denkt man »nur an die Störungen, denen ein Mechanismus normalerweise ausgesetzt ist; nicht daran, daß etwa die Zahnräder plötzlich weich werden, oder einander durchdringen, etc.« (§ 613; vgl. auch §§ 142, 193, Z 580.) Im »wirklichen« Leben vergessen wir diese Möglichkeit gewöhnlich nicht. Ihr Vergessen legt dann ein vereinfachtes Bild vom Kausalzusammenhang nahe, das als Gegenstück zum Wollen dient: *So* führt das Wollen das Tun nicht herbei. Wollen und Tun sind nicht *vermittelt*, etwa durch einen Wunsch, der dann die Rolle jenes Mechanismus spielen könnte. Wenn das Wollen aber ein derart unmittelbares Herbeiführen sein soll, muss es dann nicht das Handeln selber sein? Und wir sprechen ja auch vom willentlichen Handeln. Ist es jedoch »das Handeln, so ist es dies im gewöhnlichen Sinne des Worts; also: sprechen, schreiben, gehen, etwas heben, sich etwas vorstellen« (§ 615). Nur, kann man nicht unwillentlich sprechen? (Was ich nicht gewollt habe, habe ich oft getan. »Ich habe es nicht gewollt« entschuldigt oder bittet um Nachsicht.) Da man auch erfolglos handeln kann, gehören zum Handeln auch das Versuchen, Trachten usw. »zu sprechen, zu schreiben, etwas zu heben, sich etwas vorzustellen, etc.« (ebd.). Aber kann man unwillentlich versuchen, sich etwas vorzustellen?

Soweit das Versuchen eine Form des Wollens ist, gibt es auch Fälle, in denen man etwas nicht einmal wollen kann: etwa einen Finger zu bewegen, wenn dieser in gewisser Weise mit den anderen verschränkt ist. Wird der Finger jedoch berührt, kann man ihn bewegen. Im ersten Fall findet der Wille keinen Angriffspunkt für sein Herbeiführen, da kein Gefühl diesen bezeichnet. Aber wohin soll man denn den Willen lenken, wenn das Gefühl da ist? Nicht auf die Stelle, welche das Gefühl bezeichnet! Denn die Frage ist ja, wo der Wille, den Willen auf diese Stelle zu lenken, ansetzen soll. Es hilft auch nichts, sich das »wollende Subjekt« als allein »Treibendes und nicht Getriebenes« vorzustellen, so dass man zwar die Stelle suchen kann, wo der Wille anzusetzen hat, aber dieses Problem eben in Bezug auf den Willen selbst nicht wieder auftaucht. Denn »in dem Sinn, in welchem es mir nicht mißlingen kann, zu wollen, kann ich es auch nicht versuchen« (§ 618; vorher § 617). »Und man könnte sagen: ›Ich kann nur insofern jederzeit *wollen*, als ich nie versuchen kann, zu wollen.‹« (§ 619) Aber im gewöhnlichen Sinn dieses Wortes (vgl. § 615) kann ich natürlich häufig versuchen, so und so zu handeln. Wenn aber das Wollen nicht vor dem Handeln stehen bleiben kann, sondern das Handeln selbst ist, wie kann ich dann jemals handeln, wenn ich nicht einmal *versuchen* kann zu wollen?

So scheint dann das *Tun* selbst »kein Volumen der Erfahrung zu haben. Es scheint wie ein ausdehnungsloser Punkt, die Spitze einer Nadel. Diese Spitze scheint das eigentliche Agens. Und das Geschehen in der Erscheinung nur Folge dieses Tuns. ›Ich *tue*‹ scheint einen bestimmten Sinn zu haben, abgelöst von jeder Erfahrung.« (§ 620) Was ist jetzt aber die Differenz zwischen der Tatsache, dass ich meinen Arm hebe, und der Tatsache, dass mein Arm sich hebt? (Vgl. § 621) – Ist denn da eine Differenz, die, wenn man sie zu der zweiten Tatsache addiert, die erste ergibt?

> Wenn ich meinen Arm hebe, *versuche* ich meistens nicht, ihn zu heben. (§ 622)

Ich *versuche*, ihn zu heben, wenn die Situation ein Misslingen nahelegt. Ich *trachte*, dieses Haus zu erreichen, wenn dem etwas im Wege steht (vgl. § 623). Wenn es jedoch kein Hindernis gibt, versuche ich es nicht; ich tue es einfach. Mein Heben des Arms ist also nicht die Summe dessen, dass ich es versuche und mein Arm sich hebt.

Der Wille ist auch keine kinästhetische Empfindung. Man kann glauben, man bewege seinen Arm, während man es nicht tut, etwa im Labor unter dem Einfluss elektrischer Ströme. »›Er hat also das besondere Gefühl dieser Bewegung‹ sagen wir.« (§ 624) – Weiß man also, dass man seinen Arm gehoben hat, weil man jenes Gefühl hat? Woher weiß man dann aber, dass dieses Gefühl »das besondere Gefühl dieser Bewegung« ist? »– Du bist sicher, daß du deinen Arm gehoben hast; ist nicht dies das Kriterium, das Maß, des Wiedererkennens?« (§ 625) Und dass man sich sicher ist, heißt nicht, dass das, dessen man sich sicher ist, auch der Fall ist. Aber die Sicherheit ist auch nicht völlig ungerechtfertigt. Im Labor kann es anders sein; dafür sind Laboratorien unter anderem da.

Ich kann darüber staunen, dass mein Arm sich hebt. Aber wenn ich ihn hebe, sage ich gewöhnlich *nicht*: »›Sieh, mein Arm hebt sich!‹« (§ 627) Dass ich meinen Arm hebe, ist auch nicht die *Summe* dessen, dass mein Arm sich hebt und ich nicht darüber staune. Wenn ich es etwa selbst herbeiführe, dass mein Arm sich hebt, indem ich bestimmte physiologische Vorgänge in Gang setze, staune ich auch nicht. Nur habe ich deswegen noch lange nicht meinen Arm gehoben. Der entscheidende Punkt hier ist aber ein anderer: Dass ich es selbst in Gang setze, *erklärt* das Fehlen des Staunens. Im Fall der willkürlichen Bewegung dagegen soll man gar nicht erst fragen, *warum* man hier nicht staunt (vgl. § 628). Denn wenn man nach dem Warum fragt, nimmt man die Tatsache der Abwesenheit des Staunens nicht mehr als eine ursprüngliche. Man nimmt sie nicht mehr hin in dem Sinn, in dem – für die Philosophie – Sprachspiele das Primäre und Lebensformen das Hinzunehmende, Gegebene sind. »Wenn wir die Frage ›warum‹ unterdrücken, werden wir oft erst die wichtigen *Tatsachen* gewahr; die dann in unseren Untersuchungen zu einer Antwort führen.«[119]

Eine solche Tatsache ist das Vorhersagen der willkürlichen Bewegung. Dies ist ebenso eine Voraussage wie die, dass bestimmte Metalle in gewisser Weise auf die und die Säuren reagieren werden. Aber es ist nicht eine ebensolche Voraussage. Denn während man in diesem Fall besondere Techniken lernen muss, muss man in jenem Fall einfach lernen, Befehlen zu folgen, einen Vorsatz auszuführen usw. (vgl. § 630) Ein Satz wie »Ich werde jetzt zwei Pulver einnehmen; eine halbe Stunde darauf werde ich erbrechen« ist gewissermaßen ein Treffen von grundverschiedenen Verwandten: Beide Teilsätze sind Voraussagen, aber nur der zweite ist ein Erfahrungssatz. Dagegen liegen dem ersten Satz nicht Beobachtungen voraus, sondern »Gedanken, Handlungen, etc., die zu ihm hinleiten. Und es ist nur irreführend, zu sagen: ›Die einzige wesentliche Voraussetzung deiner Äußerung war eben dein Entschluß.‹« (§ 631) Man kann einen Entschluss fassen, ohne ihn auszuführen. Vorausgesagtes muss nicht eintreffen. Das aber gleicht die Voraussage eines Handelns nicht der einer chemischen Reaktion an, selbst wenn es der Fall sein sollte, dass die Voraussage des eigenen Tuns die Ursache ist und das Tun ihre Wirkung. Trotzdem kann ein anderer daraus, dass er hört, wie jemand einen Entschluss fasst, die entsprechende Handlung voraussagen. »Ein wichtiges Sprachspiel.« (§ 632)

Wie sieht es in der umgekehrten Richtung aus? – »Ich weiß genau, was ich sagen wollte!« – aber nicht gesagt *habe* (ich wurde unterbrochen). »Und doch lese ich's nicht von irgend einem andern Vorgang ab, der damals stattfand und mir in der Erinnerung ist. (/) Und ich *deute* auch nicht die damalige Situation und ihre Vorgeschichte. Denn ich überlege sie mir nicht und beurteile sie nicht.« (§ 637) Trotzdem ist man geneigt, die Erinnerung an die Absicht als ein Deuten aufzufassen. Denn zu dem, woran man sich erinnert, muss nicht gehören, dass man etwas schon früher gedacht und nur nicht gesagt hatte. Und hätte man es gesagt, hätte man es auch meinen müssen. »So ist also der am meisten explizite Ausdruck der Absicht allein keine genügende

Evidenz der Absicht.« (§641) Oft wird die Absicht nicht in dieser expliziten Weise ausgedrückt, und man sagt trotzdem ohne Zögern »Ich wollte damals sagen ...«. Aber das, woran man sich nun erinnert, scheint wieder viel zu gering, als dass man daraus das Haben jener Absicht ableiten könnte. »Es ist, als wäre das Bild einer Szene aufgenommen worden, aber es sind von ihm nur einige verstreute Einzelheiten zu sehen; hier eine Hand, dort ein Stück eines Gesichts, oder ein Hut, – das übrige ist dunkel. Und nun ist es, als wüßte ich doch ganz gewiß, was das ganze Bild darstellt. Als könnte ich das Dunkel lesen« (§ 635); oder als würde ich »einen Gedankengang nach kurzen Notizen ausführe[n]« (§ 634). Diese hätten freilich verschieden gedeutet werden und die Umstände auf verschiedene Weise eine Fortsetzung finden können. »Aber ich *wählte* nicht unter diesen Deutungen. Ich *erinnerte* mich: daß ich das sagen wollte.« (Ebd.) Warum dann die Neigung, die Erinnerung als ein Deuten einer Notiz oder der Situation zu betrachten?

Die Schwierigkeit liegt hier darin, sich von einem Bild der Rolle von Äußerungen wie »Ich wollte ...« oder »Ich hatte die Absicht ...« abzuwenden. Dem Bild zufolge erinnert man sich beim Erinnern an eine Absicht an etwas, das damals geschah – wie man sich des damals Gesagten erinnert. Aber die Geschehnisse, an die man sich im Fall der Absicht erinnert, scheinen die Äußerung »Ich wollte damals sagen ...« nicht zu rechtfertigen. Da waren gewisse Gedanken, Gefühle, Bewegungen, Zusammenhänge mit anderen Situationen usw., aber nichts davon war die Absicht (vgl. § 645f.).

> Was ist der natürliche Ausdruck einer Absicht? – Sieh eine Katze an, wenn sie sich an einen Vogel heranschleicht; oder ein Tier, wenn es entfliehen will. (§ 647)

Nehmen wir an, eine Katze bewege sich *immer* auf diese Weise. Ist sie dann *ständig* im Anschleichen begriffen? Auch dann, wenn offensichtlich gar nichts da ist, das sie fangen wollen könnte? – Dazu, dass eine Katze einen Vogel fangen will, gehören gewisse Umstände und eine bestimmte Geschichte. Aber diese sind nicht die *Umgebung* der Absicht, die man gewissermaßen durchdringen muss, um die Absicht selbst zu sehen. Sondern sich unter den und den Umständen, mit der und der Geschichte, so und so zu verhalten heißt, absichtlich das und das zu tun. – Dass ich ihn in diesem Moment gehasst habe, bestand aus allem Möglichen (es geschah alles Mögliche), aber wenn ich mich jetzt meines damaligen momentanen Hasses schäme, dann »schäme ich mich des Ganzen: der Worte, des giftigen Tones, u.s.w.« (§ 643) Aber ich schäme mich nicht jedes einzelnen Teiles desselben. Wer so denkt, dem kann man mit Recht entgegnen, dass man sich nicht dessen schämt, was man damals tat, sondern der Absicht, mit der man es tat. Ein Blick ist nicht dadurch feindselig, dass man die Augen so und so zusammenkneift. Sondern die Absicht verleiht den so und so zusammengekniffenen Augen die Bedeutung eines feindseligen Blickes (vgl. § 652). – Nur, »lag die Absicht nicht *auch* in dem, was ich tat? Was rechtfertigt die Scham? Die ganze Geschichte des Vorfalls.« (§ 644) Wenn nun dieser Vorfall mit seiner ganzen Geschichte vorliegt, ist dann die Scham für einen Menschen nicht umgekehrt ein ebenso natürlicher Ausdruck für (s)eine Form der Erinnerung an das, was er tat, wie das Anschleichen für eine Katze der natürliche Ausdruck ihrer Absicht ist, den Vogel zu fangen?[120] Könnte dann nicht auch die Sicherheit, mit der ich einen unterbrochenen Satz fortsetze, ein Kriterium dafür sein, dass der Gedanke damals bereits fertig war? (Vgl. §§ 633, 660) Warum dann aber die Äußerung der Absicht? »Nicht, weil die Intention auch noch etwas war, was damals vor sich ging. Sondern, weil ich ihm etwas über *mich* mitteilen will, was über das hinausgeht, was damals geschah.« (§ 659)

Nach Satz 3 der *Abhandlung* ist der Gedanke das logische Bild der Tatsachen und drückt sich im Satz sinnlich wahrnehmbar aus (vgl. 3.1). Sätze haben Teile; wenn diese den Sinn charakterisieren, nennt Wittgenstein sie »Ausdrücke« oder »Symbole« (vgl. 3.31). Verwandeln wir nun einen Bestandteil eines Satzes in eine Variable, gibt es zu dem so entstehenden variablen Satz eine Klasse von Sätzen als seinen Werten. Diese Klasse hängt »im allgemeinen noch davon ab, was wir, nach willkürlicher Übereinkunft, mit Teilen jenes Satzes meinen. Verwandeln wir aber alle jene Zeichen, deren Bedeutung willkürlich bestimmt wurde, in Variable, so gibt es nun noch immer eine solche Klasse. Diese aber ist nun von keiner Übereinkunft abhängig, sondern nur noch von der Natur des Satzes. Sie entspricht einer logischen Form – einem logischen Urbild.« (3.315) Es bedarf eines solchen Verfahrens, weil es »menschenunmöglich« ist, die Sprachlogik direkt aus der Sprache zu entnehmen. Denn die Sprache verkleidet den Gedanken (vgl. 4.002). So ist das Meinen sowohl mit dem willkürlichen wie auch mit dem nichtwillkürlichen Teil der Sprache verbunden. Wer »einen Satz ausspricht und ihn *meint*, oder *versteht*, [betreibt] damit einen Kalkül [...] nach bestimmten Regeln.« (§ 81)

Im § 664 der *Untersuchungen* führt Wittgenstein eine Unterscheidung ein,[121] die auch terminologisch an die *Abhandlung* erinnert. Zur »Oberflächengrammatik« im Gebrauch eines Wortes gehört zum Beispiel »seine Verwendungsweise im *Satzbau*«, das, »was sich uns am Gebrauch eines Worts unmittelbar einprägt«; zur »Tiefengrammatik« dagegen das, worauf man sich besinnen muss und »worauf man sich aus irgendeinem Grunde schwer besinnt« (§ 96). An dieser Stelle der *Untersuchungen* ist der Leser bereits mit zahlreichen »tiefengrammatischen« Betrachtungen vertraut. Sie werfen ein Licht voraus auf die Untersuchung des Gebrauchs des Wortes »meinen«.

Eine Verwendung ist die im Sinne einer Definition. Man kann zum Beispiel sagen: »Mit ›abrakadabra‹ meine ich Zahnschmerzen.« (§ 665) Als Definition ist es *keine* Beschreibung, auch nicht die eines inneren Vorgangs. In einem anderen Fall legt man fest, wovon man gesprochen hat, ob man z.B. mit dem Satz »Es wird bald aufhören« vom Klavierstimmen sprach, das man hörte, oder von den Schmerzen, die man zur gleichen Zeit hatte. Hier kann es, entsprechend dem, was man gemeint hat, verschiedene Richtungen der Aufmerksamkeit geben, gewisse Blicke, Gesten »oder ein Schließen der Augen, das man ein ›Nach-Innen-Blicken‹ nennen könnte« (§ 666). Aber man kann mit dem Satz auch einen Schmerz meinen, den man simuliert, so dass, nach den Kriterien des anderen, nichts Inneres da ist, was man mit »Ich habe den Schmerz gemeint« beschreiben *könnte*. Und auch wo ein Inneres da ist, ist »Ich habe gemeint ...« nicht die Antwort auf die Frage, was in einem vorgegangen ist, als man sagte »Es wird bald aufhören« (vgl. §§ 667, 675 f.).

Man kann auch etwas *wirklich* meinen – z.B. einen Fluch. Man war wirklich ärgerlich. Ob man ärgerlich war, sagt man vielleicht dank Introspektion. Aber auch das macht »Ich habe es wirklich gemeint« nicht zu einem Bericht über innere Vorgänge.

Selbst wenn es ein Bericht ist, muss es nicht *nur* einer über eine Verbindung sein, die damals bestanden hat. Wenn ich das Klavierstimmen gemeint habe, bestand jene Verbindung; und indem ich es sage, schlage ich eine: Ich setze fort, was damals begann, ähnlich wie ich mich erinnere, was ich sagen wollte (siehe oben). Ich bin grundlos ohne Zweifel (vgl. §§ 679-684).

Manchmal kann man »... meinen« durch »an ... denken« oder »von ... reden« ersetzen: »Ich habe ihn gemeint«, »Ich habe an ihn gedacht«, »Wir haben von ihm geredet«. Man redet von ihm, wenn man weiß, wer er ist, mit ihm bekannt ist, indem man seinen Namen verwendet, nichts erzählt, was auf jeden (oder niemanden) zutreffen könnte usw. Hier ist keine Rede von einem »geistigen *Mechanismus*« (§ 689).

Aber nicht immer kann man diese Ersetzung vornehmen. Wie schon oben erwähnt, gibt man jemandem eine Regel und meint dabei, an der und der Stelle solle er ... An diese Stelle muss man, als man sie meinte, nicht gedacht haben. Hier sieht man die Verschiedenheit der Grammatiken der Zeitwörter »meinen« und »denken«.

> Und nichts Verkehrteres, als Meinen eine geistige Tätigkeit nennen! Wenn man nämlich nicht darauf ausgeht, Verwirrung zu erzeugen. (Man könnte auch von einer Tätigkeit der Butter reden, wenn sie im Preise steigt; und wenn dadurch keine Probleme erzeugt werden, so ist es harmlos.) (§ 693; vgl. auch § 692 und oben)

Mit der 693. Bemerkung enden die *Untersuchungen* wie manche Sketche von Karl Valentin: Sie hören einfach auf. Das heißt, es gibt kein Gegenstück zum Satz 7 der *Abhandlung*. Die Form des Schlusses der *Abhandlung* entspricht dem Anspruch ihres Autors, die philosophischen Probleme im Wesentlichen endgültig gelöst zu haben. Dass diese Form von den *Untersuchungen* nicht zu erwarten war, lag spätestens mit § 133 auf der Hand:

> Die eigentliche Entdeckung ist die, die mich fähig macht, das Philosophieren abzubrechen, wann ich will. – Die die Philosophie zur Ruhe bringt, so daß sie nicht mehr von Fragen gepeitscht wird, die *sie selbst* in Frage stellen. – Sondern es wird nun an Beispielen eine Methode gezeigt, und die Reihe dieser Beispiele kann man abbrechen. – Es werden Probleme gelöst (Schwierigkeiten beseitigt), nicht *ein* Problem.

7. Danksagung

Es bleibt mir noch die angenehme Pflicht, mich bei denen zu bedanken, die mir auf diese oder jene Weise bei der Arbeit an dieser Einführung geholfen haben. Das sind insbesondere Fabian Freyenhagen, Raymond Geuss, Martin Eichler, Martin Kusch, Jörg Schaub, Christian Skirke, Dieter Thomä, Eike von Savigny, Adriaan Sebastian Verschuren und Werner Wolff, die zum Teil das ganze Manuskript, größere Teile desselben oder Vorstufen zu einzelnen Kapiteln gelesen und kritisch kommentiert haben. Mein Dank gilt auch dem Department for History and Philosophy of Science sowie der Faculty of Philosophy der Universität Cambridge für ihre Gastfreundschaft. Nicht zuletzt bin ich der Deutschen Forschungsgemeinschaft verbunden, die mir mit einem Heisenberg-Stipendium die Arbeit an diesem Buch ermöglicht hat.

Anhang

Anmerkungen

1 Siehe u.a.: Kenny [1984], Pears [1987/88], Philipp [1990], Savigny [1969], S. 13-88, Schröder [2006], Schulte [1989], Vossenkuhl [1995], Wuchterl/Hübner [1979]. Daneben stehen Einführungen in einzelne Werke, vor allem die *Logisch-philosophische Abhandlung* – etwa Anscombe [1971], Black [1964], Kenny [1974], Lange [1996], Nordmann [2005], Pitcher [1967], Stenius [1969] – und die *Philosophischen Untersuchungen* – zum Beispiel Pears [1988], Hanfling [1989], Lange [1998], McGinn [1997], Stern [2004]. Ich stütze mich im Folgenden vor allem auf die Arbeit von Philipp. In Bezug auf die Abhandlung sehe ich eine besondere Nähe zu einigen Aspekten in Arbeiten Michael Kremers (v.a. Kremer [2001, 2004]). Für weitere Angaben und zur Art des Zitierens aus und Referierens auf Wittgensteins Texte siehe die Übersicht »Quellenlage, veröffentlichte Schriften, Siglen, Kommentare, Biografien, Literaturverzeichnis«.

2 Wright [1990a], S. 44.

3 Der englische Titel trifft den Witz des Buches besser: *Wittgenstein. The Duty of Genius*. Der Untertitel der deutschen Übersetzung – *Das Handwerk des Genies* – ist dagegen in Hinsicht auf das Philosophieverständnis vor allem des späten Wittgenstein nicht schlecht gewählt.

4 Siehe: Waismann [1976], S. 25.

5 James [1907], S. 2. Nach Waismann ist die Philosophie weder besonders allgemein noch allumfassend oder besonders stringent, sondern am ehesten noch als Versuch der Daseinsdeutung zu bestimmen. (Siehe Waismann [1976], S. 25ff.; vgl. auch Tolstoi [1879])

6 Vgl. PU, S. 741. Laut Ryle [1951], S. 1, war die Frage, was Philosophie (und Logik) ist und kann, »all the time his master-question«.

7 Vgl. hierzu die Arbeiten Hilmy [1987] und Kienzler [1997].

8 Zu Brouwer siehe dessen Vortrag [1929]. Von Brouwer gibt es einen wilden Text von 1905, der gewisse Ähnlichkeiten zu etlichen von Wittgensteins Überlegungen in der *Abhandlung* aufweist. Siehe auch unsere Ausführungen unten und Monk [1990], S. 249 ff., [1995], sowie VM, S. 288. Monk sieht hier eine Verbindung zu dem, was Wittgenstein (abschätzig) »bürgerliches Denken« nennt und dem es um eine besondere Ordnung, statt Ordnung schlechthin, geht. Vgl. VB, 1931, S. 473, zu Ramsey und § 125. Auch der frühe Wittgenstein war nicht »bürgerlich«.

9 Wittgenstein hat später gesagt, dass diese Episode den Griff löste, mit dem die Überlegung ihn gefangen hielt, dass ein Satz wortwörtlich ein Bild der Realität sein muss, die er beschreibt. (Dieses und weitere Details in: Malcolm [o.J.]) Von Sraffa heißt es im Vorwort zu den *Untersuchungen*, seiner Kritik verdanke Wittgenstein noch mehr als der »stets kraftvollen und sichern« Kritik Ramseys, »die folgereichsten der Ideen dieser Schrift« (S. 743).

10 Vgl. Joachim Schultes Einführung zu den PU und sein [1989], S. 43-56, Wright [1986],[1986b]. Zum Status des sogenannten Teil II der *Untersuchungen* siehe auch Wright [1995], Scholz [1995].

11 Zur Philosophie der Mathematik siehe: Frascolla [1994], Mühlhölzer [2006], Ramharter und Weiberg [2006], Shanker [1987] und Wright [1980]. In Hinsicht auf die Philosophie der Psychologie vgl.: Chihara/Fodor [1965] und die sich daran anschließende Debatte zu Wittgensteins vermeintlichem Behaviorismus (siehe auch unten), Schulte [1987], Budd [1989], Hark [1990], Stern [1995], Schroeder [1998], Schmitz [2002]. Zu den Bemerkungen über die Farben siehe u. a.: Vendler [1995], zu Frazer: Winch [1975], allgemein Bloor [1983], zur Religion: Barrett [1991], Kober [2006], Phillips [1993], Stosch [2001]. Zu *Über Gewissheit* siehe u. a.: Stroll [1994], Rhees [2003], Moyal-Sharrock [2004].

12 Baker/Hacker und Sluga [2006] verweisen auf Nietzsche. Kierkegaard benutzt den Ausdruck in seiner Dissertation.

13 Heidegger [1927], S. 186 f.; das folgende Zitat aus: WWK, S. 68.; vgl. auch Rentsch [1985].

14 Malcolm [o.J.], S. 126.

15 Lebhafte Schilderungen bieten Musil [1931] und Zweig [1942].

16 Kraus [1984], S. 139 f. Zum geistigen Hintergrund Wittgensteins vgl. insbesondere Janik/Toulmin [1987], Schenk [1982], Wuchterl/Hübner [1984], Johnston [1980], Haller [1968].

17 Siehe Breuer und Freud [1893, 1895]. Wittgenstein hat sich selbst einer Psychoanalyse unterzogen, nimmt öfter Bezug auf Freud, schreibt aber auch: »Ich habe immer geglaubt – ohne daß ich weiß warum – daß der eigentliche Same der Psychoanalyse von Breuer, nicht von Freud herrührt. Das Samenkorn kann natürlich nur ganz winzig gewesen sein. (Mut ist immer originell.)« (WN 162b/60r, 60v)

18 Der nach Weiningers Tod erschienenen Textsammlung *Über die letzten Dinge* wurde deutlich weniger Aufmerksamkeit zuteil.

19 Siehe Drury [1981], S. 110.

20 Siehe Wittgensteins Brief an Engelmann, 21. 6. 1920. Paul Wittgenstein, der von Beruf Pianist war, verlor zu Beginn des Krieges seinen rechten Arm. Wittgenstein schreibt: »Immer wieder muß ich an den armen Paul denken der so plötzlich um seinen Beruf gekommen ist! Wie furchtbar! Welche Philosophie würde es bedürfen darüber hinweg zu kommen! Wenn dies überhaupt anders als durch den Selbstmord geschehen kann!!« (WN 101/50.) Allerdings setzte Paul Wittgenstein nach dem Krieg seine Laufbahn als Pianist fort. Komponisten wie Britten, Hindemith, Ravel und Prokofjew schrieben für ihn Stücke für die linke Hand. Wittgenstein stand dem kritisch gegenüber.

21 Von Wright berichtet von Wittgensteins Fähigkeit, ganze Konzerte von Anfang bis Ende zu pfeifen, »wobei er sich nur unterbrach, um die Aufmerksamkeit des Hörers auf ein Detail der musikalischen Struktur zu lenken« ([1990a], S. 28.). Wittgenstein spielte später auch Klarinette.

22 Wright [1990a], S. 25.

23 Wittgenstein erstellte später eine Liste derer, die ihn in seinem Klärungswerk beeinflusst haben: »Boltzmann, Hertz, Schopenhauer, Frege, Russell, Kraus, Loos, Weininger, Spengler, Sraffa.« (WN 154/16r)

24 Siehe Mays [1980] und Thorbeck/Böhm [2007].

25 Monk [1990], S. 30, berichtet, ein Forschungsstudent aus Manchester habe ihn auf Russells *The Principles of Mathematics* aufmerksam gemacht (Siehe auch Russell [1951]). Philipp [1990], S. 426, nennt Philip Jourdain, Schroeder [2006], S. 15, den Philosophen Samuel Alexander

aus Manchester als Personen, die Wittgenstein auf Frege aufmerksam gemacht haben könnten. Wittgensteins Schwester weist auf Frege als ersten Gesprächspartner Wittgensteins. McGuinness [1988], S. 54 ff., erwägt eine Bekanntschaft mit Frege und Russell bereits in der Berliner Zeit.

26 Frege [1884], S. 18.

27 Wittgenstein, H. [1984], S. 2.

28 Siehe neben Russells Briefen an Lady Ottoline auch die an Wittgenstein und auch Pinsent [1912/1913] sowie Pinsent/Janik/Methlagl [1994]. David Hume Pinsent verunglückte während des Krieges, und Wittgenstein widmete ihm die *Abhandlung*.

29 Nach: Nedo/Ranchetti [1983], S. 79 (engl.). Russell äußert sich ähnlich in seiner Autobiografie, S. 139 f., und schreibt in einem Brief an Lady Ottoline, Wittgensteins Kritik an seinen Gedanken war »ein Ergebnis von größter Wichtigkeit in meinem Leben und beeinflußte alles, was ich seitdem getan habe. Ich sah, daß er recht hatte, und ich sah, daß ich nie wieder hoffen dürfte, ein grundlegendes philosophisches Werk zu schaffen.« (Russell [1970], S. 72) Ähnlich: Frege [1989], S. 16, 21).

30 Siehe Russell/Whitehead [1910] und Russell [1905].

31 Moore, die zweite große Gestalt aus Cambridge, begab sich 1914 nach Skjolden in Norwegen, um sich von Wittgenstein dessen »Notes on Logic« diktieren zu lassen. (Wittgenstein hat später Studenten, extra dafür angeheuerten Fachkräften und Kollegen seine Überlegungen diktiert, zum Beispiel Schlick und Waismann.) Moore fühlte sich jedoch zeitlebens der Philosophie des gesunden Menschenverstandes verbunden. Wie schief es ist, diese *nur* als Unphilosophie zu betrachten, zeigen neben Moores Arbeiten auch Wittgensteins Ausführungen in *Über Gewissheit*. Sicher behebt Moores Erheben seiner Hand auch dann nicht den Zweifel an der Existenz der Außenwelt, wenn es begleitet wird von den Worten »Hier ist eine Hand; und eine Hand ist ein Gegenstand der Außenwelt« (siehe Moore [1925, 1939]). Man kann Moore insofern als jemanden sehen, der mit seinen Händen der Philosophie zuwinkt (siehe Gerrard [2002], S. 64). Aber es ist eben die *Philosophie*, und kein Taxi.

32 Engelmann [1970], S. 100. 1947 beklagt sich Wittgenstein, dass England nicht einmal Hoffnung auf eine Revolution lasse; siehe: WN 134/141.

33 Siehe Schultes und McGuinness' Einleitung zu ihrer kritischen Edition der Abhandlung, S. XVIII.

34 B 129, an Russell, 6.5.1920.

35 B 128, an Engelmann, 24.4.1920.

36 1933 gab es eine weitere Auflage, an der Wittgenstein mitwirkte und gewisse Veränderungen vornahm; siehe hierzu die kritische Edition.

37 WN 154/16r. Siehe auch: Kroß [1993].

38 Philipp [1990], S. 430f.

39 Dieses Buch ist eine der kompaktesten Philosophien überhaupt, das Destillat einer ungeheuer vielgestaltigen Gedankenbewegung. Es behandelt, häufig nur andeutend – überschriftenartig, wie Wittgenstein später sagen wird – verschiedenste Themen. Es enthält ontologische Betrachtungen, Überlegungen zur Logik, zur Sprache, zur Wissenschaft, etwa zu Psychologie und Physik, zum Wesen der Mathematik, zu Induktion und Kausalität, zum Denken, über den Willen und wie er zur Welt steht, über Farben und Werte, Ethik und Ästhetik, Gott und anderes mehr. Und natürlich wird auch die Frage, wie alles dies zusammenhängt, in der *Abhandlung* berührt. Die Vielfalt des Behandelten schließt also gerade nicht aus, dass es in der *Abhandlung*, im Grunde, um ein *einziges* Problem geht. – Beim Blick ins Buch springt zuerst die Nummerierung der Sätze ins Auge. Laut der einzigen Fußnote im ganzen Buch sollen die Dezimalzahlen das logische Gewicht der jeweiligen Bemerkungen andeuten, »den Nachdruck, der auf ihnen in meiner Darstellung liegt. Die Sätze n.1, n.2, n.3, etc., sind Bemerkungen zum Satze No. n; die Sätze n.m1, n.m2, etc. Bemerkungen zum Satze No. n.m; und so weiter.« Abgesehen von Widmung, Motto, Vorwort und der Fußnote selbst gibt es also in der *Abhandlung* selbständige Sätze, Bemerkungen zu Sätzen, Bemerkungen zu Bemerkungen ... zu Sätzen.
Selbständig sind die folgenden sieben Sätze:
1 Die Welt ist alles, was der Fall ist.
2 Was der Fall ist, die Tatsache, ist das Bestehen von Sachverhalten.
3 Das logische Bild der Tatsachen ist der Gedanke.
4 Der Gedanke ist der sinnvolle Satz.

5 Der Satz ist eine Wahrheitsfunktion der Elementarsätze. (Der Elementarsatz ist eine Wahrheitsfunktion seiner selbst.)

6 Die allgemeine Form der Wahrheitsfunktion ist: $[p, \xi, N(\xi)]$. Dies ist die allgemeine Form des Satzes.

7 Wovon man nicht sprechen kann, darüber muss man schweigen.

Es ist durchaus hilfreich, sich von der Nummerierung zu einer zweidimensionalen Anordnung anregen zu lassen. Eine solche Darstellung findet sich auf der Homepage des Junius Verlags auf der Seite zum vorliegenden Buch. Diese wird für unsere Darstellung noch eine besondere Rolle spielen. Siehe allgemein die einschlägigen Bemerkungen bei Stenius [1969] und Lange [1996].

40 B 166, 4.7.1924.

41 B 107, an v. Ficker, Okt. oder Nov. 1919. In der *Abhandlung* heißt es unter 6.421: »(Ethik und Ästhetik sind Eins.)« In der englischen Übersetzung von Pears und McGuinness wird dies übersetzt mit »(Ethics and aesthetics are one and the same.)« Diese Übersetzung ist tendenziös. Der Text lässt zu, dass Ethik und Ästhetik eine Einheit im Sinne einer notwendigen Koexistenz bilden.

42 Vgl. Wright [1963], S. 16.

43 Frege [1919], S. 30. Siehe auch das Zitat unten aus dem Koder-Nachlass.

44 Siehe Russell [1905], vgl. auch Waismann [1976], S. 43 f., und unten die Ausführungen zu »Russells Verdienst« (4.0031).

45 James [1891], S. 192. Zum folgenden Zitat siehe: Nietzsche [1878/86], S. 103f.; hierzu auch Prichard [1912], S. 65, und Moore [1903], Kap. 2 und passim.

46 WN 103/50r, 51r. Auf diese Stelle hat mich Michael Nedo hingewiesen.

47 Auch für den Satz, dass die Existenz der Welt gut sein muss, weil Gott in seiner Güte sie geschaffen hat, ist in diesem Rahmen kein Raum. Dieser Satz würde, wenn er ein wirklicher Satz wäre, jenen Rahmen sprengen.

48 Kierkegaard [1843], S. 131. Vgl. auch: TB, 8.7.1916. Ähnlich tritt die Sorge in Goethes *Faust* auf. Nach Drury hielt Wittgenstein Kierkegaard für einen Heiligen und den bei weitem tiefsten Denker des 19. Jahrhunderts. (Siehe Drury [1981], S. 87, und die Bemerkungen aus dem Koder-Nachlass vom 18. 2. 1937 und vom 6. 3. 1937: WN 183/

176 f. und 183/211). Zur Beziehung Wittgensteins zu Goethe siehe die Bemerkungen zu Frazers *Golden Bough* und die Bemerkungen über die Farben.

49 Man fühlt es auch; aber dieses Fühlen ist nichts, woran man es merkt.

50 Sellars [1968], S. 175; siehe auch Emersons Satz in Abschnitt 5.2.

51 4.002; siehe hierzu auch Waismann [1976] S. 43f.

52 4.002 »Das beste Beispiel hierfür ist die Mathematik, denn bis vor kurzem hat der Mensch die Symbole für Zahlen verwendet, ohne zu wissen, was sie bezeichnen oder daß sie nichts bezeichnen.« (AL 198)

53 »Die klassische Ontologie wird beherrscht von verschiedenen ontologischen Verwendungen von ›existieren‹ und ›Existenz‹. [...] der Kern aller fundamentalen Probleme ist ontologisch [...].« (Bergmann [1961], S. 345)

54 Angesichts der Satz-Nummer wiegt der Grundgedanke weniger, als man vermuten würde, oder die Bemerkung über das logische Gewicht der einzelnen Sätze ist nicht so wichtig, wie sie zu sein scheint.

55 Es gilt aber auch: »Raum, Zeit und Farbe (Färbigkeit) sind Formen der Gegenstände.« (2.0251)

56 Marx [1977], S. 170-181, v. a. S. 180.

57 Im Alltag ist die doppelte Negation nicht immer eine Bejahung.

58 Wie die Tafel der »möglichen Gruppen von Wahrheitsbedingungen« zeigt, gibt es auch für den Elementarsatz beide Grenzfälle (vgl. auch 4.46).

59 Wir verwenden den Pfeil als Zeichen für »wenn ..., so ...« und den Doppelpfeil für die Äquivalenz. »T« und »K« stehen jeweils für die Tautologie und die Kontradiktion, das Zeichen »:« steht für Klammern.

60 Vgl. Anscombe [1971], S. 113-137; Schroeder [2006], S. 62-87.

61 Ironie ist jedenfalls kein schlechtes Mittel, um jemandem nachzuweisen, »daß er gewissen Zeichen in seinen Sätzen keine Bedeutung gegeben hat« (6.53). Man beachte, dass dann, wenn eine Erfahrung, dass etwas ist, keine Erfahrung ist, genau genommen, auch eine Erfahrung, dass etwas so oder so ist, eigentlich keine Erfahrung ist. Im ersten Fall kann es keine sein, im zweiten muss es eine sein, es kann also nicht falsch sein, dass sie eine ist – ist also auch nicht wahr.

62 Russell [1917/18], S. 46: »It is very important to realize [...] that propositions are not names of facts. It is quite obvious as soon as it is

pointed out to you, but as a matter of fact I never had realized it until it was pointed out to me by a former pupil of mine, Wittgenstein.«

63 Großen Teilen konstruktiven Philosophierens liegt die mehr oder weniger ausdrückliche Idee zugrunde, es gehe beim Philosophieren um den Versuch, verschiedene Intuitionen (etwa in Bezug auf die Gerechtigkeit) miteinander in Einklang zu bringen. Die Opposition gegen dieses Vorgehen beruft sich häufig auf die Ergebnisse der Wissenschaft, die bekanntlich dem, was wir zunächst glauben, nicht selten widersprechen. Beide Parteien teilen dabei offensichtlich die Überzeugung, bei den Intuitionen handele es sich um Überzeugungen. Wittgenstein steht quer zu dieser Debatte.

64 Siehe hierzu Schulte [1990b].

65 Siehe Ricketts [2006], S. 70ff. und 75ff.

66 Auch Kremer [2004] zieht Leibniz zum Vergleich heran und verbindet die Ausführungen zum Solipsismus mit denen zur Mystik und zum ethischen Impuls der *Abhandlung*.

67 Die Wendung »der Sprache, die allein ich verstehe« hat, je nach Betonung, mindestens zwei Deutungen: (1) der einzigen Sprache, die ich verstehe, (2) der Sprache, die nur ich verstehe. Wittgenstein hat die Übersetzung »the language that only I understand« zu »the only language that I understand« korrigiert; siehe Lewy [1967], S. 419. Die zweite Deutung verbindet die *Abhandlung* mit Passagen über die Privatsprache in den *Untersuchungen*. Die erste verbindet sie mit den Ausführungen über das sogenannte Unsagbare in der *Abhandlung*. Es ist nur dann ein Argument gegen die zweite Deutung, dass in der Umgebung dieser Stelle von der Logik die Rede ist, so dass diese Stelle auch die Logik zu einer wesentlich privaten Angelegenheit machen würde, wenn man annimmt, dass Wittgenstein bereit wäre, Logik und Sprache derart zu trennen, dass immerhin die Sprache privat sein könnte. Dafür gibt es aber keine Anzeichen. Im Gegenteil, man könnte dafür halten, dass erst die Privatheit (sogar) der Logik zeigt, was es mit dem Wesen der Sprache auf sich hat. Das legt nahe, dass (3) gemeint ist: Nur ich verstehe diese Sprache, welche (zugleich) die einzige Sprache ist, die ich verstehe.

68 In der Tagebuchaufzeichnung vom 12. August 1916, auf welche der erste Satz von 5.634 zeitlich zurückgeht, fehlt das Wort »auch«.

69 Siehe hierzu Freges Bemerkung über eine »freilich unvermeidbare sprachliche Härte«, [1892b], S. 71, die sich bei logischen Untersuchungen leicht einstellt (Frege, [1892b], S. 71; hierzu: Schneider [1999], S. 143 ff.; für Wittgensteins Herangehen vgl. Diamond [1991]).

70 Vgl. Hacker [2000], S. 361, und Ostrow [2002], S. 6 ff.; Niedermair [1987], S. 23 f. Nach Kremer [2001], S. 51, entsteht Unsinn, wenn ein Wort »keinem Zweck dient«.

71 Zum sogenannten *resolute reading* der *Abhandlung* siehe den Sammelband Crary/Read [2000], mit einer übersichtlichen Darstellung der Einwände von P. Hacker; und dazu wieder Conant/Diamond [2004].

72 Anscombe [1971], S. 165 f. Tut Gott das Gute oder ist gut, was Gott tut? Schlick hält die erste, Wittgenstein die zweite Ansicht für die tiefere. (Siehe WWK 115)

73 Nach 6.45 sind die »Anschauung der Welt sub specie aeterni [...] ihre Anschauung als – begrenztes – Ganzes« und das »Gefühl der Welt als begrenztes Ganzes [...] das mystische«. Siehe auch PhB, S. 166.

74 So ist auch der Skeptizismus »nicht unwiderleglich, sondern offenbar unsinnig, wenn er bezweifeln will, wo nicht gefragt werden kann. (/) Denn Zweifel kann nur bestehen, wo eine Frage besteht; eine Frage nur, wo eine Antwort besteht, und diese nur, wo etwas gesagt werden kann.« (6.51)

75 Ramsey [1931], S. 238.

76 Siehe Waismann [1976], S. 25 ff., aber auch Ostrow [2002], S. 11. Für Lichtenberg (H 151) spricht die Philosophie die Sprache der Unphilosophie. Hierzu: Nordmann [2005].

77 Vgl. Toulmin [1969]; Bartley [1973]; Wünsche [1985], Sluga [1996a].

78 Siehe hierzu etwa Wijdeveld [1993], Leitner [2001, 2007].

79 Siehe die Briefe an Keynes (B 222, B 223 und B 226) und Keynes' Brief an Maiski (B 225) aus dem Sommer 1935. Vgl. auch Nedo/Ranchetti [1983], S. 385; Pascal [1984], S. 43; und Wright [o.J.], S.25.

80 Wittgenstein hatte hierfür Rush Rhees, G.E.M. Anscombe und G. H. v. Wright bestimmt. Alle drei haben einen beträchtlichen Teil ihres Arbeitslebens der Betreuung des Nachlasses gewidmet.

81 Siehe den Brief an Keynes: B 242.

82 Wittgenstein hat übrigens Broad später recht darin gegegen, von »the highly syncopated pipings of Herr Wittgenstein's flute« zu sprechen, zitiert nach Schroeder [2006], S. 24, Fn 1.

83 Malcolm [o.J.], S. 40, auch S. 81. Für das Folgende: Britton [1967].

84 Gasking/Jackson [1951], meine Übersetzung. Siehe auch Moore [1954, 1955] und Wright [o.J.], S. 28, und das Vorwort zu den PU.

85 WN 183/177 ff. Aus dem Koder-Nachlass.

86 Vgl. VüE, S. 11. In der *Abhandlung* heißt es: »Der erste Gedanke bei der Aufstellung eines ethischen Gesetzes von der Form ›Du sollst ...‹ ist: Und was dann, wenn ich es nicht tue?« (6.422) Tatsächlich heißt »Du sollst A tun!« häufig so viel wie »Entweder du tust A, oder es geschieht p«. Dagegen setzt Wittgenstein fort: »Es ist aber klar, daß die Ethik nichts mit Strafe und Lohn im gewöhnlichen Sinne zu tun hat.« Die schaffen nur neue Tatsachen. Und warum sollen nun diese (nicht) bestehen? Also muss »diese Frage nach den Folgen einer Handlung belanglos sein«. Das ist die Verallgemeinerung des Vorherigen: Nicht nur die mit Lohn und Strafe verbundenen tatsächlichen Folgen führen zum ersten Gedanken zurück. Wittgenstein schränkt aber ein: »– Zum Mindesten dürfen diese Folgen nicht Ereignisse sein.« Darum hieß es vorher: »Strafe und Lohn im gewöhnlichen Sinne« – und kann jetzt so weitergehen: »Denn etwas muß doch an jener Fragestellung richtig sein. Es muß zwar eine Art von ethischem Lohn und ethischer Strafe geben, aber diese müssen in der Handlung selbst liegen.« Wo sonst könnten sie liegen, wenn sie nicht außerhalb dieser Handlungen liegen können, weil es dann Ereignisse wären? »(Und das ist auch klar, daß der Lohn etwas Angenehmes, die Strafe etwas Unangenehmes sein muß.)«

87 ... um an einen Ausdruck Collingwoods anzuknüpfen: Collingwood [1933], 54 ff.; vgl. auch S. 32 f. und S. 15 zur Idee der nicht genügenden Tiefe eines Unterschieds, von der unten Gebrauch gemacht wird.

88 VüE, S. 14. Vgl. auch oben die Ausführungen über das Mystische und die »Erfahrung«, die für die Logik notwendig ist. In den Vorlesungen XVI und XVII der Gifford-Lectures von 1901/02 behandelt James ausführlich mystische Bewusstseinszustände als »Wurzel und ... Zentrum« persönlicher religiöser Erfahrung (siehe: James [1901/02], S. 383).

89 VüE, S. 16. Zwischen »Er ist ein guter Fußballspieler« und »Er ist ein guter Handballspieler« gibt es also mehr als nur »eine gewisse Ähnlichkeit«.

90 WWK 117; siehe auch den ersten Satz des Vorworts der *Abhandlung*.

91 WWK 182f. Aufzeichnung vom 9.12.1931. Vgl. Schulte [1989], S. 94f.
92 Ist eine leere Forderung eine Forderung? Vgl. auch § 81.
93 Vgl. Rhees [1965].
94 Vgl. Williams [1976], Abschnitt 59.
95 Siehe Tugendhat [1984], S. 51f.; Foot [2001]; v.a. Wright [1963].
96 So schon Ross [1930], S. 65ff.
97 Vgl. Bouwsma [1986], S. 4f.
98 Emerson [1836], S. 54; siehe auch Sellars Bemerkung in Abschnitt 3.1.
99 Kierkegaard [1843], S. 131.
100 Bouwsma [1986], S. 39. In WWK, S. 118, heißt es in Anspielung auf Schopenhauers Satz »Moral predigen ist leicht, Moral begründen schwer«: »Moral predigen ist schwer, Moral begründen unmöglich.«
101 Näheres in Raatzsch [2003], S. 138ff.; als Kontrast: Frege [1884], S. 21.
102 § 25; vgl. auch §§ 415, 466, 469 und Kapitel xii vom sogenannten Teil II.
103 § 67; dort am Beispiel von »Zahl«. Vgl. auch Goethe [1809], S. 368, 383. Die folgende Veranschaulichung ist aus Hanfling [1989], S. 65; die Buchstaben stehen für Spiele, die Ziffern für Merkmale.
104 Der Philosoph sagt, man dürfe nicht von allen Bereichen der Philosophie das gleiche Maß an Genauigkeit erwarten, von der Ethik nicht so viel wie von der Logik. Das ist in einem Sinne richtig, in einem andern nicht. Tischler arbeiten auf den Millimeter, Dreher auf den Tausendstel. Arbeiten also Tischler im Vergleich zu Drehern einfach sehr unexakt?
105 Siehe §§ 71-74, hierzu den Kommentar bei Savigny. Vgl. auch §§ 210, 367. Siehe auch Abhandlung 5.5423 und oben die Bemerkungen über die Bestimmung des Gegenstands der Ethik!
106 Siehe auch VG 33. Ein schönes Beispiel ist Mill [1976], S. 73ff. Die Idee der Familienähnlichkeit wirft ein Licht auf den kasuistischen Aspekt der Ethik (siehe James [1891] S. 198ff.). Vgl. auch Anscombe [1958], Wolgast [1995] und Hanfling [2003].
107 Goethe [1998], S. 432 (=Maxime 488). Siehe auch BPhPs I, 889.
108 § 19; siehe auch §§ 2, 167, 241. Das folgende Zitat von PU, S. 1082. Siehe auch: Hanfling [1989], S. 88ff., 127ff.
109 Grammatische Witze sind eine Form grammatischer Sätze. In § 442 und 693 sieht Hacker [Exegese] ausdrücklich welche, Savigny [Exegese] z.B. in § 673. Nach Canfield [1981], S. 151, hat mehr oder weniger jede Passage in den *Untersuchungen* mit ihnen zu tun. 1930 be-

kennt Wittgenstein: »In meinen Vorlesungen trachte ich oft, die Gunst meiner Zuhörer durch eine etwas komische Wendung zu gewinnen; sie zu unterhalten damit sie mir willig Gehör schenken.« Jedoch fügt er sogleich hinzu: »Das ist gewiß etwas Schlechtes.« (D, S. 23) – Ist das aber nicht nur dann etwas Schlechtes, wenn es nicht als philosophisches Instrument eingesetzt wird? – Das Motto der *Philosophischen Untersuchungen* – »Überhaupt hat der Fortschritt das an sich, daß er viel größer ausschaut, als er wirklich ist.« – stammt aus Nestroys Komödie *Der Schützling*, 4. Akt, 10. Szene. Siehe auch § 173, in dem ein Diener »das Teebrett mit allem was drauf ist, mit den äußeren Zeichen der Sorgfalt, zu Boden fallen (läßt)«. Vgl. auch VB 1930, S. 460f. Nach Fogelin [1996], S. 47ff., erscheint die Angabe der allgemeinen Form des Satzes in Satz 4.5 der *Abhandlung* fast als Witz, aber natürlich sei es Wittgenstein todernst damit. Im Lichte der *Untersuchungen* kann man beides sagen. Wittgenstein hatte auch eine Sammlung von Witzen, vertrat die Ansicht, ein (gutes) philosophisches Buch bräuchte nur aus Witzen zu bestehen, hielt Wilhelm Busch für einen philosophischen Kopf u.a.m.

110 § 309; vgl. Gasking/Jackson [1978], S. 52; und Meister Eckharts 32. Predigt.

111 In § 53 und 54 wird in Hinsicht auf »die Regel, die jemand befolgt«, unterschieden zwischen:
– einer Hypothese, betreffend seinen Gebrauch der Worte,
– der Regel, die er beim Gebrauch der Zeichen benutzt,
– der Regel, die er nennt, wenn er nach seiner Regel gefragt wird, soweit er eine angeben kann. (Vgl. § 54; vgl. auch §§ 82ff., 108)

112 §§ 215 und 216 handeln ehrenrührig vom Satz der Identität.

113 Ebd.; vgl. auch Bouwsma [1986], S. 13f. und Sluga [1996b], S. 352, Fn 13.

114 Siehe hierzu: Cook [1969], Philipp [1990].

115 Das ist selbst ein grammatischer Satz. Aber er gehört nicht einer Philosophie zweiter Ordnung an, keiner Über-Philosophie (vgl. § 97). Sondern der Fall »entspricht dem der Rechtschreiblehre, die es auch mit dem Wort ›Rechtschreiblehre‹ zu tun hat, aber dann nicht eine solcher zweiter Ordnung ist« (§ 121) – noch so ein Satz. Auch in Bezug auf die Philosophie gilt die Losung aus § 116.

116 § 390; siehe auch § 395ff., 418. In §§ 415-426 geht es u.a. um die Seltsamkeit des Satzes, Menschen hätten Bewusstsein. Das ist der gegenteilige Unsinn des entsprechenden Satzes vom Stein.

117 § 392; Lange [1998], S. 299, verweist hier auf Z 458, wonach das Wesentliche an der Metaphysik sei, dass sie den Unterschied zwischen begrifflichen und sachlichen Untersuchungen verwische.

118 § 410, vgl. auch §§ 404ff. und oben über Privatheit. In Filmen, wie sie Wittgenstein liebte, geschieht es manchmal, dass der Held etwas stöhnt wie: »Miller ist angeschossen, kümmert euch um ihn!«, die anderen aber nicht einfach nur Miller helfen, wie sie es täten, wenn er die Worte nicht *stöhnte*.

119 § 471. Vgl. auch §§ 38, 109, 116, 122, 654-656; PU, S. 1082. Siehe auch Savignys Deutung von § 628.

120 »Wie bin ich von Mitleid *für diesen Menschen* erfüllt? Wie zeigt es sich, welches Objekt das Mitleid hat? (Das Mitleid, kann man sagen, ist eine Form der Überzeugung, dass ein Andrer Schmerzen hat.)« (§ 287) Siehe auch Tugendhat [1993].

121 Allerdings nicht im Sinne Chomskys; vgl. hierzu § 363.

Literatur

1. Quellenlage, veröffentlichte Schriften, Siglen, Kommentare, Biografien

Abgesehen von der *Logisch-philosophischen Abhandlung* und einem Aufsatz über logische Form sind alle Arbeiten aus Wittgensteins Feder seinem Nachlass entnommen. Von diesem gibt es zwei Ausgaben (in Klammern die in dieser Einführung verwendeten Siglen und – falls erforderlich – Zitier- und Referierweisen):

Ludwig Wittgenstein. Wiener Ausgabe. Herausgegeben von Michael Nedo. Wien: Springer 1993-

Wittgenstein's Nachlass. The Bergen Electronic Edition. Oxford: Oxford University Press. University of Bergen. The Wittgenstein Trustees 2000. Zitiert wird die »Normalized Transcription« nach dem Muster »WN Item/Seite«.

Von der Abhandlung selbst gibt es inzwischen eine kritische Edition und von den Philosophischen Untersuchungen eine kritisch-genetische:

Logisch-philosophische Abhandlung. Tractatus logico-philosophicus. Kritische Edition. Herausgegeben von Brian McGuinness und Joachim Schulte. Frankfurt am Main 1998. (Zitate werden mit der Nummer des Satzes angeführt; bei Verweisen wird ebenfalls nur die Nummer genannt.)

Philosophische Untersuchungen. Kritisch-genetische Edition. Herausgegeben von Joachim Schulte. In Zusammenarbeit mit Heikki Nyman, Eike von Savigny und Georg Henrik von Wright. Frankfurt am Main 2001. (Wenn nicht anders angegeben, wird diese Ausgabe benutzt. Zitate und Verweise mittels »§ Nummer des Paragraphen« resp. »PU S. und Seite« für das Vorwort und den sog. »Teil II«.)

Über die zeitliche Ordnung der Entstehung beider Texte geben die entsprechenden Einleitungen und Anhänge der beiden Editionen Auskunft. Im Suhrkamp Verlag erschien 1984 eine Werkausgabe in acht Bänden (LWW 1-8). Die Bände enthalten im Einzelnen:

LWW 1: Tractatus logico-philosophicus (zitiert wird die Kritische Edition, s. o.)
Tagebücher 1914-1916 (TB, Datum)
Aufzeichnungen über Logik (AL, Seite)
Aufzeichnungen, die G. E. Moore in Norwegen nach Diktat niedergeschrieben hat (AM, Seite)
Philosophische Untersuchungen (zitiert wird die Kritische-genetische Edition, s.o.)

LWW 2: Philosophische Bemerkungen. Aus dem Nachlaß herausgegeben von Rush Rhees (PB Kapitel, Paragraph)

LWW 3: Ludwig Wittgenstein und der Wiener Kreis. Gespräche aufgezeichnet von Friedrich Waismann. Aus dem Nachlaß herausgegeben von B. F. McGuinness (WWK Seite)

LWW 4: Philosophische Grammatik. Herausgegeben von Rush Rhees (PG Kapitel, Paragraph)

LWW 5: Das Blaue Buch (BlB, Seite)
Eine Philosophische Betrachtung (Das Braune Buch) (BrB, Seite). Herausgegeben von Rush Rhees

LWW 6: Bemerkungen über die Grundlagen der Mathematik. Herausgegeben von G. E. M. Anscombe, Rush Rhees, G. H. v. Wright (BGM Kapitel, Paragraph)

LWW 7: Bemerkungen über die Philosophie der Psychologie (BPP Paragraph)
Letzte Schriften über die Philosophie der Psychologie (LS Paragraph) Herausgegeben von G. E. M. Anscombe, G. H. v. Wright und H. Nyman

LWW 8: Bemerkungen über die Farben. Herausgegeben von G. E. M. Anscombe (BF Paragraph)
Über Gewissheit. Herausgegeben von G. E. M. Anscombe und G. H. v. Wright (ÜG Paragraph)
Zettel. Herausgegeben von G. E. M. Anscombe und G. H. v. Wright (Z Paragraph)

Vermischte Bemerkungen. Herausgegeben von G. H. v. Wright (VB, Jahr, Seite)

Nicht in der Werkausgabe enthalten sind u. a.:

Letters to C. K. Ogden. Herausgegeben von G.H. von Wright. Oxford: Blackwell 1973 (LO).

Briefwechsel mit B. Russell, G. E. Moore, J. M. Keynes, F. P. Ramsey, W. Eccles, P. Engelmann, L. v. Ficker. Herausgegeben von B.F. McGuinness und G. H. v. Wright, Frankfurt am Main: Suhrkamp 1980 (B, Nummer, Adressat, Datum).

Cambridge Letters: Correspondence with Russell, Keynes, Moore, Ramsey and Sraffa. Herausgegeben von B. McGuinness und G. H. v. Wright. Oxford: Blackwell 1995 (CL).

Denkbewegungen. Tagebücher 1930-1932 / 1936-1937 (MS 183). Herausgegeben von I. Sommavilla, 2 Teile, Innsbruck: Haymon 1997 (D Seite).

Proto-Tractatus. An Early Version of Tractatus logico-philosophicus. Herausgegeben von B.F. McGuinness, T. Nyberg, G. H. v. Wright. London: Routledge/Kegan Paul 1971 (PT, Satz-Nummer).

Vorlesungen 1930-1935. Herausgegeben von D. Lee und A. Ambrose, übers. v. J. Schulte, Frankfurt am Main: Suhrkamp 1984 (V, Seite).

Wittgensteins Vorlesungen über die Grundlagen der Mathematik, Cambridge 1939. Herausgegeben von C. Diamond, übers. v. J. Schulte, Frankfurt am Main.: Suhrkamp 1978 (Schriften, Bd. 7), engl. Original: Ithaca, New York: Cornell UP 1976 (VM Vorlesung, Seite).

Vorlesungen und Gespräche über Ästhetik, Psychologie und Religion. Herausgegeben von C. Barrett. Göttingen: Vandenhoeck & Ruprecht 1971^2 (VG, Seite).

Vortrag über Ethik und andere kleine Schriften. Herausgegeben von Joachim Schulte. Frankfurt am Main: Suhrkamp 1989, Vortrag über Ethik, S. 9-19: VüE, Seite).

Bemerkungen über Frazers Golden Bough. In: L. Wittgenstein: Vortrag über Ethik und andere kleine Schriften. Herausgegeben von J. Schulte. Frankfurt am Main: Suhrkamp 1989, S. 29-46.

Zum Teil auch hierher gehören:

Baker, G. (Hg.): The Voices of Wittgenstein. The Vienna Circle. Ludwig Wittgenstein and Friedrich Waismann. Original German texts and English translations, London und New York 2003.

Frege, G.: Briefe an Ludwig Wittgenstein. Herausgegeben von A. Janik. In: McGuinness, B. und R. Haller (Hg.), Wittgenstein in Focus. Grazer Philosophische Studien 33/34, Amsterdam, S. 5-33.

Die Literatur zu Wittgenstein ist überaus umfangreich. (Einen Eindruck vermitteln die Bibliografien, siehe unten.) Neben verschiedenen Gesamtdarstellungen und mehr oder weniger detaillierten Interpretationen gibt es Exegesen der beiden Hauptwerke. Für die *Abhandlung* sind dies u.a.:

Anscombe, G.E.M. (1971[4]): An Introduction to Wittgenstein's Tractatus. London: Hutchinson. (1. Auflage 1959.)

Black, M. (1964): A Companion to Wittgenstein's Tractatus. Ithaca: Cornell University Press.

Stenius, E. (1969): Wittgensteins Traktat. Eine kritische Darlegung seiner Hauptgedanken. Frankfurt am Main. (Original: Wittgenstein's Tractatus. A Critical Exposition of the Main Lines of Thought. Oxford: Blackwell 1960.)

McGinn, M. (2006): Elucidating the Tractatus: Wittgenstein's early philosophy of language and logic. Oxford: Clarendon.

Zu den *Philosophischen Untersuchungen* liegen drei vollständige, detaillierte Kommentare vor:

Hallett, G.: A Companion to Wittgenstein's ›Philosophical Investigations‹. Cornell University Press: Ithaca und London 1977.

Baker, G.P. und P.M.S. Hacker: Wittgenstein: Understanding and Meaning. Volume 1 of An Analytical Commentary on the Philosophical Investigations. 1. Teil: Essays. Überarbeitete Ausgabe. Blackwell: Oxford 2004. 2. Teil: Exegesis §§ 1-184. Überarbeitete Ausgabe. Blackwell: Oxford 2004.

Dies.: Wittgenstein: Rules, Grammar and Necessity. Volume 2 of An Analytical Commentary on the Philosophical Investigations. Blackwell: Oxford 1988.

Hacker, P. M. S.: Wittgenstein: Meaning and Mind. Volume 3 of An Analytical Commentary on the Philosophical Investigations. Blackwell: Oxford 1990.

Ders: Wittgenstein: Mind and Will. Volume 4 of An Analytical Commentary on the Philosophical Investigations. Blackwell: Oxford 1996.

Savigny, E. v.: Wittgensteins »Philosophische Untersuchungen«. Ein Kommentar für Leser. Klostermann Verlag: Frankfurt am Main 1988 (Band I) und 1989 (Band II); völlig überarbeitete und vermehrte Auflagen: 1994 (Band I) und 1996 (Band II).

Neben der im Text erwähnten Arbeit:

Monk, R. (1990): Ludwig Wittgenstein. The Duty of Genius. London.

gibt es den 1. Band einer sehr gründlich recherchierten Biografie:

McGuinness, B. (1988): Wittgenstein: A Life. Vol. 1: Young Ludwig 1889-1921. London.

Eine sehr schöne Bildbiografie schließlich stammt von:

Nedo, M. und M. Ranchetti (1983): Ludwig Wittgenstein. Sein Leben in Bildern und Texten. Frankfurt am Main.

Nicht nachstehend ist:

Schulte, J. (2005): Ludwig Wittgenstein. Leben Werk Wirkung. Frankfurt am Main.

Erste Überblicke anhand von Wittgensteins Texten erlauben:

Kenny, A. (Hg., 1994): The Wittgenstein Reader. Oxford und Cambridge (Mass.). Deutsch: Ludwig Wittgenstein. Ein Reader. Stuttgart 1996.

Glock, H.-J. (1996): A Wittgenstein Dictionary. Oxford. Deutsch: Wittgenstein-Lexikon. Darmstadt 2000.

3. Verzeichnis der übrigen benutzten Literatur

Anscombe, G. E. M. (1958): Modern Moral Philosophy. In: Philosophy 33, S. 1-19. Nach der deutschen Übersetzung in: G. Grewendorf und G. Meggle (Hg.): Seminar: Sprache und Ethik, Frankfurt a. M. 1974, S. 217-243.

Anscombe, G. E. M. (1985): Wittgenstein on Rules and Private Language. In: Ethics 95, S. 342-352.

Barrett, C. (1991): Wittgenstein on Ethics and Religious Belief. Oxford und Cambridge, Mass.

Bartley, W. W., III (1973): Wittgenstein. Philadelphia und New York.

Bergmann, G. (1961): The Glory and the Misery of Ludwig Wittgenstein. In: Klemke, E. D. (Hg.): Essays on Wittgenstein, Chicago/London 1971, S. 25-43. Erstdruck: La gloria e la miseria di Ludwig Wittgenstein. In: Rivista di Filosofia, 52, 1961, S. 387-406.

Bouwsma, O. K. (1986): Wittgenstein. Conversations 1949-1951. Indianapolis.

Breuer, J. und S. Freud (1893): Über den psychischen Mechanismus hysterischer Phänomene. In: Neurologisches Zentralblatt. Band 12, Nr. 1 (1. Januar, S. 4-10), Nr. 2 (15. Januar, S. 43-47).

Breuer, J. und S. Freud (1895): Studien über Hysterie. Leipzig und Wien.

Britton, K. (1967): Portrait of a Philosopher. In: Fann (1967), S. 56-63.

Brouwer, L.E.J. (1905): Leven, Kunst en Mystiek. Englische Übersetzung von W. P. van Stigt: Life, Art, and Mysticism. In: Notre Dame Journal of formal Logic 37/3, 1996, S. 389-429.

Brouwer, L. E. J (1929): Mathematik, Wissenschaft und Sprache. In: Monatshefte für Mathematik und Physik 36, S. 153-164.

Budd, M. (1989): Wittgenstein's Philosophy of Psychology. London.

Büchner, G. (1835): Dantons Tod. Ein Drama. In: ders., Werke und Briefe. Münchner Ausgabe, München 1988, 2. Aufl., S. 67-133.

Canfield, J. V. (1981): Wittgenstein. Language and World. Amherst.

Cavell, St. (1979): The Claim of Reason. Wittgenstein, Skepticism, Morality, and Tragedy. New York und Oxford.

Chihara, Ch. S., und J. A. Fodor (1965): Operationalism and Ordinary Language: A Critique of Wittgenstein. In: American Philosophical Quarterly, Vol. II, S. 281-295. Deutsche Übersetzung in: Beckermann, A. (Hg.): Analytische Handlungstheorie, Bd. 2., Frankfurt/M. 1977, S. 221-258.

Collingwood, R. G. (1933): An Essay on Philosophical Method. Oxford.

Conant, J. (2000): Elucidation and Nonsense in Frege and early Wittgenstein. In: Crary und Read (Hg., 2000), S. 174-217.

Conant, J. und C. Diamond (2004): On Reading the »Tractatus« Resolutely. In: Kölbel und Weiss (Hg., 2004), S. 46-99.

Cook, J.W. (1969): Human Beings. In: Winch, P. (Hg.): Studies in the Philosophy of Wittgenstein. London/New York, S. 117-151.

Crary, A. und R. Read (Hg., 2000): The New Wittgenstein. London und New York.

Diamond, C. (1991): Ethics, Imagination and the Method of Wittgenstein's Tractatus. In: Heinrich, R. und H. Vetter (Hg.): Bilder der Philosophie. S. 55-90. Reprint in: Crary, A. und R. Read (Hg., 2000), S. 149-173.

Drury, M. O'C. (1981): Some notes on conversations with Wittgenstein. In: Rhees (Hg., 1984), S. 91-111.

Emerson, R.W. (1836): Nature. Zitiert nach: Emerson, R.W.: Natur. Zürich 1988.

Engelmann, P. (1970): Ludwig Wittgenstein – Briefe und Begegnungen. Hg. von B.F. McGuinness. Wien/München.

Fogelin, R. (1976): Wittgenstein. London (2. Aufl. 1996).

Foot, Ph. (2001): Natural Goodness. Oxford.

Frascolla, P. (1994): Wittgenstein's Philosophy of Mathematics. London.

Frege, G. (1884): Die Grundlagen der Arithmetik. Eine logisch-mathematische Untersuchung über den Begriff der Zahl. Breslau. Zitiert nach der von J. Schulte besorgten Ausgabe. Stuttgart 1987.

Frege, G. (1892a): Über Sinn und Bedeutung. In: Zeitschrift für Philosophie und philosophische Kritik, NF 100, S. 25-50. Zitiert nach: Frege (1986a), S. 40-65.

Frege, G. (1892b): Über Begriff und Gegenstand. In: Vierteljahresschrift für wissenschaftliche Philosophie 16, S. 192-205. Zitiert nach: Frege (1986a), S. 66-80.

Frege, G. (1893): Grundgesetze der Arithmetik. Begriffsschriftlich abgeleitet. Band I. Jena.

Frege, G. (1919): Der Gedanke. In: Beiträge zur Philosophie des deutschen Idealismus, H. 2, S. 58-77. Zitiert nach dem Nachdruck in: Frege (1986b) S. 30-53.

Frege, G. (1986a): Funktion, Begriff, Bedeutung. Fünf logische Studien. Herausgegeben und eingeleitet von G. Patzig. 6. Auflage. Göttingen.

Frege, G. (1986b): Logische Untersuchungen. 3. Auflage. Göttingen.

Gasking, D.A.T. und A.C. Jackson (1951): Wittgenstein as a Teacher. In: Australasian Journal of Philosophy (29), S. 73-60. Wiederabdruck in: Fann (Hg., 1977), S. 49-55.

Gerrard, St. (2002): One Wittgenstein? In: Reck (Hg., 2002), S. 52-71.

Goethe, J.W. v. (1809): Die Wahlverwandtschaften. In: ders., Hamburger Ausgabe, Band 6. Hamburg, S. 242-490.

Goethe, J.W. v. (1998): Maximen und Reflexionen. In: ders., Hamburger Ausgabe, Band 12. Hamburg.

Hacker, P.M.S. (1996): Wittgenstein's Place in Twentieth-Century Analytical Philosophy. Oxford. Deutsche Übersetzung: Wittgenstein im Kontext der analytischen Philosophie. Frankfurt/M. 2001.

Hacker, P.M.S. (2000): Was He Trying to Whistle it? In: Crary und Read (Hg., 2000), S. 353-387.

Hacker, P. M. S. (2001): Wittgenstein: Connections and Controversies. Oxford.

Haller, R. (1968): Ludwig Wittgenstein und die österreichische Philosophie. In: ders., Fragen zu Wittgenstein und andere Aufsätze zur österreichischen Philosophie. Amsterdam, S. 155-169.

Hanfling, O. (1989): Wittgenstein's Later Philosophy. Albany.

Hanfling, O. (2000): Philosophy and Ordinary Language. The bent and genius of our tongue. London und New York.

Hanfling, O. (2003): Learning About Right and Wrong: Ethics and Language. In: Philosophy 78, S. 25-41.

Hark, M. ter (1990): Beyond the Inner and the Outer. Wittgenstein's Philosophy of Psychology. Dordrecht.

Heidegger, M. (1927): Sein und Zeit, Erste Hälfte. Sonderdruck des Jahrbuchs für Philosophie und phänomenologische Forschung, Band VIII. Herausgegeben von E. Husserl, Halle (Saale). Zitiert nach der 6., unveränderten Auflage, Tübingen 1949.

Hilmy, S. St. (1987): The Later Wittgenstein. The Emergence of a New Philosophical Method. Oxford und New York.

James, W. (1891): The Moral Philosopher and the Moral Life. In: International Journal of Ethics, April. Zitiert nach: ders., The Will to Believe and Other Essays in Popular Philosophy, (Reprint der Neuauflage von 1897), New York o.J., S. 184-215.

James, W. (1901/02): The Varieties of Religious Experience. The Gifford Lectures Edinburgh 1901/1902. Zitiert nach: ders., Die Vielfalt religiöser Erfahrung. Frankfurt/M. und Leipzig 1979.

James, W. (1907): Pragmatism. New York. Zitiert nach: Der Pragmatismus. Ein neuer Name für alte Denkmethoden. Übersetzt von Wilhelm Jerusalem, mit einer Einleitung herausgegeben von Klaus Oehler, Hamburg 1994 (2. Aufl.).

Janik, A. und S. Toulmin (1987): Wittgensteins Wien. München.

Johnston, W. M. (1980): Österreichische Kultur- und Geistesgeschichte. Gesellschaft und Ideen im Donauraum 1848 bis 1938. Wien/Köln/Graz (2. Aufl.).

Kenny, A. (1984): Wittgenstein. Frankfurt am Main. Englisches Original: Wittgenstein. 1972 (4. Aufl.).

Kienzler, W. (1997): Wittgensteins Wende zu seiner Spätphilosophie 1930-1932. Frankfurt am Main.

Kierkegaard, S. (1843): Die Bestätigung in dem inwendigen Menschen. In: S. Kierkegaard: Die Wiederholung. Drei erbauliche Reden. Gütersloh 1991^2, (= Gesammelte Werke, 5. u. 6. Abt., hg. v. E. Hirsch u. H. Gerdes), S. 126-148. Original: Tre opbyggelige Taler, af S. Kierkegaard, Kopenhagen 1843.

Kober, M. (2006): Wittgenstein and Religion. In: ders. [Hg., 2006], S. 87-116.

Kober, M. (Hg., 2006): Deepening Our Understanding of Wittgenstein (= Grazer Philosophische Studien, 72). Amsterdam und New York.

Kraus, K. (1982): Aphorismen und Gedichte. Auswahl 1903-1933 (Ausgewählte Werke, Bd. 4). Berlin.

Kremer, M. (2001): The Purpose of Tractarian Nonsense. In: Noûs 35, S. 39-73.

Kremer, M. (2004): To what extent is solipsism a truth? In: B. Stocker (Hg.): Post-Analytic Tractatus. Aldershot und Burlington, S. 59-84.

Kripke, S. (1981): Wittgenstein on Rules and Private Language: An Elementary Exposition. In: Block, I. (Hg.): Perspectives on the Philosophy of Wittgenstein. Oxford, S. 238-312.

Kroß, M. (1993): Klarheit als Selbstzweck. Wittgenstein über Philosophie. Religion, Ethik und Gewißheit. Berlin.

Kusch, M. (2006): A Sceptical Guide to Meaning and Rules: Defending Kripke's Wittgenstein. Chesham.

Lange, E.M. (1996): Ludwig Wittgenstein: ›Logisch-philosophische Abhandlung‹. Eine kommentierende Einführung. Paderborn/München/Wien/Zürich.

Lange, E.M. (1998): Ludwig Wittgenstein: Philosophische Untersuchungen. Eine kommentierende Einführung. Paderborn/München/Wien/Zürich. Leitner, B. (2001): The Architecture of Ludwig Wittgenstein. Halifax und London.

Leitner, B. (2007): Das Wittgenstein-Haus. In: Abel, Kroß und Nedo (Hg., 2007), S. 267-290.

Lewy, C. (1967): A Note on the Text of the Tractatus. In: Mind 76, S. 417-423.

Lichtenberg, G. Chr. (1994): Sudelbücher. Schriften und Briefe. Band 1 und 2. Herausgegeben von W. Promies. Frankfurt/M. (zitiert mit Heftzeichen und Eintragsnummer).

Majer, U. (1985): Hertz, Wittgenstein und der Wiener Kreis. In: Dahms, H.J. (Hg.): Philosophie, Wissenschaft, Aufklärung. Berlin/New York, S. 40-66.

Malcolm, N. (o.J.): Ludwig Wittgenstein. Ein Erinnerungsbuch. Mit einer biographischen Skizze von G.H. v. Wright. München/Wien. Original: Ludwig Wittgenstein: A Memoir. London/New York 1962.

Marx, K. (1977): Das Kapital. Kritik der politischen Ökonomie. Erster Band. Berlin.

Max, I. (1990): Wittgensteins Negationen ›NON‹ und ›NE‹. Ihre logische Explikation als Funktorenvariablen. In: G. Schenk und I. Max (Hg.): Logik – Sprache – Philosophie. Ludwig Wittgenstein (1889-1951). Halle (Saale), S. 40-52.

Mays, W. (1980): Wittgenstein in Manchester. In: Haller, R. und W. Grassl (Hg.): Sprache, Logik und Philosophie. Akten des 4. Internationalen Wittgenstein-Symposiums. Wien, S. 171-178.

McGinn, M. (1997): Wittgenstein and the Philosophical Investigations. London und New York.

McGuinness, B. (1974): The Grundgedanke of the Tractatus. In: G. Vesey (Hg., 1974), S. 49-61. Unter dem Titel »Der Grundgedanke des Tracta-

tus« in: J. Schulte (Hg.): Texte zum Tractatus. Frankfurt/M. 1989, S. 32-48.
Meister Eckhart (1970): Deutsche Predigten und Traktate. Herausgegeben und übersetzt von J. Quint, Zürich.
Mill, J. St. (1976): Der Utilitarismus. Übersetzung der Ausgabe von 1871 durch D. Birnbacher. Stuttgart.
Moore, G.E. (1903): Principia Ethica. Cambridge.
Moore, G.E. (1925): A Defence of Common Sense. In: Muirhead (Hg.): Contemporary British Philosophy (2nd series). Zitiert nach: Moore, G.E.: Philosophical Papers. London und New York 1959, S. 32-59.
Moore, G.E. (1939): Proof of an External World. In: Proceedings of the British Academy, Vol. XXV. Zitiert nach: ders., Philosophical Papers. London und New York 1959, S. 127-150.
Moore, G.E. (1954, 1955): Wittgenstein's Lectures in 1930-33. In: Mind, 63 (1954), S. 1-15, 290-316; 64 (1955), S. 1-27, 264.
Moyal-Sharrock, D. (2004): Understanding Wittgenstein's »On Certainty«. Houndsmill u.a.
Moyal-Sharrock, D. und W. H. Brenner (Hg.) (2005): Readings of Wittgenstein's »On Certainty«. Houndsmill u.a.
Mühlhölzer, F. (2006): »A Mathematical Proof Must Be Surveyable«: What Wittgenstein Meant by This and What It Implies. In: M. Kober (Hg., 2006), S. 57-86.
Niedermair, K. (1987): Wittgensteins Tractatus und die Selbstbezüglichkeit der Sprache. Frankfurt/M./Bern/New York/Paris.
Nietzsche, F. (1878/86): Menschliches, Allzumenschliches. I und II. Nach der Ausgabe in: Nietzsche, F.: Sämtliche Werke. Kritische Studienausgabe. Herausgegeben von G. Colli und M. Montinari. München 1999, Band 2.
Nordmann, A. (2005): Wittgenstein's Tractatus. An Introduction. Cambridge et al.
Ostrow, M.B. (2002): Wittgenstein's ›Tractatus‹. A Dialectical Interpretation. Cambridge.
Pascal, F. (1979): Wittgenstein. A personal memoir. In: Luckhardt (Hg., 1979), S. 23-60. (Zuerst in: Encounter 10, 1973).
Pears, D. (1987/88): The False Prison. A Study of the Development of Wittgenstein's Philosophy. 2 Bände. Oxford.

Philipp, P. (1990): Nachwort zu: ders. (Hg.): L. Wittgenstein: Tractatus logico-philosophicus, Philosophische Untersuchungen. Leipzig.
Phillips, D.Z. (1993): Wittgenstein on Religion. New York.
Pinsent, D. H. (1912/13): Wittgenstein in 1912 and 1913. – Extracts from the Diary of C. H. Pinsent Describing, among Other Things, Two Holidays with Ludwig Wittgenstein in Iceland and Norway. Cambridge: Wren Library of Trinity College, Add. Ms. C6.
Pinsent D.H. (1966): Auszüge aus seinem Tagebuch. New York.
Pinsent, D.H. (1990): A Portrait of Wittgenstein as a Young Man: From the Diary of David Hume Pinsent 1912-1914. Hg. von G.H. v. Wright, Oxford und Cambridge.
Pinsent, D.H., A. Janik und W. Methlagl (1994): Reise mit Wittgenstein in den Norden: Tagebuchauszüge, Briefe. Wien.
Pitcher, G. (1967): Die Philosophie Wittgensteins. Eine kritische Einführung in den Tractatus und die Spätschriften. Freiburg/München. Original: The Philosophy of Wittgenstein, London 1964.
Prichard, H.A. (1912): Does Moral Philosophy Rest on a Mistake? In: Mind, XXI. Deutsch unter »Beruht die Moralphilosophie auf einem Irrtum?« in: Grewendorf, G. u. G. Meggle (Hg.): Seminar: Sprache und Ethik. Zur Entwicklung der Metaethik. Frankfurt/M. 1974, S. 61-82.
Raatzsch, R. (2003): Eigentlich Seltsames. Wittgensteins Philosophische Untersuchungen. Ein Kommentar. Band 1: Einleitung und Kommentar PU 1-64. Paderborn/München/New York/Zürich.
Ramharter, E. und A. Weiberg (2006): »Die Härte des logischen Muss«. Wittgensteins Bemerkungen über die Grundlagen der Mathematik. Berlin.
Ramsey, F. P. (1923): Review of »Tractatus logico-philosophicus«. In: Mind, 32, S. 465-478.
Ramsey, F.P. (1931): The Foundations of Mathematics and Other Logical Essays. London.
Rentsch, Th. (1985): Heidegger und Wittgenstein. Existential- und Sprachanalysen zu den Grundlagen philosophischer Anthropologie. Stuttgart.
Rhees, R. (1965): Some Developments in Wittgenstein's View of Ethics. In: Philosophical Review, 74, S. 17-26.
Ricketts, Th. (2006): Pictures, logic and the limits of sense in Wittgenstein's »Tractatus«. In: Sluga/Stern (Hg., 1996), S. 59-99.

Ross, W.D. (1930): The Right and the Good. Oxford 1930.
Russell, B. (1905): On Denoting. In: Mind, N. S. 14, S. 479-493. Deutsche Übersetzung von U. Steinvorth mit dem Titel »Über das Kennzeichnen« in: B. Russell, Philosophische und politische Aufsätze. Stuttgart 1971, S. 3-22.
Russell, B. (1914): Mysticism and Logic. In: Hibbert Journal, July; zitiert nach: ders., Mysticism and Logic, Garden City, New York 1957, S. 1-31; alle Übersetzungen von uns.
Russell, B. (1917/18): The Philosophy of Logical Atomism. In: The Monist. Zitiert nach der Ausgabe von D. Pears. La Salle, Illinois 1985.
Russell, B. (1922): Introduction. Zu: Wittgenstein, L.: Tractatus Logico-philosophicus. London/New York, S. 7-23. Zitiert nach der deutschen Übersetzung in der Kritischen Edition der Logisch-philosophischen Abhandlung (siehe oben), S. 259-287.
Russell, B. (1951): Obituary: Ludwig Wittgenstein. In: Mind 60, S. 297f.
Russell, B. (1970): Autobiographie. 1914-1944. Bd. 2. Frankfurt/M. Original: The Autobiography of Bertrand Russell. Band 1: 1872-1914, London 1967; Band 2: 1914-1944, London 1968.
Russell, B. und A.N. Whitehead (1910): Principia Mathematica. Cambridge.
Ryle, G. (1951): »Ludwig Wittgenstein«. In: Analysis, vol. XII, Heft 1, S. 1-9.
Savigny, E.v. (1969), Die Philosophie der normalen Sprache. Eine kritische Einführung in die »ordinary language philosophy«. Frankfurt/M. (nach der 3. Auflage 1993).
Schenk. G. (1982): Das Menschenbild des Neopositivismus. In: Bergner, D. (Hg.): Der Mensch. Neue Wortmeldungen zu einem alten Thema. Berlin, S. 271-324.
Schlick, M. (1938): Die Wende der Philosophie. In: ders.: Gesammelte Aufsätze. 1916-1936. Wien. Zitiert nach dem Wiederabdruck in K. Salamun (Hg.): Was ist Philosophie? Neuere Texte zu ihrem Selbstverständnis. Tübingen 1992[3].
Schmitz, B. (2002): Wittgenstein über Sprache und Empfindung. Paderborn.
Schneider, H.-J. (1999): Phantasie und Kalkül. Über die Polarität von Handlung und Struktur in der Sprache. Frankfurt am Main.
Scholz, O.R. (1995): Zum Status von Teil II der Philosophischen Untersuchungen. In: Savigny, E. v. und O. R. Scholz (Hg.), S. 24-40.

Schopenhauer, A. (1819/1844): Die Welt als Wille und Vorstellung. Original Band 1: 1819, Band 2: 1844. Nach der textkritisch bearbeiteten Ausgabe von Wolfgang Freiherr von Löhneysen. 2 Bände. Frankfurt am Main und Leipzig 1996.
Schopenhauer, A. (1840): Die beiden Grundprobleme der Ethik. In: Schopenhauer, A.: Sämtliche Werke III, Kleine Schriften. Frankfurt/M. 1994, S. 481-816.
Schroeder, S. (1998): Das Privatsprachenargument. Wittgenstein über Empfindung und Ausdruck. Paderborn.
Schroeder, S. (2006): Wittgenstein. The Way Out of the Fly-Bottle. Cambridge, England, und Malden, Massachusetts.
Schulte, J. (1987): Erlebnis und Ausdruck: Wittgensteins Philosophie der Psychologie. Stuttgart.
Schulte, J. (1989): Wittgenstein. Eine Einführung. Stuttgart.
Schulte, J. (1990): Chor und Gesetz. Wittgenstein im Kontext. Frankfurt am Main.
Schulte, J. (1990a): Chor und Gesetz. Zur ›morphologischen Methode‹ bei Goethe und Wittgenstein. In: ders. (1990), S. 11-42.
Schulte, J. (1990b): Glaube und Aberglaube. In: ders. (1990), S. 43-58.
Schulte, J. (2004): Wittgensteins Weininger. In: K. Neumer (Hg.): Traditionen Wittgensteins. München 2004, S. 133-156 (= Wittgenstein Studien, Band 10).
Sellars, W. (1968): Science and Metaphysics: Variations on Kantian Themes. London und New York.
Shanker, St. G. (1987): Wittgenstein and the Turning-Point in the Philosophy of Mathematics. Albany.
Sluga, H. (1996a): Ludwig Wittgenstein: Life and Work. An Introduction. In: Sluga und Stern (Hg., 1996), S. 1-33.
Sluga, H. (1996b): »Whose House is That?«: Wittgenstein on the Self. In: Sluga und Stern (Hg., 1996), S. 320-353.
Sluga, H. und D. Stern (Hrsg., 1996): The Cambridge Companion to Wittgenstein. Cambridge.
Stenius, E. (1969): Wittgensteins Traktat. Eine kritische Darlegung seiner Hauptgedanken. Frankfurt/M. (zuerst: Oxford 1960.)
Stern, D. (1995): Wittgenstein on Mind and Language. Oxford.
Stern, D. (2004): Wittgenstein's »Philosophical Investigations«. An Introduction. Cambridge.

Stosch, K. v. (2001): Glaubensverantwortung in doppelter Kontingenz. Untersuchungen zur Verortung fundamentaler Theologie nach Wittgenstein. Regensburg.

Stroll, A. (1994): Moore and Wittgenstein on Certainty. Oxford.

Thorbeck, J. und F. Böhm (2007): Wittgenstein und die Aeronautik in Wien, Berlin und Manchester. In: Abel, Kroß und Nedo (Hg., 2007), S. 27-47.

Tolstoi, L. (1879): Ispowed. 1879. Zitiert nach: ders.: Meine Beichte. München 1990.

Toulmin, S. (1969): Ludwig Wittgenstein. In: Encounter, XXXII (1).

Tugendhat, E. (1984): Antike und moderne Ethik. In: Tugendhat, E.: Probleme der Ethik. Stuttgart, S. 33-56.

Tugendhat, E. (1993): Die Rolle der Identität in der Konstitution der Moral. In: Edelstein, W., G. Nunner-Winkler und G. Noam (Hg.): Moral und Person. Frankfurt/M., S. 33-47.

Vendler, Z. (1995): Goethe, Wittgenstein, and the Essence of Color. In: The Monist (78) 4, S. 391-410. (Überarbeitete deutsche Fassung in: R. Raatzsch: Philosophieren über Philosophie. Leipzig 1999, S. 221-240.)

Vossenkuhl, W. (1995): Ludwig Wittgenstein. München.

Waismann, F. (1976): Logik, Sprache, Philosophie. Stuttgart.

Weininger, O. (1903): Geschlecht und Charakter: eine prinzipielle Untersuchung. Leipzig und Wien.

Weininger, O. (1904): Über die letzten Dinge. Wien. Zitiert nach der Ausgabe München 1997.

Wijdeveld, P. (1993): Ludwig Wittgenstein: Architekt. Amsterdam.

Williams, B. (1976): Morality. An Introduction to Ethics. Cambridge. Zitiert nach der deutschen Übersetzung von E. Bubser: Der Begriff der Moral. Eine Einführung in die Ethik. Stuttgart 1978².

Winch, P. (1958): The Idea of a Social Science and its Relation to Philosophy. London. (Deutsche Übersetzung von R. Pelzer: Die Idee der Sozialwissenschaft und ihr Verhältnis zur Philosophie. Frankfurt/M. 1974.)

Wittgenstein, H. (1981): My Brother Ludwig. In: Rhees (Hg., 1981), S. 1-11.

Wolgast, E. (1995): Moral Paradigms. In: Philosophy 70, S. 143-155.

Wright, C. (1980): Wittgenstein on the Foundations of Mathematics. London.

Wright, G.H. v. (1963): The Varieties of Goodness. London.

Wright, G.H. v. (1986): Wittgensteins Nachlaß. In: ders., Ludwig Wittgenstein. Frankfurt/M., S. 45-76.
Wright, G.H. v. (1986a): Die Entstehung des Tractatus. In: ders., Ludwig Wittgenstein. Frankfurt/M., S. 77-116.
Wright, G.H. v. (1986b): Die Entstehung und Gestaltung der Philosophischen Untersuchungen. In: ders., Ludwig Wittgenstein. Frankfurt/M., S. 117-143.
Wright, G.H. v. (1990a): Ludwig Wittgenstein. Eine biographische Skizze. In: ders.: Wittgenstein. Frankfurt/M., S. 23-44.
Wright, G.H. v. (1990b): Wittgenstein und seine Zeit. In: ders.: Wittgenstein. Frankfurt/M., S. 206-219.
Wright, G. H. v. (1995): Teil II der Philosophischen Untersuchungen: Eine beschwerliche Geschichte. In: Savigny, E. v. und O. Scholz (Hg.): Wittgenstein über die Seele. Frankfurt am Main, S. 12-23.
Wuchterl, K. und A. Hübner (1979): Ludwig Wittgenstein. Mit Selbstzeugnissen und Bilddokumenten. Reinbek bei Hamburg.
Wünsche, K. (1985): Der Volksschullehrer Ludwig Wittgenstein. Mit neuen Dokumenten und Briefen aus den Jahren 1919 bis 1926. Frankfurt/M.
Zweig, St. (1942): Die Welt von Gestern. Erinnerungen eines Europäers. Stockholm.

Zeittafel

1889	Wittgenstein wird am 26. April in Wien als Sohn von Karl und Leopoldine Wittgenstein geboren.
1899	Wittgenstein baut eine Nähmaschine.
1903-1906	Besuch der Oberrealschule in Linz.
1904	Wittgensteins Bruder Rudolf begeht Selbstmord wie vorher vermutlich schon sein Bruder Hans; 1918 begeht Wittgensteins Bruder Kurt Suizid.
1906	Studium an der TH Berlin-Charlottenburg.
1908	College of Technology in Manchester; zuvor aeronautische Experimente bei Glossop.
1912	Wittgenstein geht zu Russell ans Trinity College.
1913	Karl Wittgenstein stirbt.
1913/14	»Notes on logic«, »Notes dictated to Moore«.
1914	Erster Weltkrieg. Wittgenstein als Freiwilliger, ab 1916 als Offizier, 1918 italienische Kriegsgefangenschaft.
Mitte 1918	*Proto-Tractatus.*
1919	Rückkehr mit der *Logisch-philosophischen Abhandlung.* Wittgenstein verschenkt sein Erbe.
Ab 1920	Volksschullehrer, Gärtnergehilfe, Hausbau.
1921	»Raubdruck« der *Abhandlung* in Ostwalds *Annalen der Naturphilosophie.*
1922	*Tractatus logico-philosophicus.*
1929	Besuch in Cambridge; Wittgenstein kehrt zur Philosophie zurück. *Tractatus* als Doktorarbeit.
1929/30	»Some Remarks on Logical Form«, »Lecture on Ethics«, *Philosophische Bemerkungen.*
Ab 1930	Research Fellowship am Trinity College.
1933	*Big Typescript.*
1935-37	Wittgenstein plant, nach Russland überzusiedeln.

1939	Wittgenstein wird britischer Staatsbürger. Reisen nach Wien, Berlin und New York, um den Schutz seiner Familie in Wien zu organisieren. Im September bricht der Zweite Weltkrieg aus. Wittgenstein wird Nachfolger Moores.
ab 1939	Arbeit in einem Krankenhaus in London und später in einem Labor in Newcastle.
1944	Rückkehr nach Cambridge.
1947	Wittgenstein legt seine Professur nieder, lebt fortan an verschiedenen Orten. Es entstehen u.a. der sogenannte Teil II der *Untersuchungen*, die *Bemerkungen über die Farben* und *Über Gewißheit*.
1951	Wittgenstein stirbt am 29. April in Cambridge.
1953	Die *Philosophischen Untersuchungen* erscheinen.

Richard Raatzsch, ist Professor für Philosophie an der European Business School, Wiesbaden. Studium der Philosophie in Halle, Lehre in Leipzig, Bergen, Bielefeld, Hayward, Potsdam, St. Gallen, Heidelberg und Cambridge. Veröffentlichungen u.a.: Philosophiephilosophie (2000); Eigentlich Seltsames. Wittgensteins Philosophische Untersuchungen. Ein Kommentar. Band 1 (2003); Autorität und Autonomie (2007). Demnächst erscheint: The Apologetics of Evil. Iago's Case.

In der Reihe »Zur Einführung« im Junius Verlag bisher erschienen:

Theodor W. Adorno
von Gerhard Schweppenhäuser

Giorgio Agamben
von Eva Geulen

Hans Albert
von Eric Hilgendorf

Karl-Otto Apel
von Walter Reese-Schäfer

Hannah Arendt
von Karl-Heinz Breier

Aristoteles
von Christof Rapp

Augustinus
von Johann Kreuzer

Roland Barthes
von Gabriele Röttger-Denker

Georges Bataille
von Peter Wiechens

Jean Baudrillard
von Falko Blask

Walter Benjamin
von Sven Kramer

Henri Bergson
von Gilles Deleuze

Hans Blumenberg
von Franz Josef Wetz

Pierre Bourdieu
von Markus Schwingel

Judith Butler
von Hannelore Bublitz

Ernst Cassirer
von Heinz Paetzold

E.M. Cioran
von Richard Reschika

Auguste Comte
von Gerhard Wagner

Charles Darwin
von Julia Voss

Gilles Deleuze
von Michaela Ott

Jacques Derrida
von Heinz Kimmerle

René Descartes
von Peter Prechtl

John Dewey
von Martin Suhr

Wilhelm Dilthey
von Matthias Jung

Mircea Eliade
von Richard Reschika

Norbert Elias
von Ralf Baumgart/Volker Eichener

Epikur
von Carl-Friedrich Geyer

Amitai Etzioni
von Walter Reese-Schäfer

Paul K. Feyerabend
von Eberhard Döring

Johann Gottlieb Fichte
von Helmut Seidel

Michel Foucault
von Philipp Sarasin

Gottlob Frege
von Markus S. Stepanians

Sigmund Freud
von Hans-Martin Lohmann

Hans-Georg Gadamer
von Udo Tietz

Arnold Gehlen
von Christian Thies

Jürgen Habermas
von Detlef Horster

Nicolai Hartmann
von Martin Morgenstern

Friedrich August von Hayek
von Hans Jörg Hennecke

Georg Wilhelm Friedrich Hegel
von Herbert Schnädelbach

Martin Heidegger
von Günter Figal

Johann Gottfried Herder
von Jens Heise

Thomas Hobbes
von Wolfgang Kersting

Max Horkheimer
von Rolf Wiggershaus

David Hume
von Heiner F. Klemme

Edmund Husserl
von Peter Prechtl

Karl Jaspers
von Werner Schüßler

C.G. Jung
von Micha Brumlik

Immanuel Kant
von Jean Grondin

Sören Kierkegaard
von Konrad Paul Liessmann

Friedrich Kittler
von Geoffrey Winthrop-Young

Heinz Kohut
von Ralph J. Butzer

Konfuzius
von Xuewu Gu

Jacques Lacan
von Gerda Pagel

Gottfried Wilhelm Leibniz
von Hans Poser

Emmanuel Lévinas
von Bernhard H.F. Taureck

Claude Lévi-Strauss
von Thomas Reinhardt

John Locke
von Walter Euchner

Niklas Luhmann
von Walter Reese-Schäfer

Jean-François Lyotard
von Walter Reese-Schäfer

Niccolò Machiavelli
von Quentin Skinner

Karl Marx
von Rolf Peter Sieferle

Maurice Merleau-Ponty
von Christian Bermes

Michel de Montaigne
von Peter Burke

Thomas Morus
von Dietmar Herz

Friedrich Nietzsche
von Wiebrecht Ries

Charles Sanders Peirce
von Helmut Pape

Jean Piaget
von Ingrid Scharlau

Platon
von Barbara Zehnpfennig

Helmuth Plessner
von Kai Haucke

Willard Orman Quine
von Geert Keil

John Rawls
von Wolfgang Kersting

Paul Ricœur
von Jens Mattern

Richard Rorty
von Walter Reese-Schäfer

Jean-Jacques Rousseau
von Günther Mensching

Jean-Paul Sartre
von Martin Suhr

Max Scheler
von Angelika Sander

Friedrich W.J. Schelling
von Franz Josef Wetz

Carl Schmitt
von Reinhard Mehring

Arthur Schopenhauer
von Volker Spierling

Sokrates
von Christoph Kniest

Adam Smith
von Michael S. Aßländer

Baruch de Spinoza
von Helmut Seidel

Leo Strauss
von Clemens Kauffmann

Charles Taylor
von Ingeborg Breuer

Thomas von Aquin
von Rolf Schönberger

Paul Tillich
von Gerhard Wehr

Alexis de Tocqueville
von Michael Hereth

Michael Walzer
von Skadi Krause/Karsten Malowitz

Max Weber
von Volker Heins

Alfred North Whitehead
von Michael Hauskeller

Ludwig Wittgenstein
von Richard Raatzsch

Slavoj Zizek
von Rex Butler

Analytische Philosophie
von Albert Newen

Angewandte Ethik
von Urs Thurnherr

Antike politische Philosophie
von Walter Reese-Schäfer

Antike und moderne Skepsis
von Markus Gabriel

Argumentationstheorie
von Josef Kopperschmidt

Ästhetik
von Stefan Majetschak

Biophilosophie
von Kristian Köchy

Biopolitik
von Thomas Lemke

Computerphilosophie
von Klaus Mainzer

Erkenntnistheorie
von Herbert Schnädelbach

Die europäischen Moralisten
von Robert Zimmer

Feministische Theorien
von R. Becker-Schmidt/G.-A. Knapp

Filmtheorie
von Th. Elsaesser/M. Hagener

Geschichtsphilosophie
von Johannes Rohbeck

Grundbegriffe der Ethik
von Gerhard Schweppenhäuser

Hermeneutik
von Matthias Jung

Historische Anthropologie
von Jakob Tanner

Historische Epistemologie
von Hans-Jörg Rheinberger

Kulturphilosophie
von Ralf Konersmann

Kulturwissenschaftliche Gedächtnistheorien
von Nicolas Pethes

Medientheorien
von Dieter Mersch

Moralbegründungen
von Konrad Ott

Phänomenologie
von Ferdinand Fellmann

Philosophie der Menschenrechte
von Ch. Menke/A. Pollmann

Technikphilosophie
von Alfred Nordmann

Tierphilosophie
von Markus Wild

Wissenschaftstheorie
von Martin Carrier